消防設備士 第4類 総目次【上巻】

はじめに

◎本書は、消防設備士 第4類（甲種＆乙種）試験の合格に必要な知識及び過去の試験問題をまとめたものです。

◎甲種の試験問題は［筆記45問］＋［実技7問］で構成されており、科目別の内容は次のとおりとなっています。

甲種　試験問題の科目別の内容		問題数
筆記	消防関係法令（共通・類別）	15問
	基礎的知識（電気）	10問
	構造・機能及び工事・整備（電気・規格）	20問
実技（鑑別等・製図）		7問

◎乙種の試験問題は［筆記30問］＋［実技5問］で構成されており、科目別の内容は次のとおりとなっています（乙種は製図がありません）。

乙種　試験問題の科目別の内容		問題数
筆記	消防関係法令（共通・類別）	10問
	基礎的知識（電気）	5問
	構造・機能及び工事・整備（電気・規格）	15問
実技（鑑別等）		5問

◎合格基準は、筆記と実技で分かれています。

◎筆記の合格基準は各科目毎に40％以上の点数で、かつ、全体の出題数の60％以上の点数となっています。従って、ある科目の正解率が40％未満の場合は、他の科目全て満点であっても不合格となります。

◎実技の合格基準は、60％以上の点数となっています。実技は1問につき、2〜3個の設問が出されている場合が多く、この場合は配点が細分化されます。ただし、配点内容は公表されていません。

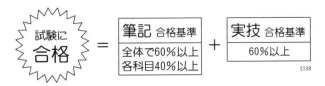

◎試験に合格するためには、筆記及び実技の両方で合格基準に達していなければなりません。なお、実技は「写真・イラスト・図面等による記述式」となっています。

2

◎過去問題の左端にある「□」はチェックマークを表しています。習熟度に応じてご活用下さい。また、問題文の最後の［★］は頻出問題であることを表し、［改］は法改正等に合わせて内容を一部変更していることを表しています。

◎［編］は、2つの類似問題を編集部で1つの問題にまとめたものであることを表しています。

令和6年1月　消防設備士　編集部

▌試験問題の科目別の内容と本書において適用される章

<table>
<tr><td colspan="3">試験問題の科目別の内容</td><td>問題数</td><td colspan="2">本書</td><td></td></tr>
<tr><td rowspan="10">筆記</td><td colspan="2" rowspan="2">消防関係法令（共通）</td><td>甲8問</td><td colspan="2" rowspan="2">第1章　消防関係法令（全類共通）</td><td rowspan="14">上巻</td></tr>
<tr><td>乙6問</td></tr>
<tr><td colspan="2" rowspan="2">消防関係法令（4類）</td><td>甲7問</td><td colspan="2" rowspan="2">第2章　消防関係法令（第4類の内容）</td></tr>
<tr><td>乙4問</td></tr>
<tr><td colspan="2" rowspan="2">基礎的知識（電気）</td><td>甲10問</td><td colspan="2" rowspan="2">第3章　電気に関する基礎的知識</td></tr>
<tr><td>乙5問</td></tr>
<tr><td rowspan="4">構造・機能及び工事・整備</td><td rowspan="2">電気</td><td>甲12問</td><td colspan="2">第4章　設備等の構造・機能</td></tr>
<tr><td>乙9問</td><td colspan="2">第5章　設備等の工事・整備</td></tr>
<tr><td rowspan="2">規格</td><td>甲8問</td><td colspan="2" rowspan="2">第6章　設備等の規格に関する省令</td></tr>
<tr><td>乙6問</td></tr>
<tr><td rowspan="3">実技</td><td colspan="2" rowspan="2">鑑別等</td><td>甲5問</td><td colspan="2" rowspan="2">第7章　実技　鑑別等</td><td rowspan="3">下巻</td></tr>
<tr><td>乙5問</td></tr>
<tr><td colspan="2">製図</td><td>甲2問</td><td colspan="2">第8章　実技　製図（甲種のみ）</td></tr>
</table>

一部免除

◎電気工事士の免状を取得されている方は、受験申請時に「科目免除」を行うと、以下のアミ部分が免除となり、**太枠部分の問題**で受験することになります。なお、実技の鑑別等では問1のみが免除となります。

試験問題の科目別の内容			本書				
筆記	消防関係法令（共通）		第1章　消防関係法令（全類共通）				
	消防関係法令（4類）		第2章　消防関係法令（第4類の内容）				
	電気に関する基礎的知識		第3章　電気に関する基礎的知識				
	設備等の構造・機能及び工事・整備	電気部分	第4章　設備等の構造・機能				
			第5章　設備等の工事・整備				
		規格部分	第6章　設備等の規格に関する省令				
実技	鑑別等		第7章　実技　鑑別等				
			問1	問2	問3	問4	問5
	製図		第8章　実技　製図				

◎電気主任技術者の免状を取得されている方は、受験申請時に「科目免除」を行うと、以下のアミ部分が免除となり、**太枠部分の問題**で受験することになります。

試験問題の科目別の内容			本書	
筆記	消防関係法令（共通）		第1章　消防関係法令（全類共通）	
	消防関係法令（4類）		第2章　消防関係法令（第4類の内容）	
	電気に関する基礎的知識		第3章　電気に関する基礎的知識	
	設備等の構造・機能及び工事・整備	電気部分	第4章　設備等の構造・機能	
			第5章　設備等の工事・整備	
		規格部分	第6章　設備等の規格に関する省令	
実技	鑑別等		第7章　実技　鑑別等	
	製図		第8章　実技　製図	

◎消防設備士 乙種第7類の資格を取得されている方が「乙種第4類」を受験される場合、受験申請時に「科目免除」を行うと、消防関係法令の「**共通**」部分と「**電気に関する基礎的知識**」が免除となります。

◎その他、詳細については消防試験研究センターのHPをご確認ください。

法令の基礎知識

◎法令は、法律、政令、省令などで構成されています。法律は国会で制定されるものです。政令は、その法律を実施するための細かい規則や法律の委任に基づく規則をまとめたもので、内閣が制定します。省令は法律及び政令の更に細かい規則や委任事項をまとめたもので、各省の大臣が制定します。

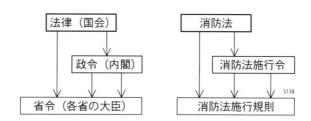

◎消防設備士に関係する法令をまとめると、次のとおりとなります。

消防設備士に関係する法令		本書の略称
法律	消防法	法
政令	消防法施行令	令
総務省令	消防法施行規則	規則
	危険物の規制に関する規則	危険物規則
	火災報知設備の感知器及び発信機に係る技術上の規格を定める省令	感知器規格
	中継器に係る技術上の規格を定める省令	中継器規格
	受信機に係る技術上の規格を定める省令	受信機規格
消防庁告示	ガス漏れ検知器並びに液化石油ガスを検知対象とするガス漏れ火災警報設備に使用する中継器及び受信機の基準	ガス漏れ検知器基準
	火災通報装置の基準	通報装置基準
	地区音響装置の基準	音響装置基準

◎法令では、法文を指定する場合、条の他に「項」と「号」を使用します。

〔法令の例（途中一部省略）〕

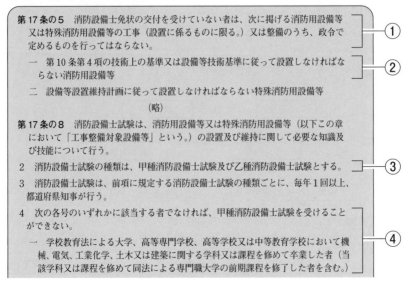

第17条の5　消防設備士免状の交付を受けていない者は、次に掲げる消防用設備等又は特殊消防用設備等の工事（設置に係るものに限る。）又は整備のうち、政令で定めるものを行ってはならない。　──①

　一　第10条第4項の技術上の基準又は設備等技術基準に従って設置しなければならない消防用設備等　──②

　二　設備等設置維持計画に従って設置しなければならない特殊消防用設備等

（略）

第17条の8　消防設備士試験は、消防用設備等又は特殊消防用設備等（以下この章において「工事整備対象設備等」という。）の設置及び維持に関して必要な知識及び技能について行う。

2　消防設備士試験の種類は、甲種消防設備士試験及び乙種消防設備士試験とする。　──③

3　消防設備士試験は、前項に規定する消防設備士試験の種類ごとに、毎年1回以上、都道府県知事が行う。

4　次の各号のいずれかに該当する者でなければ、甲種消防設備士試験を受けることができない。

　一　学校教育法による大学、高等専門学校、高等学校又は中等教育学校において機械、電気、工業化学、土木又は建築に関する学科又は課程を修めて卒業した者（当該学科又は課程を修めて同法による専門職大学の前期課程を修了した者を含む。）　──④

①第17条の5　1項。1項しかない場合は「第17条の5」と略す。
②第17条の5　1項1号または第17条の5　1号。
③第17条の8　2項。
④第17条の8　4項1号。

注意：本書では、条以降の「第」を省略して表記している。

第1章　消防関係法令（全類共通）

1. 消防法令上の定義

◎**防火対象物**とは、山林又は舟車、船きょ若しくはふ頭に繋留された船舶、建築物その他の工作物若しくはこれらに属する物をいう（法第2条2項）。

〔解説〕船きょとは、ドックとも呼ばれ、船の建造や修理などを行うために構築された設備である。工作物とは、人為的に作られたもので、建築物のほか橋やトンネルなど。

◎**消防対象物**とは、山林又は舟車、船きょ若しくはふ頭に繋留された船舶、建築物その他の工作物又は物件をいう（法第2条3項）。

〔解説〕物件とは、「又は」の前部で示されているもの以外の全てが対象となる。

防火は、火災を防ぐこと。また、消防は消火＋防火の意。

【防火対象物と消防対象物のイメージ】

◎**関係者**とは、防火対象物又は消防対象物の**所有者**、**管理者**又は**占有者**をいう（法第2条4項）。

◎**関係のある場所**とは、防火対象物又は消防対象物のある場所をいう（法第2条5項）。

◎**舟車**とは、船舶安全法第2条1項の規定を適用しない船舶、端舟、はしけ、被曳船その他の舟及び車両をいう（法第2条6項）。

〔解説〕船舶安全法は船体、機関および諸設備について最低の技術基準を定め、船舶がこれを維持するよう強制している法律である。

◎**危険物**とは、消防法 別表第1の品名欄に掲げる物品で、同表に定める区分に応じ同表の性質欄に掲げる性状を有するものをいう（法第2条7項）。

〔消防法 別表第1〕

類別	性 質	品 名
第1類	酸化性固体	1. 塩素酸塩類　　2. 過塩素酸塩類　　（3〜 省略）
第2類	可燃性固体	1. 硫化リン　　2. 赤リン　　（3〜 省略）
第3類	自然発火性物質及び禁水性物質	1. カリウム　　2. ナトリウム　　（3〜 省略）
第4類	引火性液体	1. 特殊引火物（ジエチルエーテルなど） 2. 第一石油類（ガソリンなど） 3. 第二石油類（灯油、軽油など）　　（4〜 省略）
第5類	自己反応性物質	1. 有機過酸化物　　2. 硝酸エステル類　　（3〜 省略）
第6類	酸化性液体	1. 過塩素酸　　2. 過酸化水素　　（3〜 省略）

◎消防用設備等とは、政令で定める消防の用に供する設備、消防用水及び消火活動上必要な施設をいう（法第17条１項）。

◎特定防火対象物とは、法第17条１項の防火対象物で多数の者が出入するものとして政令で定めるものをいう（法第17条の２の５　２項４号）。

◎複合用途防火対象物とは、防火対象物で政令で定める２以上の用途に供されるものをいう（法第８条１項）。

◎住宅用防災機器とは、住宅における火災の予防に資する機械器具又は設備であって政令で定めるものをいう（法第９条の２　１項）。

◎無窓階とは、建築物の地上階のうち、総務省令で定める避難上又は消火活動上有効な開口部を有しない階をいう（令第10条１項５号）。

◎令第10条１項５号の総務省令で定める避難上又は消火活動上有効な開口部を有しない階は、11階以上の階にあっては直径50cm以上の円が内接することができる開口部の面積の合計が当該階の床面積の30分の１を超える階（普通階）以外の階、10階以下の階にあっては直径１m以上の円が内接することができる開口部又はその幅及び高さがそれぞれ75cm以上及び1.2m以上の開口部（大型開口部）を２以上有する普通階以外の階とする（規則第５条の３　１項）。

〔解説〕無窓階については、この規定の他にも細かく定められている。無窓階では、内部からの避難が困難であり、かつ、消防隊の進入も困難と推測されるため、施設内に設置する消防用設備の基準が厳しくなる。

10階以下の階で床面積が15m×10m＝150m^{2}の場合、75cm×1.2mの引き違い窓の必要個数を調べてみる。開口部の面積の合計（最小値）は、150m^2／30＝５m^{2}となる。引き違い窓１個当たりの開口部面積は75cm×1.2m×2＝1.8m^{2}となり、普通階にするためには３個以上設置する必要がある。２個では無窓階となる。

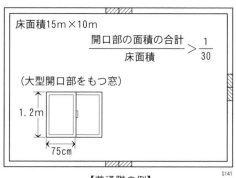

【普通階の例】

◎地階とは、床が地盤面下にある階で、床面から地盤面までの高さがその階の天井の高さの３分の１以上のものをいう（建築基準法施行令第１条１項２号）。

第1章

【1】 消防法令に定める「関係者」として、誤っているものは次のうちどれか。
□ 1. 防火対象物の管理者
　　 2. 消防対象物の所有者
　　 3. 防火対象物の防火管理者
　　 4. 消防対象物の占有者

【2】 無窓階の説明として、消防法令上、正しいものは次のうちどれか。[編]
□ 1. 建築物の外壁に窓を有しない階
　　 2. 採光上又は排煙上有効な開口部を有しない階
　　 3. 排煙上又は消火活動上有効な窓が一定基準に達しない階
　　 4. 消火活動上有効な窓が一定基準に達しない階
　　 5. 消火活動上有効な窓を有しない階
　　 6. 避難上又は排煙上有効な開口部が一定基準に達しない階
　　 7. 窓を有しない階
　　 8. 避難上又は消火活動上有効な開口部を有しない階

【3】 消防法令に定められている用語の定義として、誤っているものは次のうちどれか。
□ 1. 消防対象物とは、山林又は舟車、船きょ若しくはふ頭に繋留された船舶、建築物その他の工作物若しくはこれらに属する物をいう。
　　 2. 関係者とは、防火対象物又は消防対象物の所有者、管理者又は占有者をいう。
　　 3. 関係のある場所とは、防火対象物又は消防対象物のある場所をいう。
　　 4. 舟車とは、船舶安全法第2条第1項の規定を適用しない船舶、端舟、はしけ、被曳船その他の舟及び車両をいう。

▶▶正解&解説‥‥‥‥‥‥‥‥‥‥‥‥‥‥‥‥‥‥‥‥‥‥‥‥‥‥‥‥‥‥‥‥‥‥‥‥‥‥

【1】 正解3
【2】 正解8
【3】 正解1
　　 1. 消防対象物とは、山林又は舟車、船きょ若しくはふ頭に繋留された船舶、建築物その他の工作物又は物件をいう。設問の内容は防火対象物。

2. 消防法の基本

■1. 消防用設備等の設置及び維持

◎学校、病院、工場、事業場、興行場、百貨店、旅館、飲食店、地下街、複合用途防火対象物その他の防火対象物で政令で定めるものの関係者は、政令で定める消防の用に供する設備、消防用水及び消火活動上必要な施設（「消防用設備等」という）について消火、避難その他の消防の活動のために必要とされる性能を有するように、政令で定める技術上の基準に従って、設置し、及び維持しなければならない（法第17条1項）。

〔解説〕消防用設備規制の基本法は、この第17条1項にある。すなわち、

①政令で定める防火対象物の関係者は、

②政令で定める技術上の基準に従って、

③政令で定める消防用設備等を設置し、及び維持しなければならない。

①の政令で定める防火対象物は、法第2条2項で定める防火対象物のうち、令第6条（具体的には令別表第1）で指定されているものである。令別表第1には、戸建て一般住宅が含まれておらず、消防用設備等を設置・維持しなければならない防火対象物からは除外されている。

◎法第17条1項の政令で定める防火対象物は、「令別表第1（13P参照）」に掲げる防火対象物とする（令第6条）。

◎住宅の用途に供される防火対象物の関係者は、次項（法第9条の2　2項）の規定による**住宅用防災機器**（住宅における火災の予防に資する機械器具又は設備であって政令で定めるものをいう）の設置及び維持に関する基準に従って、住宅用防災機器を設置し、及び維持しなければならない（法第9条の2　1項）。

▶▶過去問題◀◀

【1】次の記述のうち、消防法令上、誤っているものは次のうちどれか。[★]

□　1．消防用設備等とは、消防の用に供する設備、消防用水及び消火活動上必要な施設をいう。

　　2．防火対象物の関係者とは、防火対象物の所有者、管理者又は占有者をいう。

　　3．消防用設備等を設置することが義務付けられている防火対象物は、病院、旅館等不特定多数の者が出入りする防火対象物に限られる。

　　4．戸建て一般住宅については、消防用設備等の設置義務はない。

【2】消防用設備等に関する記述として、消防法令上、正しいものは次のうちどれか。[★]

☐　1．消防用設備等を設置することが義務付けられている防火対象物は、学校、病院及び旅館等の不特定多数の者が出入りする防火対象物に限られている。

　　2．戸建て一般住宅についても、一定の規模を超える場合、消防用設備等を設置しなければならない。

　　3．消防用設備等とは、消防の用に供する設備及び消火活動上必要な施設をいう。

　　4．政令で定める防火対象物の関係者は、政令で定める技術上の基準に従って消防用設備等を設置し、及び維持する義務がある。

▶▶正解&解説……………………………………………………………………………………

【1】正解3

　1．法第17条1項。「1．消防法令上の定義」9P参照。

　2．法第2条4項。

　3．消防用設備等の設置が義務付けられている防火対象物は、令別表第1（13P）に掲げる用途の防火対象物である。病院、旅館等不特定多数の者が出入りする防火対象物に限られているわけではない。

　4．戸建て一般住宅については、「消防用設備等」の設置義務はないが、法第9条の2により、「住宅用防災機器」の設置義務がある。

【2】正解4

　1．消防用設備等の設置が義務付けられている防火対象物は、令別表第1（13P）に掲げる用途の防火対象物である。

　2．戸建て一般住宅は、その規模に関わらず「消防用設備等」を設置しなくてもよい。ただし、「住宅用防災機器」を設置しなければならない。

　3．消防用設備等とは、消防の用に供する設備、消防用水及び消火活動上必要な施設をいう。「消防用水」が抜けている。

　4．法第17条1項。

3. 防火対象物の区分

◆ 施行令 別表第1

は特定防火対象物

◎法第17条1項で定める**防火対象物**は、以下のとおりである。

(1)	イ	劇場、映画館、演芸場又は観覧場
	ロ	公会堂又は集会場
(2)	イ	キャバレー、ナイトクラブ、その他これらに類するもの
	ロ	遊技場又はダンスホール
	ハ	風俗店
	ニ	カラオケボックス、インターネットカフェ、漫画喫茶など個室を営む店舗
(3)	イ	待合、料理店その他これらに類するもの
	ロ	飲食店
(4)		百貨店、マーケットその他の物品販売業を営む店舗又は展示場
(5)	イ	旅館、ホテル、宿泊所その他これらに類するもの
	ロ	寄宿舎、下宿又は共同住宅
(6)	イ	①～③病院、入院・入所施設を有する診療所・助産所 ④入院・入所施設を有しない診療所・助産所
	ロ	①老人短期入所施設、養護老人ホーム、有料老人ホーム、②救護施設、 ③乳児院、④障害児入所施設、⑤障害者支援施設
	ハ	①老人デイサービスセンター、老人福祉センター ②更生施設 ③助産施設、保育所、幼保連携型認定こども園、児童養護施設、 　児童自立支援施設、児童家庭支援センター ④児童発達支援センター　　⑤身体障害者福祉センター
	ニ	幼稚園又は特別支援学校
(7)		小学校、中学校、義務教育学校、高等学校、中等教育学校、高等専門学校、大学、専修学校、各種学校その他これらに類するもの
(8)		図書館、博物館、美術館その他これらに類するもの
(9)	イ	公衆浴場のうち、蒸気浴場、熱気浴場その他これらに類するもの
	ロ	イに掲げる公衆浴場以外の公衆浴場
(10)		車両の停車場又は船舶若しくは航空機の発着場（旅客の乗降又は待合いの用に供する建築物に限る）
(11)		神社、寺院、教会その他これらに類するもの
(12)	イ	工場又は作業場、冷凍倉庫を含む作業場
	ロ	映画スタジオ又はテレビスタジオ

(13)	イ	自動車車庫又は駐車場
	ロ	飛行機又は回転翼航空機の格納庫
(14)		倉庫
(15)		（1）～（14）に該当しない事業場（事務所、事務所からなる高層ビル、官公庁等）
(16)	イ	複合用途防火対象物のうち、その一部に特定用途（特定防火対象物となる用途）があるもの
	ロ	イに掲げる複合用途防火対象物以外の複合用途防火対象物
(16の2)		地下街
(16の3)		準地下街（地下道とそれに面する建築物の地階（（16の2）を除く））
(17)		重要文化財、重要有形民俗文化財、史跡、重要な文化財、重要美術品として認定された建造物
(18)		延長50m以上のアーケード
(19)		市町村長の指定する山林
(20)		総務省令で定める舟車

備考

1. 2以上の用途に供される防火対象物で第1条の2 2項後段の規定の適用により複合用途防火対象物以外の防火対象物となるものの主たる用途が（1）から（15）までの各項に掲げる防火対象物の用途であるときは、当該防火対象物は、当該各項に掲げる防火対象物とする。

2. （1）から（16）に掲げる用途に供される建築物が（16の2）に掲げる防火対象物内に存するときは、これらの建築物は、同項に掲げる防火対象物の部分とみなす。

3. （1）から（16）に掲げる用途に供される建築物又はその部分が（16の3）に掲げる防火対象物の部分に該当するものであるときは、これらの建築物又はその部分は、同項に掲げる防火対象物の部分であるほか、（1）から（16）に掲げる防火対象物又はその部分でもあるものとみなす。

4. （1）から（16）に掲げる用途に供される建築物その他の工作物又はその部分が（17）に掲げる防火対象物に該当するものであるときは、これらの建築物その他の工作物又はその部分は、同項に掲げる防火対象物であるほか、（1）から（16）に掲げる防火対象物又はその部分でもあるものとみなす。

【1】消防法令上、特定防火対象物に該当しないものは、次のうちどれか。[★]

☐ 1．小学校

2．物品販売店舗

3．旅館

4．公衆浴場のうち、蒸気浴場、熱気浴場その他これらに類するもの

【2】消防法令上、特定防火対象物に該当するものは、次のうちどれか。

☐ 1．小学校

2．共同住宅

3．百貨店

4．図書館

【3】消防法令上、特定防火対象物に該当しないものは、次のうちどれか。

☐ 1．飲食店

2．映画館

3．テレビスタジオ

4．幼稚園

【4】特定防火対象物の組合せとして、消防法令上、正しいものは次のうちどれか。

☐ 1．劇場、小学校及び幼稚園

2．公会堂、飲食店及び図書館

3．百貨店、ナイトクラブ及び工場

4．旅館、病院及びダンスホール

【5】消防法令上、特定防火対象物に該当するものは、次のうちどれか。

☐ 1．図書館と事務所からなる高層ビル

2．蒸気浴場、熱気浴場その他これらに類する公衆浴場

3．テレビスタジオが併設された映画スタジオ

4．冷凍倉庫を含む作業場

【1】正解1　　【2】正解3　　【3】正解3　　【4】正解4

主な特定防火対象物	特定防火対象物ではないもの
劇場、映画館、公会堂	共同住宅
ナイトクラブ、ダンスホール	小学校
飲食店	図書館
百貨店、物品販売店舗	工場、作業場（冷凍倉庫を含む）
旅館	映画スタジオ、テレビスタジオ
病院、保育所、幼稚園	倉庫
公衆浴場のうち、蒸気浴場、熱気浴場	事務所、事務所からなる高層ビル

【5】正解2

　　1と4は、2以上の用途に供されるため、複合用途防火対象物となる。ただし、いずれも特定用途ではないため、特定防火対象物とはならない。

4. 防火対象物の適用

■1. 同一敷地内における2以上の防火対象物

◎同一敷地内に**管理について権原を有する者が同一の者である**令別表第1（13P参照）に掲げる防火対象物が2以上あるときは、それらの防火対象物は、法第8条1項（防火管理者の選任等）の規定の適用については、一の防火対象物とみなす（令第2条）。

■2. 防火対象物の適用

◎防火対象物が開口部のない耐火構造の床又は壁で区画されているときは、その区画された部分は、この節（消防用設備等の設置及び維持の技術上の基準）の規定の適用については、それぞれ別の防火対象物とみなす（令第8条）。

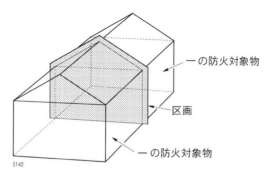

【開口部のない耐火構造の床又は壁による区画】

◎複合用途防火対象物の部分で、令別表第1の（1）～（15）の用途のいずれかに該当する用途に供されるものは、この節（消防用設備等の設置及び維持の技術上の基準で、一部除く）の規定の適用については、その管理者や階に関係なく、同一用途に供される部分を一の防火対象物とみなす（令第9条）。
◎特定防火対象物の地階で、地下街と一体をなすものとして消防長又は消防署長が指定したものは、スプリンクラー設備に関する基準、自動火災報知設備に関する基準、ガス漏れ火災警報設備に関する基準、非常警報器具又は非常警報設備に関する基準（それぞれ一部）の適用については、地下街の一部であるものとみなす（令第9条の2）。

■3．消防用設備等の1棟1設置単位の原則と例外

◎法第17条では、防火対象物の関係者について、消防用設備等の設置・維持の作為義務を定めている。

◎この場合、防火対象物の単位が重要となってくる。法令では、防火対象物について消防用設備等を設置する上での基本単位を、建築物の「棟」としている（「消防用設備等の設置単位について」）。

◎ただし、同じ棟であっても別の防火対象物とみなす場合がある。この例外規定を定めているのが、令第8条・9条・9条の2などである。

◎令第8条は、一の防火対象物であってもある条件を満たせば、区画された部分は別の防火対象物と見なすというものである。この規定による区画は、第8条による規定であることから、「令8区画」と俗称されている。ただし、「開口部」のないことが厳格に運用されている。この「開口部」とは、採光、換気、通風、出入等のために設けられた出入口、窓、パイプ、階段等を指す。

◎令第9条は、令別表第1の（16）の複合用途防火対象物で（1）～（15）までのいずれかの用途に供されるものは、その管理者や階に関係なく、同一用途に供される部分を一の防火対象物とみなして、技術上の基準を適用するというものである。

◎ただし、火災発生時に極めて重要な役割を果たすスプリンクラー設備、自動火災報知設備、ガス漏れ火災警報設備、漏電火災警報器、非常警報装置、避難器具及び誘導灯は、この令第9条の適用を受けることができない。

▶▶過去問題◀◀

【1】消防用設備等を設置する場合の防火対象物の基準について、消防法令上、正しいものは次のうちどれか。[★]

☐ 1．防火対象物が開口部のない耐火構造の床又は壁で区画されているときは、それぞれ別の防火対象物とみなされる。

2．同一敷地内にある2以上の防火対象物は、原則として一の防火対象物とみなされる。

3．設置することが義務付けられている防火対象物は、百貨店、病院、旅館等不特定多数の者が出入りする防火対象物に限られている。

4．戸建て一般住宅についても一定の規模を超える場合、消防用設備等の設置を義務付けられる場合がある。

【2】消防用設備等の設置に関する説明として、消防法令上、正しいものは次のうちどれか。

□ 1．防火対象物が開口部のない耐火構造の床又は壁で区画されているときは、それぞれ別の防火対象物とみなして消防用設備等を設置しなければならない。

2．防火対象物が耐火構造の壁で区画され、かつ、階層を異にするときは、それぞれ別の防火対象物とみなして消防用設備等を設置しなければならない。

3．複合用途防火対象物については、常にそれぞれの用途ごとに消防用設備等を設置しなければならない。

4．複合用途防火対象物については、主たる用途に適応する消防用設備等を設置しなければならない。

【3】消防用設備等の設置単位は原則として棟ごとであるが、同一棟内の部分でも別の防火対象物とみなされるものとして、消防法令上、正しいものは次のうちどれか。［編］

□ 1．耐火構造の建物で、特定防火設備である防火戸又は壁で区画された部分。

2．耐火建築物又は準耐火建築物で、特定防火設備である防火戸及び耐火構造の床又は壁で区画された部分。

3．耐火建築物で、特定防火設備である防火戸及び耐火構造の床又は壁で区画された部分

4．防火構造の床又は壁で区画され、開口部は特定防火設備である防火戸で区画された部分。

5．防火構造の床又は壁で区画され、かつ、開口部にはドレンチャー設備が設けられた部分。

6．開口部のない耐火構造の床又は壁で区画された部分。

7．開口部のない耐火構造の床及び特定防火設備である防火戸を有する壁で区画された部分

【4】 消防用設備等を設置しなければならない防火対象物に関する説明として、消防法令上、誤っているものは次のうちどれか。

- □ 1．防火対象物が開口部のない耐火構造の床又は壁で区画されたときは、消防用設備等の設置について、その区画された部分をそれぞれ別の防火対象物とみなす。

  2．複合用途防火対象物で同一の用途に供される部分は、消防用設備等の設置について、用途の管理者又は階に関係なく一の防火対象物とみなされる場合がある。

  3．同一敷地内にある2以上の防火対象物で、外壁間の中心線からの水平距離が1階は3m以下、2階以上は5m以下で近接する場合、消防用設備等の設置について、1棟とみなされる。

  4．特定防火対象物の地階で、地下街と一体を成すものとして消防長又は消防署長が指定したものは、消防用設備等の設置について、地下街の一部とみなされる場合がある。

【5】 1階が物品販売店舗、2階が料理店である防火対象物に消防用設備等を設置する場合について、消防法令上、正しいものは次のうちどれか。

- □ 1．1階と2階の管理者が別であれば、それぞれ別の防火対象物とみなす。

  2．1階と2階が耐火構造の床又は壁で区画され、かつ、開口部に特定防火設備である防火戸が設けられていれば、それぞれ別の防火対象物とみなす。

  3．階段部分を除き、1階と2階が耐火構造の床又は壁で区画されていれば、それぞれ別の防火対象物とみなす。

  4．1階と2階が開口部のない耐火構造の床又は壁で区画されていれば、それぞれ別の防火対象物とみなす。

【6】 消防用設備等の設置及び維持に関する記述として、消防法令上、誤っているものは次のうちどれか。

- □ 1．市町村は、その地方の気候又は風土の特殊性により、消防用設備等の技術上の基準に関する政令又はこれに基づく命令の規定のみによっては防火の目的を充分に達しがたいと認めるときは、条例で当該規定と異なる規定を設けることができる。

  2．政令別表第1 (16) 項に掲げる防火対象物の部分で、同表 (16) 項以外の防火対象物の用途のいずれかに該当する用途に供されるものは、消防用設備等の設置及び維持の技術上の基準の適用について、同一用途に供される部分を一の防火対象物とみなす。

3．防火対象物の構造の別を問わず、当該防火対象物が開口部のない耐火構造の床又は壁で区画されているときは、その区画された部分は、消防用設備等の設置及び維持の技術上の基準の適用について、それぞれ別の防火対象物とみなす。

4．政令別表第1に定める防火対象物以外の防火対象物については、消防法第17条第1項に規定する消防用設備等の設置義務はない。

▶▶正解&解説…………………………………………………………………………………………

【1】正解1

2．同一敷地内に2以上の防火対象物があり、管理について権原を有する者が同一の者である場合は、一の防火対象物とみなされるが、単に同一敷地内にあるだけでは、それぞれ別の防火対象物となる。

3．消防用設備等の設置が義務付けられている防火対象物は、令別表第1（13P）に掲げる用途の防火対象物である。病院、旅館等不特定多数の者が出入りする防火対象物に限られているわけではない。

4．戸建て一般住宅は、その規模に関わらず「消防用設備等」を設置しなくてもよい。ただし、「住宅用防災機器」を設置しなければならない。

【2】正解1

2．この場合、「開口部のない耐火構造の床」で区画されていないことから、別の防火対象物とはみなされない。

3．複合用途防火対象物の場合、令別表第1の（1）～（15）のいずれかに該当する用途に供されるものについては、同一用途に供される部分を一の防火対象物とみなすが、令別表第1の（16）～（20）については対象外となる（令第9条）。

4．複合用途防火対象物の場合、令別表第1の（1）～（15）のいずれかに該当する用途に供されるものについては、同一用途に供される部分を一の防火対象物とみなすため、同一用途ごとに適応する消防用設備等を設置しなければならない。

【3】正解6

1～5&7．「開口部のない耐火構造の床又は壁で区画」されていない部分は、一の防火対象物と見なされる。

6．開口部のない耐火構造の床又は壁で区画された部分は、それぞれ別の防火対象物とみなされる。

※ドレンチャー設備とは、建築物の外周に配置された複数のドレンチャーヘッドから水を放水して水幕を作り、飛散する火の粉やふく射熱から建築物を守る防火設備。

※防火設備とは、建築基準法に規定されている建物内において延焼を防止するため（または延焼リスクの高い部分）に設けられる防火戸などを指す。特定防火設備は、火災の火炎を受けても１時間以上火炎が貫通しない構造のものと規定されている。「特定防火設備である防火戸」は、常時閉鎖型防火戸と随時閉鎖型防火戸がある。ただし、令８区画との関連はない。

【4】正解3

3．この場合、屋外消火栓設備の設置に関してのみ、一の建築物とみなす（令第19条２項）。全ての消防用設備等を対象としているわけではない。屋外消火栓設備では、建築物ごとに１階及び２階の床面積の合計が一定数値以上のものについて、設置しなければならない。

（屋外消火栓設備に関する基準）

第19条　屋外消火栓設備は、令別表第１に掲げる建築物で、床面積（地階を除く階数が１であるものにあっては１階の床面積を、地階を除く階数が２以上であるものにあっては１階及び２階の部分の床面積の合計をいう）が、耐火建築物にあっては9,000m²以上、準耐火建築物（建築基準法第２条９号の３に規定する準耐火建築物をいう）にあっては6,000m²以上、その他の建築物にあっては3,000m²以上のものについて設置するものとする。

2　同一敷地内にある２以上の令別表第１に掲げる建築物（耐火建築物及び準耐火建築物を除く。）で、当該建築物相互の１階の外壁間の中心線からの水平距離が、１階にあっては３m以下、２階にあっては５m以下である部分を有するものは、前項の規定の適用については、一の建築物とみなす。

【5】正解4

1．この場合、特定用途を含む、一の複合用途防火対象物となる。

2．区画されている部分に開口部があってはならない。

3．この場合、階段部分が開口部となる。

【6】正解2

1．「14．消防用設備等の技術上の基準と異なる規定」61P参照。

2．例外として、「スプリンクラー設備、自動火災報知設備、ガス漏れ火災警報設備、漏電火災警報器等は、令第９条の適用を受けず、複合用途防火対象物として設置・維持しなければならない」。

　　これらの消防用設備等は、火災発生時などに重要な役割を担うため、用途に限らず防火対象物に設置する必要がある。

3．令第８条の規定は、防火対象物の構造の別（耐火構造や準耐火構造など）は問わない。

4．「2．消防法の基本」11P参照。

5. 消防用設備等の種類

◎消防用設備等とは、政令で定める消防の用に供する設備、消防用水及び消火活動上必要な施設をいう（法第17条1項）。

◎法第17条1項の政令で定める消防の用に供する設備は、消火設備、警報設備及び避難設備とする（令第7条1項）。

◎消火設備は、水その他消火剤を使用して消火を行う機械器具又は設備であって、次に掲げるものとする（令第7条2項）。

> 1. 消火器及び次に掲げる簡易消火用具
>   イ．水バケツ　　ロ．水槽　　ハ．乾燥砂　　ニ．膨張ひる石又は膨張真珠岩
> 2. 屋内消火栓設備
> 3. スプリンクラー設備
> 4. 水噴霧消火設備
> 5. 泡消火設備
> 6. 不活性ガス消火設備
> 7. ハロゲン化物消火設備
> 8. 粉末消火設備
> 9. 屋外消火栓設備
> 10. 動力消防ポンプ設備

◎警報設備は、火災の発生を報知する機械器具又は設備であって、次に掲げるものとする（令第7条3項）。

> 1. 自動火災報知設備
> 1の2. ガス漏れ火災警報設備
> 2. 漏電火災警報器
> 3. 消防機関へ通報する火災報知設備
> 4. 警鐘、携帯用拡声器、手動式サイレンその他の非常警報器具及び次に掲げる非常警報設備
>   イ．非常ベル　　ロ．自動式サイレン　　ハ．放送設備

◎避難設備は、火災が発生した場合において避難するために用いる機械器具又は設備であって、次に掲げるものとする（令第7条4項）。

> 1. すべり台、避難はしご、救助袋、緩降機、避難橋その他の避難器具
> 2. 誘導灯及び誘導標識

◎法第17条1項の政令で定める消防用水は、防火水槽又はこれに代わる貯水池その他の用水とする（令第7条5項）。

◎法第17条１項の政令で定める**消火活動上必要な施設**は、排煙設備、連結散水設備、連結送水管、非常コンセント設備及び無線通信補助設備とする（令第７条６項）。

◎**連結散水設備**は、散水ヘッド、配管、送水口等から構成されている。火災の際に消防ポンプ自動車が送水口から送水すると、水は配管を通り、地階の天井に設けてある散水ヘッドから散水する。

◎**連結送水管**は、送水口、放水口、放水用具、配管等から構成されている。ビルに火災が発生すると、消防隊は火災階に急行し、その階の放水口にホースを接続する。同時に、消防ポンプ自動車が送水口から圧送すれば、直ちに放水できる。

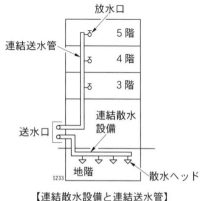

【連結散水設備と連結送水管】

```
▶▶ 過去問題 ◀◀
```

【１】消防法令上、一定の防火対象物の関係者は、消防用設備等を設置し、維持することが義務づけられているが、これに関する説明として、正しいものは次のうちどれか。

□　1．設置することが義務付けられている防火対象物は、百貨店、病院、旅館等の不特定多数の者が出入する防火対象物に限られる。

　　2．一戸建ての住宅についても、一定の規模を超える場合、消防用設備等を設置しなければならない。

　　3．防火対象物の関係者とは、防火対象物の所有者、管理者又は占有者をいう。この関係者で権原を有するものが、設置し維持すべきことに対する命令に違反した場合、処罰の対象となる。

　　4．消防用設備等とは、消防の用に供する設備、消防用水及び消火活動上必要な施設をいい、水バケツはこれに含まれない。

【2】消防用設備等の設置及び維持に関する説明として、消防法令上、正しいものは次のうちどれか。

☐ 1．消防用設備等を政令で定める技術上の基準に従って設置し、及び維持することが義務付けられているのは、防火対象物の所有者ではなく、防火管理者である。

2．消防用設備等とは、政令で定める消防の用に供する設備、消防用水及び消火活動上必要な施設をいう。

3．消防用設備等を設置することが義務付けられている防火対象物は、百貨店、病院、旅館等の特定防火対象物に限られる。

4．一戸建ての住宅についても、一定の規模を超える場合、消防用設備等の設置が義務付けられる場合がある。

【3】消防法令に定められている用語の定義又は説明として、誤っているものは次のうちどれか。

☐ 1．消防の用に供する設備……消火設備、警報設備及び避難設備をいう。

2．消火活動上必要な施設……排煙設備、連結散水設備及び動力消防ポンプ設備をいう。

3．防火対象物の関係者………防火対象物の所有者、管理者又は占有者をいう。

4．複合用途防火対象物………政令で定める2以上の用途に供される防火対象物をいう。

【4】消防用設備等の種類について、消防法令上、誤っているものは次のうちどれか。[★]

☐ 1．動力消防ポンプ設備は、スプリンクラー設備と同じく、消火設備に含まれる。

2．自動火災報知設備は、非常警報設備と同じく、警報設備に含まれる。

3．避難橋は、すべり台や誘導灯と同じく、避難設備に含まれる。

4．消防機関へ通報する火災報知設備は、無線通信補助設備と同じく、消火活動上必要な施設に含まれる。

【5】消防用設備等の種類について、消防法令上、誤っているものは次のうちどれか。

☐ 1．屋内消火栓設備は、スプリンクラー設備と同じく、消火設備に含まれる。

2．連結送水管は、消火器と同じく、消火設備に含まれる。

3．避難橋は、すべり台や誘導灯と同じく、避難設備に含まれる。

4．漏電火災警報器は、非常警報設備と同じく、警報設備に含まれる。

【6】 消防法令上、「警報設備」に含まれないものは、次のうちどれか。[★]

□ 1．消防機関へ通報する火災報知設備 　　2．手動式サイレン

　 3．放送設備 　　　　　　　　　　　4．無線通信補助設備

▶▶正解＆解説……………………………………………………………………………

【1】正解3

　 1．消防用設備等の設置が義務付けられている防火対象物は、令別表第1に掲げる用途
　 の防火対象物である。病院、旅館等不特定多数の者が出入りする防火対象物に限られ
　 ているわけではない。「3．防火対象物の区分」13P参照。

　 2．戸建て一般住宅は、その規模に関わらず「消防用設備等」を設置しなくてもよい。
　 ただし、「住宅用防災機器」を設置しなければならない。「2．消防法の基本」11P
　 参照。

　 3．消防長又は消防署長は、防火対象物の関係者で権原を有する者に対し、消防用設備
　 等の設置維持命令を出すことができる（法第17条の4）。この命令の違反者は、1年
　 以下の懲役または100万円以下の罰金に処せられる（法第41条1項5号）。

　 4．水バケツ、水槽、乾燥砂、膨張ひる石または膨張真珠岩は、簡易消火用具として「消
　 防の用に供する設備」の消火設備に含まれる。

【2】正解2

　 1．設置・維持が義務付けられているのは、防火対象物の関係者（所有者など）で、防
　 火管理者ではない。「2．消防法の基本」11P参照。

　 4．戸建て一般住宅は、その規模に関わらず「消防用設備等」を設置しなくてもよい。
　 「2．消防法の基本」11P参照。

【3】正解2

　 2．消火活動上必要な施設は、排煙設備、連結散水設備、連結送水管、非常コンセント
　 設備及び無線通信補助設備をいう。動力消防ポンプ設備は、「消防の用に供する設備」
　 の消火設備に含まれる。

【4】正解4

　 3．「避難橋（ひなんきょう）」は、建築物相互を連結する橋状のもの（避難器具の基準　消防庁告示第
　 1号）をいい、避難設備に含まれる。

　 4．「消火活動上必要な施設」は、排煙設備、連結散水設備、連結送水管、非常コンセ
　 ント設備及び無線通信補助設備をいう。消防機関へ通報する火災報知設備は、「消防
　 の用に供する設備」の警報設備に含まれる。

【5】正解2

　 2．連結送水管は、「消火活動上必要な施設」に含まれる。

【6】正解4

　 1～3．いずれも「警報設備」に含まれる。

　 4．無線通信補助設備は、「消火活動上必要な施設」に含まれる。

6. 既存防火対象物に対する適用除外

■1. 技術上の基準に関する従前の規定の適用

◎法第17条1項の消防用設備等の技術上の基準に関する政令などを施行または適用する際、現在すでに存在する防火対象物における消防用設備等、または現在新築、増築、改築、移転、修繕若しくは模様替えの工事中の防火対象物に係る消防用設備等が、政令などの規定に適合しないときは、消防用設備等に対し、当該規定は、適用しない。この場合においては、当該消防用設備等の技術上の基準に関する**従前の規定を適用する**（法第17条の2の5　1項）。

〔解説〕この規定は、消防用設備等の技術上の基準が改正された後であっても、既存する消防用設備等については、従前の規定を適用することを定めたものである。ただし、従前の規定が適用されない消防用設備等がある他、従前の規定が適用されない場合もある。

■2. 従前の規定が適用されない消防用設備等

◎法第17条の2の5　1項において、次に掲げる消防用設備等は、消防用設備等の技術上の基準に関する従前の規定を適用しないものとする（令第34条など）。

①簡易消火用具

②自動火災報知設備（特定防火対象物などに設けるものに限る。）

③ガス漏れ火災警報設備（特定防火対象物などに設けるものに限る。）

④漏電火災警報器

⑤非常警報器具及び非常警報設備

⑥誘導灯及び誘導標識

⑦必要とされる防火安全性能を有する消防の用に供する設備等であって、**消火器、避難器具**及び①～⑥の消防用設備等に類するものとして消防庁長官が定めるもの

■3. 従前の規定が適用されないケース

◎法第17条の2の5　1項の規定は、消防用設備等で次のいずれかに該当するものについては、適用しない（法第17条の2の5　2項1号～4号）。

①法第17条1項の消防用設備等の技術上の基準に関する政令などの従前規定に対し、もともと消防用設備等が**違反**しているとき。

②工事の着手が、法第17条1項の消防用設備等の技術上の基準に関する政令などの施行又は適用の後で、政令で定める増築、改築〔※1〕又は大規模の修繕若しくは模様替え〔※2〕を行ったとき。

〔※1〕政令で定める増築及び改築は、次に掲げるものとする（令第34条の2）。

・工事の着手が基準時以後である増築又は改築に係る当該防火対象物の部分の床面積の合計が、1,000m2以上となるもの

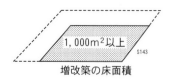

増改築の床面積

・工事の着手が基準時以後である増築又は改築に係る当該防火対象物の部分の床面積の合計が、基準時における当該防火対象物の延べ面積の2分の1以上となるもの

増改築の床面積

〔解説〕基準時とは、防火対象物における消防用設備等について、それらの規定が適用されない期間の始期をいう。

〔※2〕大規模の修繕及び模様替えは、当該防火対象物の主要構造部である**壁**について行う**過半**の修繕又は模様替えとする（令第34条の3）。

〔解説〕修繕は、建築物の全部又は一部の除去等を伴わない程度の主要構造部の現状回復的工事。模様替えは、建築物の全部又は一部の除去、増加等を伴わない範囲で主要構造部を変更する工事。

③消防用設備等が、消防用設備等の技術上の基準に関する政令等の規定に適合するに至っているもの。

〔解説〕この場合、将来にわたり消防用設備等を技術上の基準（適合時の基準）に従って設置し、及び維持しなければならないことになる。従前の規定は適用されない。

④**特定防火対象物**における消防用設備等であるとき、又は消防用設備等の技術上の基準に関する政令等の施行又は適用の際、現に新築、増築、改築、移転、修繕若しくは模様替えの工事中の特定防火対象物に係る消防用設備等であるとき。

〔解説〕この規定により、特定防火対象物については、消防用設備等の技術上の基準が改正されるごとに、新規定が適用されることになる。また、新築・増築・改築中の特定防火対象物は、設計を変更するなどして消防用設備等を新規定に適合させなければならない。

【1】消防用設備等の技術上の基準に関する政令若しくはこれに基づく命令の規定が改正されたとき、改正後の規定に適合させなければならない消防用設備等として、消防法令上、正しいものは次のうちどれか。[★]
□　1．工場に設置されている屋内消火栓設備
　　2．展示場に設置されている自動火災報知設備
　　3．ラック式倉庫に設置されているスプリンクラー設備
　　4．図書館の蔵書室に設置されている二酸化炭素を放射する不活性ガス消火設備

【2】用途が事務所である防火対象物において、消防用設備等の技術上の基準に関する政令又はこれに基づく命令の規定が改正されたとき、改正後の規定に適合させなければならない消防用設備等として、消防法令上、誤っているものは次のうちどれか。ただし、防火対象物の構造、用途、規模の変更等はないものとする。
□　1．消火器
　　2．避難器具
　　3．屋内消火栓設備
　　4．誘導灯

【3】既存の特定防火対象物以外の防火対象物を消防用設備等（消火器、避難器具等を除く。）の技術上の基準が改正された後に増築した場合、消防用設備等を改正後の基準に適合させなければならないものとして、消防法令上、正しいものは次のうちどれか。ただし、当該消防用設備等は従前の規定に適合しているものとする。
□　1．増築部分の床面積の合計が、500m²を超え、かつ、増築前の延べ面積の1／3以上である場合
　　2．増築部分の床面積の合計が、500m²以上であるか、又は増築前の延べ面積の1／3以上である場合
　　3．増築部分の床面積の合計が、1,000m²を超え、かつ、増築前の延べ面積の1／2以上である場合
　　4．増築部分の床面積の合計が、1,000m²以上であるか、又は増築前の延べ面積の1／2以上である場合

【4】防火対象物を消防用設備等の技術上の基準が改正された後に増築又は改築した場合、消防用設備等を改正後の基準に適合させなければならない増築又は改築の規模として、消防法令上、正しいものは次のうちどれか。

□　1．増築に係る当該防火対象物の部分の床面積の合計が、増築前の延べ面積の1／3となる場合
　　2．改築に係る当該防火対象物の部分の床面積の合計が、1,000m²となる場合
　　3．増築に係る当該防火対象物の部分の床面積の合計が、500m²となる場合
　　4．増築又は改築以前の当該防火対象物の延べ面積と、増築又は改築後の延べ面積との差が、500m²となる場合

【5】消防法令上、設備等技術基準の施行又は適用の際、既に存する防火対象物における消防用設備等（消火器、避難器具その他政令で定めるものを除く。）がこれらの規定に適合せず、当該規定が適用されていないとき、当該防火対象物を増築する場合、当該消防用設備等を当該規定に適合させなければならないものは次のうちどれか。ただし、当該消防用設備等は、従前の規定に適合しているものとする。[編]

□　1．基準時の延べ面積が1,000m²の工場を1,500m²に増築するもの
　　2．基準時の延べ面積が1,500m²の倉庫を2,000m²に増築するもの
　　3．基準時の延べ面積が2,500m²の図書館のうち、700m²を改築するもの
　　4．基準時の延べ面積が2,500m²の図書館を3,200m²に増築するもの
　　5．基準時の延べ面積が3,000m²の中学校のうち、800m²を改築するもの
　　6．基準時の延べ面積が3,000m²の中学校を3,800m²に増築するもの

【6】既存の防火対象物における消防用設備等は、設備等に関する法令の改正があっても、原則として、改正前の基準に適合していればよいと規定されているが、法令の改正後に一定の「増改築」が行われた場合は、この規定は適用されず、改正後の基準に適合させなければならない。この一定の「増改築」に該当しないものは、次のうちどれか。

□　1．既存の延べ面積の1／3で800m²の増改築
　　2．既存の延べ面積の1／4で1,200m²の増改築
　　3．既存の延べ面積の3／5で500m²の増改築
　　4．既存の延べ面積の5／6で1,500m²の増改築

【7】 既存の防火対象物を消防用設備等の技術上の基準が改正された後に増築、改築又は修繕若しくは模様替えをした場合、消防用設備等を改正後の基準に適合させなければならない増築、改築又は修繕若しくは模様替えに該当するものとして、消防法令上、正しいものは次のうちどれか。

□ 1．延べ面積が1,000m²の倉庫を1,200m²に増築する。

2．延べ面積が1,500m²の工場のうち500m²を改築する。

3．延べ面積が2,000m²の遊技場の主要構造部である壁を2／3にわたって模様替えする。

4．延べ面積が2,500m²の劇場の主要構造部である壁を1／3にわたって修繕する。

【8】 既存の防火対象物における消防用設備等は、設備等に関する法令の改正があっても、原則として、改正前の基準に適合していればよいと規定されているが、法令の改正後に一定の「修繕」が行われた場合は、この規定は適用されず、改正後の基準に適合させなければならない。この一定の「修繕」に該当するものは、次のうちどれか。

□ 1．主要構造部である柱を2分の1にわたって修繕したもの

2．主要構造部である床を2分の1にわたって修繕したもの

3．主要構造部である壁を3分の2にわたって修繕したもの

4．主要構造部である屋根を3分の2にわたって修繕したもの

【9】 防火対象物の増築に関する次の記述において、文中の（ ）に当てはまる数値として、消防法令上、正しいものは次のうちどれか。

「設備等技術基準の施行又は適用の際、現に存する特定防火対象物以外の防火対象物における消防用設備等（消火器、避難器具その他政令で定めるものを除く。）がこれらの規定に適合せず、当該規定が適用されていないとき、当該防火対象物を増築する場合、基準時以後の増築部分の床面積の合計が、（ ）m²以上となるものは、当該消防用設備等を当該規定に適合させなければならない。」

□ 1．300　　2．500　　3．700　　4．1,000

▶▶正解＆解説⋯⋯⋯

【1】正解2

2．展示場は、令別表第1の（4）に該当し、特定防火対象物となる。「②自動火災報知設備（特定防火対象物などに設けるものに限る）」に該当するため、消防用設備等の技術上の基準について、従前の規定は適用されない。規定が改正されるごとに、新規定に適合させなければならない。

【2】正解3

　　従前の規定が適用されない消防用設備等は、消火器、避難器具、誘導灯である。これ
らは、技術上の基準に関する政令が改正されるごとに、改正後の規定に適合させなけれ
ばならない。一方、屋内消火栓設備は、従前の規定がそのまま適用されるため、改正が
あってもそのまま使用を続けることができる。

【3】正解4

【4】正解2

　　2．増築又は改築に係る当該防火対象物の部分の床面積の合計が、1,000m² 以上とな
　　る場合は、増築又は改築にあわせて、消防用設備等を改正後の基準に適合させなけれ
　　ばならない。

【5】正解1

　　1．この場合、「増築又は改築に係る防火対象物の部分の床面積の合計が、工事着手時
　　における防火対象物の延べ面積の2分の1以上となるもの」に該当するため、増築に
　　あわせて、消防用設備等を改正後の基準に適合させなければならない。

【6】正解1

　　1．延べ面積 1,000m² 以上または 1／2 以上のいずれの増改築にも該当しない。

　　2．延べ面積 1,000m² 以上の増改築に該当する。

　　3．延べ面積の 1／2 以上の増改築に該当する。

　　4．延べ面積 1,000m² 以上または 1／2 以上のいずれの増改築にも該当する。

【7】正解3

　　1＆2．延べ面積の 1／2 以上の増改築に該当しないため、従前の規定が適用される。

　　3．「主要構造部である壁について行う過半の修繕又は模様替え」に該当するため、消
　　防用設備等を改正後の基準に適合させなければならない。

　　4．劇場及び遊技場は、いずれも特定防火対象物である。特定防火対象物は、増改築や
　　修繕・模様替えにかかわらず、消防用設備等の技術上の基準が改正されるごとに消防
　　用設備等を基準に適合させなければならない。設問では、消防用設備等を改正後の基
　　準に適合させなければならない増改築、修繕・模様替えに該当するものを選ぶよう求
　　めている。また、4の内容は「過半の修繕又は模様替え」に該当しない。

【8】正解3

　　大規模の修繕及び模様替えは、当該防火対象物の主要構造部である壁について行う過
半の修繕又は模様替えとする。

【9】正解4

　　消防用設備等について、技術上の基準に関する従前の規定が適用されない内容をまと
めた記述である。

7. 既存防火対象物の用途変更の特例

■1. 特例の適用

◎法第17条1項の防火対象物の用途が変更されたことにより、用途が変更された後の防火対象物における消防用設備等が、これに係る消防用設備等の技術上の基準に関する規定に適合しないこととなるときは、特例として用途変更後の消防用設備等は、技術上の基準に関する規定を適用しない。

　この場合においては、用途が変更される前の防火対象物における消防用設備等の技術上の基準に関する規定を適用する（法第17条の3　1項）。

〔解説〕この特例が適用される場合は、用途が変更される前の消防用設備等の技術上の基準に従って、消防用設備等を設置し、及び維持することになる。

■2. 特例が適用されない場合

◎法第17条の3　1項の特例規定は、消防用設備等で次の各号に該当するものについては、適用しない（法第17条の3　2項）。

①法第17条1項の防火対象物の用途が変更された際、用途が変更される前の防火対象物における消防用設備等が、すでに技術上の基準に適合していないことにより法第17条1項の規定に違反しているとき。

②法第17条1項の防火対象物の用途の変更の後に、一定規模以上の増築、改築又は大規模の修繕若しくは模様替えに係る工事に着手したとき。

〔解説〕大規模の修繕若しくは模様替えは、当該防火対象物の主要構造部である壁について行う過半（1／2以上）の修繕又は模様替えとする（令第34条の3）。

③法第17条1項の消防用設備等の技術上の基準に関する規定に適合しているとき。

〔解説〕この場合、将来にわたり消防用設備等を技術上の基準（用途変更後の基準）に従って設置し、及び維持しなければならないことになる。用途変更前の基準は適用されない。

④法第17条1項の防火対象物の用途が変更され、その変更後の用途が特定防火対象物の用途であるとき。

〔解説〕この規定により特例が適用されるのは、変更後の用途が非特定防火対象物の用途に限られることになる。この場合、変更前の用途は問わない。特定防火対象物の用途に変更する場合は、全て特例が適用されず、変更後の用途区分に適合する消防用設備等を設置しなければならない。

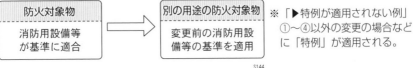

▶特例が適用される例

防火対象物		別の用途の防火対象物
消防用設備等 が基準に適合	➡	変更前の消防用設備等の基準を適用

※「▶特例が適用されない例」
①〜④以外の変更の場合など
に「特例」が適用される。

S144

▶特例が適用されない例

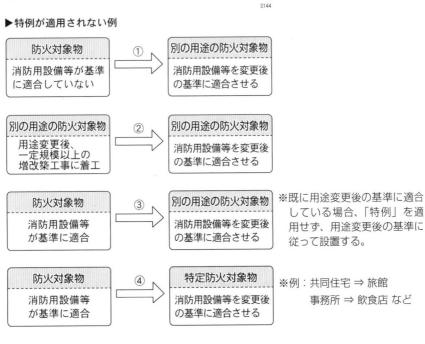

防火対象物	①	別の用途の防火対象物
消防用設備等が基準に適合していない	➡	消防用設備等を変更後の基準に適合させる

別の用途の防火対象物	②	別の用途の防火対象物
用途変更後、一定規模以上の増改築工事に着工	➡	消防用設備等を変更後の基準に適合させる

防火対象物	③	別の用途の防火対象物
消防用設備等が基準に適合	➡	消防用設備等を変更後の基準に適合させる

※既に用途変更後の基準に適合
している場合、「特例」を適
用せず、用途変更後の基準に
従って設置する。

防火対象物	④	特定防火対象物
消防用設備等が基準に適合	➡	消防用設備等を変更後の基準に適合させる

※例：共同住宅 ⇒ 旅館
　　　事務所 ⇒ 飲食店 など

▶▶過去問題◀◀

【1】防火対象物の用途が変更された場合の消防用設備等の技術上の基準の適用に
ついて、消防法令上、正しいものは次のうちどれか。[★]

☐ 1．防火対象物の用途が変更された場合は、変更後の用途に適合する消防用設
備等を設置しなければならない。

2．変更後の用途が特定防火対象物に該当しなければ、すべての消防用設備等
を変更しなくてよい。

3．変更後の用途が特定防火対象物に該当する場合は、変更後の用途区分に適
合する消防用設備等を設置しなければならない。

4．用途変更前に設置された消防用設備等が違反していた場合は、変更前の基
準に適合するよう措置しなければならない。

【2】防火対象物の用途変更と消防用設備等（消火器、避難器具その他政令で定めるものを除く。）の技術基準の関係について、消防法令上、正しいものは次のうちどれか。

☐　1．消防用設備等が変更前の用途に係る技術基準に違反していた場合、変更後の用途に係る技術基準に従って設置しなければならない。

　　2．用途が変更された場合、いかなる用途の防火対象物であっても変更後の用途に係る技術基準に従い設置しなければならない。

　　3．用途が変更されて特定防火対象物になった場合、変更前の用途に係る技術基準に従って設置されていれば、変更後の用途基準に従って設置する必要はない。

　　4．用途が変更された後に、主要構造部である壁について過半の修繕を施した場合、変更前の用途に係る技術基準に従って設置されれば、変更後の用途に係る技術基準に従って設置する必要はない。

【3】防火対象物の用途が変更された場合の消防用設備等の技術上の基準の適用について、消防法令上、誤っているものは次のうちどれか。［編］

☐　1．原則として、用途変更前に設置された消防用設備等はそのままにしておいてよいが、その後、一定規模以上の増改築工事を行う場合は、変更後の用途区分に適合する消防用設備等を設置しなければならない。

　　2．用途変更前に設置された消防用設備等が基準に違反していた場合は、用途変更後の基準に適合する消防用設備等を設置しなければならない。

　　3．変更後の用途が特定防火対象物に該当する場合は、変更後の用途区分に適合する消防用設備等を設置しなければならない。

　　4．用途変更後、設置義務のなくなった消防用設備等については、撤去するなど確実に機能を停止させなければならない。

　　5．用途変更前に設置された適法な消防用設備等については、法令に定める場合を除き、変更する必要はない。

▶▶正解＆解説…………………………………………………………………………………………

【1】 正解3

1．特例が設けられているため、変更前の用途に適合する消防用設備等で良い場合がある。

2．変更後の用途が特定防火対象物に該当しなくても、消防用設備等を技術上の基準（用途変更後の基準）に適合するように変更しなければならない場合がある。具体的には、①用途が変更される前の技術上の基準に適合していないとき、②用途変更後に、一定規模以上の増築・改築等の工事に着手しているとき、などである。

4．この場合、用途変更後の基準に適合するよう措置しなければならない。

【2】 正解1

1．特例が適用されない例の①に該当。

2．特例が設けられているため、変更前の用途に適合する消防用設備等で良い場合がある。

3．変更後の用途基準に従って設置する。特例が適用されない例の④に該当。

4．変更後の用途基準に従って設置する。特例が適用されない例の②に該当。

【3】 正解4

1．特例が適用されない例の②に該当。

2．特例が適用されない例の①に該当。

3．特例が適用されない例の④に該当。

4．不要となった消防用設備等については、消防法令では特に規定されていない。ただし、廃棄物等として法令（廃棄物処理法やリサイクル法）の適用を受ける。

5．特例が適用される内容である。

8. 定期点検及び報告

■1. 定期点検及び報告

◎法第17条1項の防火対象物（政令で定めるものを除く）の関係者は、当該防火対象物における消防用設備等又は特殊消防用設備等について、総務省令で定めるところにより、定期に点検し、その結果を消防長又は消防署長に報告しなければならない。

　　ただし、当該防火対象物のうち政令で定めるものにあっては、消防設備士又は消防設備点検資格者に点検させなければならない（法第17条の3の3）。

◎法第17条の3の3の消防用設備等又は特殊消防用設備等について点検を要しない防火対象物は、令別表第1（13P参照）の（20）に掲げる防火対象物（総務省令で定める舟車）とする（令第36条1項）。

◎消防設備士又は消防設備点検資格者に点検させなければならない防火対象物は、次に掲げる防火対象物とする（令第36条2項）。

①特定防火対象物で、延べ面積が1,000m²以上のもの

②特定防火対象物以外で、延べ面積が1,000m²以上のもののうち、消防長又は消防署長が火災予防上必要があると認めて指定するもの　など

◎消防設備点検資格者とは、消防用設備等又は特殊消防用設備等の工事又は整備について5年以上の実務の経験を有する者等で、消防用設備等又は特殊消防用設備等の点検に関し必要な知識及び技能を修得することができる講習であって、登録講習機関の行うものの課程を修了し、登録講習機関が発行する免状の交付を受けている者とする（規則第31条の6　7項）。

■2. 点検及び報告の期間

◎消防用設備等の点検について、その期間は、総合点検で1年ごと、機器点検で6月ごととする（消防庁告示）。

◎防火対象物の関係者は、点検の結果を、維持台帳に記録するとともに、次の各号に掲げる防火対象物の区分に従い、当該各号に定める期間ごとに消防長又は消防署長に報告しなければならない（規則第31条の6　3項）。

①特定防火対象物……………………………… 1年に1回

②特定防火対象物以外の防火対象物……… 3年に1回

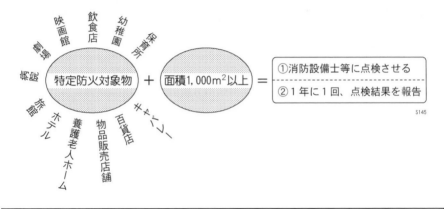

【1】 消防用設備等の定期点検を消防設備士又は消防設備点検資格者にさせなければならない防火対象物として、消防法令上、正しいものは次のうちどれか。ただし、いずれの防火対象物も消防長又は消防署長が火災予防上必要があると認めて指定するものではないものとする。[編]

☐ 1. 延べ面積にかかわらず、すべての防火対象物

2. 延べ面積にかかわらず、すべての特定防火対象物

3. 延べ面積が 1,000m² 以上の防火対象物

4. 延べ面積が 1,000m² 以上の特定防火対象物

5. 延べ面積が 1,000m² 以上の特定防火対象物以外の防火対象物

【2】 消防用設備等の定期点検を消防設備士又は消防設備点検資格者にさせなければならない防火対象物として、消防法令上、正しいものは次のうちどれか。ただし、消防長又は消防署長が指定するものを除く。

☐ 1. ホテルで、延べ面積が500m²のもの

2. 映画館で、延べ面積が700m²のもの

3. キャバレーで、延べ面積が1,000m²のもの

4. 駐車場で、延べ面積が1,500m²のもの

【3】 消防設備士又は消防設備点検資格者に、消防用設備等を定期に点検させ、その結果を消防長又は消防署長に報告しなければならない防火対象物として、消防法令上、正しいものは次のうちどれか。

☐ 1. すべての高層建築物

2. キャバレーで、延べ面積が500m²のもの

3. 病院で、延べ面積が1,000m²のもの

4. すべての旅館

【4】 消防用設備等は定期的に点検し、その結果を一定期間ごとに消防長又は消防
　　署長に報告しなければならないが、防火対象物の用途と報告の期間の組合せとし
　　て、消防法令上、正しいものを2つ答えなさい。[編]

☐　1．保育所　　　　　……3年に1回
　　2．幼稚園　　　　　……3年に1回
　　3．劇場　　　　　　……6ヶ月に1回
　　4．物品販売店舗　　……1年に1回
　　5．養護老人ホーム……1年に1回
　　6．小学校　　　　　……1年に1回
　　7．百貨店　　　　　……6か月に1回
　　8．駐車場　　　　　……1年に1回

【5】 消防用設備等の定期点検を消防設備士又は消防設備点検資格者にさせなけれ
　　ばならない特定防火対象物の最小の延べ面積として、消防法令に定められている
　　ものは、次のうちどれか。

☐　1．300m^2
　　2．500m^2
　　3．1,000m^2
　　4．2,000m^2

【6】 消防用設備等の定期点検を消防設備士又は消防設備点検資格者にさせなけれ
　　ばならない防火対象物として、消防法令上、正しいものを3つ選びなさい。ただ
　　し、いずれの防火対象物も消防長又は消防署長の指定を受けていないものとする。
　　　　　　　　　　　　　　　　　　　　　　　　　　　　　　　　　　　　　[編]

☐　1．映画館で、延べ面積が700m^{2}のもの
　　2．集会場で、延べ面積が1,000m^{2}のもの
　　3．共同住宅で、延べ面積が2,000m^{2}のもの
　　4．飲食店で、延べ面積が1,000m^{2}のもの
　　5．飲食店で、延べ面積が300m^{2}のもの
　　6．百貨店で、延べ面積が1,000m^{2}のもの
　　7．旅館で、延べ面積が500m^{2}のもの
　　8．ホテルで、延べ面積が500m^{2}のもの
　　9．診療所で、延べ面積が500m^{2}のもの
　10．小学校で、延べ面積が1,000m^{2}のもの
　11．幼稚園で、延べ面積が800m^{2}のもの
　12．映画スタジオで、延べ面積が3,000m^{2}のもの

【7】 消防用設備等の定期点検及び報告に関する記述について、消防法令上、誤っているものは次のうちどれか。ただし、総務省令で定める舟車を除く。 [★]

□ 1. 消防法第17条に基づいて設置された消防用設備等は、定期に点検をしなければならない。

2. 特定防火対象物以外の防火対象物にあっては、点検を行った結果を維持台帳に記録し、消防長又は消防署長に報告を求められたときに報告すればよい。

3. 特定防火対象物の関係者は、点検の結果を消防長又は消防署長に報告しなければならない。

4. 延べ面積が1,000m²以上の特定防火対象物の消防用設備等にあっては、消防設備士又は消防設備点検資格者に点検をさせなければならない。

【8】 消防用設備等の点検及び報告に関する記述として、消防法令上、正しいものは次のうちどれか。

□ 1. 消防用設備等の点検結果については、消防長又は消防署長から報告を求められたときに報告すればよい。

2. 店舗に任意に設置された消防用設備等であっても一定期間ごとに点検し、その結果を報告しなければならない。

3. 延べ面積が1,000m²以上の病院に設置された法令上設置義務のある消防用設備等の点検は、消防設備士又は消防設備点検資格者に行わせなければならない。

4. 点検を行った消防設備士は、消防用設備等の点検結果について消防長又は消防署長に報告しなければならない。

【9】 消防法第17条の3の3に基づく消防用設備等の点検及び報告について、消防法令上、誤っているものは次のうちどれか。ただし、規則第31条の6第4項の規定に基づく、消防庁長官が定める事由により点検等の期間を延長する措置は考慮しないものとする。

□ 1. 特定防火対象物の関係者は、点検を行った結果を1年に1回、都道府県知事に報告しなければならない。

2. 政令別表第1 (20) 項に掲げる舟車は、防火対象物であるが点検を行う義務はない。

3. 防火対象物の関係者は、点検を行った結果を維持台帳に記録しておかなければならない。

4. 延べ面積が1,000m²以上の特定防火対象物の関係者は、消防設備士等の有資格者に消防用設備等の点検をさせなければならない。

【10】消防法第17条の３の３に基づく消防用設備等の定期点検及び報告について、消防法令上、誤っているものは次のうちどれか。

□ 　1．定期点検の結果は、防火対象物の関係者が消防長又は消防署長に報告する。

　　2．防火対象物の関係者が、自ら消防用設備等の定期点検を行う防火対象物もある。

　　3．戸建て一般住宅に設置された消火器は、点検報告の対象とはならない。

　　4．延べ面積1,000m²以上の特定防火対象物の消防用設備等の定期点検は、消防設備士の免状の交付を受けている者のみができる。

▶▶正解＆解説……………………………………………………………………………

【1】正解4

【2】正解3

　　1．ホテル、旅館、宿泊所は、令別表第１（５）イに該当し、特定防火対象物である。ただし、延べ面積が1,000m²未満であるため、点検する者の資格を問わない。

　　2．映画館、劇場、演芸場は、令別表第１（１）イに該当し、特定防火対象物である。ただし、延べ面積が1,000m²未満であるため、点検する者の資格を問わない。

　　3．キャバレー、ナイトクラブ、その他これらに類するものは、令別表第１（２）イに該当し、特定防火対象物である。延べ面積が1,000m²以上であるため、消防設備士又は消防設備点検資格者に定期点検をさせなければならない。

　　4．駐車場、自動車車庫は、令別表第１（13）イに該当し、特定防火対象物以外の防火対象物である。延べ面積が1,000m²以上であるが、設問により「消防長又は消防署長が指定するものを除く」としてあるため、点検する者の資格を問わない。

【3】正解3

　　3．病院、診療所、助産所は、令別表第１（６）イに該当し、特定防火対象物である。延べ面積が1,000m²以上であるため、消防設備士又は消防設備点検資格者に定期点検をさせなければならない。

【4】正解4＆5

　　定期点検の結果について、特定防火対象物は１年に１回、特定防火対象物以外の防火対象物は３年に１回、それぞれ報告しなければならない。

　　特定防火対象物…保育所、幼稚園、劇場、物品販売店舗、養護老人ホーム、百貨店

　　特定防火対象物以外の防火対象物…小学校、駐車場

【5】正解3

【6】正解2＆4＆6

　　特定防火対象物で、延べ面積が1,000m²以上のものは、消防設備士又は消防設備点検資格者に定期点検をさせなければならない。

【7】正解2

1. 法第17条の3の3では、定期点検及び報告の対象を「当該防火対象物における消防用設備等」としている。このため、設問では「消防法第17条に基づいて設置された消防用設備等」という表現になっている。なお、任意に設置された消防用設備等については、一定期間ごとの点検及び結果報告に関する規定は適用されない。

2. 特定防火対象物以外の防火対象物にあっては、消防用設備等を定期に点検し、点検の結果を維持台帳に記録するとともに、3年に1回、消防長又は消防署長に点検の結果を報告しなければならない。

【8】正解3

1. 消防用設備等の点検結果については、1年に1回又は3年に1回、消防長又は消防署長に報告しなければならない。

2. 任意に設置された消防用設備等については、一定期間ごとの点検及び結果報告に関する規定は適用されない。

4. 消防用設備等の点検結果について、消防長又は消防署長に報告しなければならないのは、防火対象物の関係者であり、点検を行った消防設備士ではない。

【9】正解1

1. 特定防火対象物の関係者は、点検を行った結果を1年に1回、［消防長又は消防署長］に報告しなければならない。

（規則第31条の6　4項（要約））
　新型インフルエンザ等その他消防庁長官が定める事由により、点検及び報告が困難であるときは、消防庁長官が定める期間ごとに点検及び報告をするものとする。

【10】正解4

4. 消防設備士の免状の交付を受けている者の他、消防設備点検資格者も定期点検を行うことができる。

9. 防火対象物点検資格者

◎一定の防火対象物について、管理について権原を有する者は、**防火対象物点検資格者**に、当該防火対象物における防火管理上必要な業務、消防の用に供する設備、消防用水又は消火活動上必要な施設の設置及び維持その他火災の予防上必要な事項（点検対象事項）が点検基準に適合しているかどうかを点検させ、その結果を消防長又は消防署長に報告しなければならない。ただし、第17条の3の3の規定（消防用設備等の点検及び報告）による点検及び報告の対象となる事項については、この限りでない（法第8条の2の2）。

〔解説〕一定の防火対象物とは、特定防火対象物で、収容人数ごとに細かく規定されている。

◎法第8条の2の2　1項の規定による点検は、1年に1回行うものとする。

◎**防火対象物点検資格者**は、次の各号（①及び②以外は省略）のいずれかに該当する者で、防火対象物の点検に関し必要な知識及び技能を修得することができる講習であって、登録講習機関の行うものの課程を修了し、当該登録講習機関が発行する防火対象物の点検に関し必要な知識及び技能を修得したことを証する書類（免状）の交付を受けている者とする（規則第4条の2の4　4項）。

①消防設備士で、消防用設備等又は特殊消防用設備等の工事、整備又は点検について3年以上の実務の経験を有する者

②消防設備点検資格者で、消防用設備等又は特殊消防用設備等の点検について3年以上の実務の経験を有する者

▶▶ 過去問題 ◀◀

【1】防火対象物点検資格者についての次の記述のうち、文中の（　）に当てはまるものとして、消防法令上、正しいものは次のうちどれか。

　「消防設備士が防火対象物点検資格者になる条件の一つとして、消防用設備等の工事、整備又は点検について（　）年以上の実務経験が必要である。」

- ☐　1．1
- 　2．2
- 　3．3
- 　4．4

▶▶正解＆解説……………………………………………………………………………………

【1】正解3

10. 消防用設備等の届出及び検査

■1. 消防用設備等の設置後の措置

◎法第17条１項の防火対象物のうち特定防火対象物その他の政令で定めるものの関係者は、同項の政令で定める技術上の基準に従って設置しなければならない消防用設備等を設置したときは、総務省令で定めるところにより、その旨を**消防長又は消防署長に届け出て、検査**を受けなければならない（法第17条の３の２）。

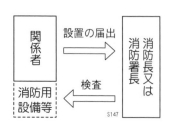

◎ただし、消防用設備等のうち、次に掲げるものは、設置しても検査を受けなくてもよい設備とする。

> 簡易消火用具（水バケツ、水槽、乾燥砂、膨張ひる石・膨張真珠岩）
> 非常警報器具（警鐘、携帯用拡声器、手動式サイレン）

■2. 届出及び検査が必要な防火対象物

◎法第17条の３の２の政令で定める防火対象物は、次に掲げる防火対象物とする（令第35条）。

※いずれも一部で、詳細は省略。「令別表第１」13P参照。

１．次に掲げる**特定防火対象物**

> カラオケボックス、旅館、病院、診療所・助産所（入院施設有り）、老人短期入所施設・養護老人ホームなど
> ----
> （2）ニ、（5）イ、（6）イ①～③、（6）ロ、（6）ハの一部、
> （16）イの一部、（16の2）の一部、（16の3）の一部

２．次に掲げる**特定防火対象物**で、延べ面積が **300㎡以上**のもの

> 劇場・演芸場、キャバレー、ナイトクラブ、ダンスホール、飲食店、百貨店、診療所・助産所（入院施設無し）、保育所、幼稚園・特別支援学校、蒸気浴場など
> ----
> （1）、（2）イ～ハ、（3）、（4）、（6）イ④、（6）ハ及びニ、（9）イ、
> （16）イの一部、（16の2）の一部、（16の3）の一部

３．次に掲げる**防火対象物**で、延べ面積が **300㎡以上**のもののうち、消防長又は消防署長が火災予防上必要があると認めて**指定するもの**

> 共同住宅、小中学校、図書館、美術館、公衆浴場、車両の停車場、神社、工場など
> ----
> （5）ロ、（7）、（8）、（9）ロ、（10）～（15）まで、（16）ロ、（17）及び（18）

4．特定防火対象物の用途に供される部分が避難階以外の階（1階及び2階を除く）に存する防火対象物で、当該避難階以外の階から避難階（通常は1階）又は地上に直通する階段が2（当該階段が屋外に設けられ、又は総務省令で定める避難上有効な構造を有する場合にあっては、1）以上設けられていないもの

■3．特定1階段等防火対象物

◎令第35条1項4号は、特定1階段等防火対象物と呼ばれており、極めて難解な表現となっている。

◎特定1階段等防火対象物を解りやすく定義すると、「地階又は3階以上の部分に特定用途部分があり、かつ、1階に通じる避難に使用する階段が**屋内**に1つしかない防火対象物」となる。

◎「避難階以外の階」は1階と2階を除くものとする（令第4条の2の2　1項2号）。

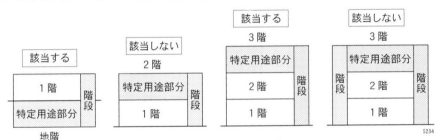

【特定1階段等防火対象物】

■4．届出及び検査

◎法第17条の3の2の規定による検査を受けようとする防火対象物の関係者は、当該防火対象物における消防用設備等又は特殊消防用設備等の設置に係る工事が完了した場合において、その旨を工事が完了した日から**4日以内**に消防長又は消防署長に別記様式第1号の2の3の届出書（省略）に次に掲げる書類（省略）を添えて届け出なければならない。

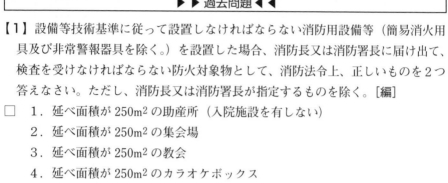

▶▶過去問題◀◀

【1】 設備等技術基準に従って設置しなければならない消防用設備等（簡易消火用具及び非常警報器具を除く。）を設置した場合、消防長又は消防署長に届け出て、検査を受けなければならない防火対象物として、消防法令上、正しいものを2つ答えなさい。ただし、消防長又は消防署長が指定するものを除く。[編]

☐ 1．延べ面積が 250m² の助産所（入院施設を有しない）
     2．延べ面積が 250m² の集会場
     3．延べ面積が 250m² の教会
     4．延べ面積が 250m² のカラオケボックス
     5．延べ面積が 500m² のナイトクラブ
     6．延べ面積が 500m² の美術館
     7．延べ面積が 1,000m² の共同住宅

【2】 消防用設備等の検査を行わなければならない防火対象物として、消防法令上、適切なものは次のうちどれか。ただし、消防長又は消防署長が指定するものを除く。

☐ 1．延べ面積1,000m²の中学校
     2．延べ面積500m²のダンスホール
     3．延べ面積500m²の美術館
     4．延べ面積1,000m²の共同住宅

【3】 消防用設備等を設備等技術基準に従って設置した場合、消防法令上、消防機関の検査を受けなくてもよい防火対象物は次のうちどれか。ただし、防火対象物はすべて平家建で、非常警報器具及び簡易消火用具は設置されていないものとする。

☐ 1．延べ面積200m²の老人短期入所施設
     2．延べ面積350m²の診療所
     3．延べ面積250m²の特別支援学校
     4．延べ面積500m²の演芸場

【4】 消防用設備等（簡易消火用具及び非常警報器具を除く。）を設置したときの届出及び検査について、消防法令上、誤っているものは次のうちどれか。

☐ 1．特定防火対象物以外の防火対象物に設置した消防用設備等であっても、消防長又は消防署長へ届け出て検査を受けなければならない場合がある。

46

2．消防用設備等を設置したときに、届け出て検査を受けるのは、当該防火対象物の関係者である。

3．延べ面積が300m²以上の特定防火対象物に消防法第17条に基づき設置した消防用設備等については、消防長又は消防署長へ届け出て検査を受けなければならない。

4．消防用設備等を設置したときに届け出て検査を受けるのは、当該防火対象物の工事を行った工事責任者である。

【5】設置義務のある消防用設備等（簡易消火用具及び非常警報器具を除く。）を設置したときの届出及び検査に関する記述について、消防法令上、正しいものは次のうちどれか。

☐　1．特定防火対象物に消防用設備等を設置したとき、消防設備士は消防長又は消防署長に届け出て検査を受けなければならない。

2．延べ面積が300m²以上の防火対象物に消防用設備等を設置したとき、消防設備士は消防長又は消防署長に届け出て検査を受けなければならない。

3．特定防火対象物以外の防火対象物であっても延べ面積が300m²以上あり、かつ、消防長又は消防署長から火災予防上必要があると認めて指定された場合は、届け出て検査を受けなければならない。

4．特定防火対象物に消防用設備等を設置したとき、防火対象物の関係者は市町村長等に届け出て検査を受けなければならない。

【6】消防用設備等の設置届に基づく検査について、消防法令上、誤っているものを2つ答えなさい。［編］

☐　1．特定防火対象物で延べ面積が300m²以上ある場合は、検査を受けなければならない。

2．特定防火対象物以外の防火対象物で延べ面積が300m²以上のもののうち、消防長又は消防署長が火災予防上必要があると認めて指定する場合は、検査を受けなければならない。

3．消防用設備等のうち簡易消火用具及び非常警報器具は、検査の対象から除かれている。

4．検査を受けなければならない特定防火対象物の関係者は、消防用設備等の設置に係る工事が完了した日から10日以内に消防長又は消防署長に届け出なければならない。

5．特定防火対象物以外のものについては、延べ面積に関係なく届け出て検査を受ける必要はない。

【7】消防用設備等を設備等技術基準に従って設置した場合、消防長又は消防署長に届け出て検査を受けなくてもよい防火対象物として、消防法令上、正しいものは次のうちどれか。ただし、当該防火対象物の避難階は1階であり、階段は屋内にのみ設けられ、総務省令で定める避難上有効な構造を有していないものとする。

☐　1．地上に直通する階段が1か所ある2階建ての旅館で、延べ面積が100m²のもの

　　2．地上に直通する階段が1か所ある3階建ての飲食店で、延べ面積が150m²のもの

　　3．地上に直通する階段が2か所ある4階建ての入院施設のある診療所で、延べ面積が200m²のもの

　　4．地上に直通する階段が2か所ある5階建ての作業場で、延べ面積が250m²のもの

▶▶正解＆解説……………………………………………………………………………………

【1】正解4＆5

　1＆2＆5．入院施設を有しない助産所、集会場及びナイトクラブは、延べ面積が300m²以上のものが対象となる。

　3＆6＆7．教会、美術館及び共同住宅は、延べ面積が300m²以上で消防署長等の指定があるものが対象となる。

　4．カラオケボックスは、延べ面積に関係なく対象となる。

【2】正解2

　2．ダンスホールは、延べ面積が300m²以上のものが対象となる。

　1＆3＆4．中学校、美術館及び共同住宅は、延べ面積が300m²以上で消防署長等の指定があるものが対象となる。

【3】正解3

　1．老人短期入所施設は、延べ面積にかかわらず消防用設備等の検査が必要となる。

　2．診療所は、入院施設の有無で基準が異なってくるが、延べ面積が350m²であるため、いずれであっても消防用設備等の検査が必要となる。

　3．延べ面積が300m²以上ではないため、消防用設備等の検査が不要となる。

　4．延べ面積が300m²以上であるため、消防用設備等の検査が必要となる。

【4】正解4

1．例えば、令別表第1において、（5）ロの寄宿舎、下宿、共同住宅は特定防火対象物ではないが、延べ面積が300m²以上で、消防長又は消防署長が必要があると認めて指定した場合、消防用設備等を設置したときは、その旨を消防長又は消防署長へ届け出て検査を受けなければならない。

3．特定防火対象物については、延べ面積にかかわらず、全てが届出・検査の対象になるものと、延べ面積が300m²以上の場合に届出・検査の対象となるものがある。

例えば、カラオケボックス（（2）ニ）を営む店舗は、延べ面積が300m²未満であっても消防用設備等を設置した場合は、届出・検査が必要となる。また、劇場（1）は延べ面積が300m²以上のところが消防用設備等を設置した場合に、届出・検査が必要となる。

設問にある延べ面積が300m²以上の特定防火対象物では、全てのところで届出・検査が必要となる。

4．消防用設備等を設置したときに届け出て検査を受けるのは、当該防火対象物の関係者である。

【5】正解3

1＆2．「消防設備士」⇒「関係者」。
4．「市町村長等」⇒「消防長又は消防署長」。

【6】正解4＆5

4．「工事が完了した日から10日以内」⇒「工事が完了した日から4日以内」。
5．特定防火対象物以外のものであっても、延べ面積が300m²以上で消防長又は消防署長から指定を受けると、消防用設備等の届出及び検査が必要となる。

【7】正解4

1．この旅館は、特定1階段等防火対象物に該当しない。しかし、旅館は延べ面積に関係なく、消防用設備等の届出及び検査が必要となる。
2．この飲食店は、特定1階段等防火対象物に該当するため、消防用設備等の届出及び検査が必要となる。
3．この診療所は、特定1階段等防火対象物に該当しない。しかし、入院施設がある診療所は延べ面積に関係なく、消防用設備等の届出及び検査が必要となる。
4．この作業場は、特定1階段等防火対象物に該当しない。更に、工場は延べ面積が300m²以上で消防長又は消防署長から指定を受けると、消防用設備等の届出及び検査が必要となる。延べ面積250m²の作業場は届出及び検査が不要となる。

11. 工事整備対象設備等の着工届

◎甲種消防設備士は、法第17条の５（56P参照）の規定に基づく工事をしようと
するときは、その工事に着手しようとする日の**10日前まで**に、総務省令で定め
るところにより、工事整備対象設備等の種類、工事の場所その他必要な事項を消
防長又は消防署長に**届け出**なければならない（法第17条の14）。

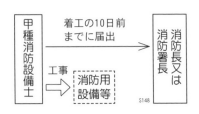

〔解説〕「法第17条の５の規定に基づく工事」とは、消防設備士でなければ行ってはなら
ない消防用設備等又は特殊消防用設備等の工事である。また、甲種消防設備
士は、消防用設備等の工事又は整備を行うことができるのに対し、乙種消防設備
士は消防用設備等の整備のみを行うことができる。従って、工事の着工届出は、
必然的に甲種消防設備士が行うことになる。

◎法第17条の14の規定による届出は、別記様式第１号の７の**工事整備対象設備等
着工届出書**に、次の各号に掲げる区分に応じて、当該各号に定める書類の写しを
添付して行わなければならない（規則第33条の18）。
①消防用設備等………当該消防用設備等の工事の設計に関する図書
②特殊消防用設備等…当該特殊消防用設備等の工事の設計に関する図書、
　　　　　　　　　　　設備等設置維持計画等　※詳細は省略（編集部）

▶▶過去問題◀◀

【１】工事整備対象設備等の着工届に関する次の記述のうち、消防法令上、正しい
ものの組合せはどれか。

　ア．甲種消防設備士のみ届け出の義務がある。

　イ．工事に着手した日から10日後までに届け出なければならない。

　ウ．工事整備対象設備等着工届書には、工事の設計に関する図書の写しを添付
　　しなければならない。

□　１．ア、イのみ
　　２．ア、ウのみ
　　３．イ、ウのみ
　　４．ア、イ、ウすべて

【2】工事整備対象設備等の着工届について、消防法令上、正しいものは次のうちどれか。

□ 1．防火対象物の関係者が、工事に着手しようとする日の10日前までに都道府県知事に届け出る。

2．甲種消防設備士が、工事に着手しようとする日の10日前までに消防長又は消防署長に届け出る。

3．甲種消防設備士が、工事に着手しようとする日の7日前までに消防長又は消防署長に届け出る。

4．防火対象物の関係者が、工事に着手しようとする日の7日前までに消防長又は消防署長に届け出る。

【3】工事整備対象設備等の工事の届出について、消防法令上、正しいものは次のうちどれか。

□ 1．甲種消防設備士は、消防用設備等の工事に着手しようとする場合、消防長又は消防署長に必要な事項について届け出なければならない。

2．防火対象物の関係者は、消防用設備等の工事に着手しようとする場合、消防長又は消防署長に必要な事項について届け出なければならない。

3．甲種消防設備士は、消防用設備等の工事に着手したときは、遅滞なく消防長又は消防署長に必要な事項について届け出なければならない。

4．防火対象物の関係者は、消防用設備等の工事に着手したときは、遅滞なく消防長又は消防署長に必要な事項について届け出なければならない。

【4】工事整備対象設備等の着工届について、消防法令上、正しいものは次のうちどれか。

□ 1．甲種消防設備士は、工事に着手しようとする場合、工事整備対象設備等着工届出書を10日前までに都道府県知事に提出しなければならない。

2．特定防火対象物の関係者は、工事に着手しようとする場合、工事整備対象設備等着工届出書を10日前までに都道府県知事に提出しなければならない。

3．甲種消防設備士は、工事に着手しようとする場合、工事整備対象設備等着工届出書を10日前までに消防長又は消防署長に提出しなければならない。

4．特定防火対象物の関係者は、工事に着手しようとする場合、工事整備対象設備等着工届出書を10日前までに消防長又は消防署長に提出しなければならない。

【1】正解2

　イ．工事に着手しようとする日の10日前までに届け出なければならない。

【2】正解2

【3】正解1

　2～4．甲種消防設備士は、消防用設備等の工事に着手しようとする場合、その工事に
　　着手しようとする日の10日前までに、消防長又は消防署長に必要な事項について届け
　　出なければならない。

【4】正解3

　1．着工届出書は、消防長又は消防署長に提出しなければならない。

　2＆4．着工届出書は、甲種消防設備士が消防長又は消防署長に提出する。

12. 消防用設備等の設置命令と維持命令

◎消防長又は消防署長は、法第17条1項の防火対象物における消防用設備等が**設備等技術基準に従って設置**され、又は**維持**されていないと認めるときは、当該防火対象物の**関係者で権原を有する者**に対し、当該設備等技術基準に従ってこれを**設置**すべきこと、又はその**維持**のため必要な措置をなすべきことを**命ずる**ことができる（法第17条の4）。

〔解説〕「関係者で権原を有する者」とは、防火対象物の所有者、管理者、占有者のうち、命令の内容を法律上正当に履行できる者である。

■ 1. 罰則

◎次のいずれかに該当する者は、1年以下の懲役又は100万円以下の罰金に処する（法第41条）。

⑤法第17条の4の規定による命令に違反して消防用設備等を設置しなかった者（設置命令違反）

消防用設備等の設置命令違反

◎次のいずれかに該当する者は、30万円以下の罰金又は拘留に処する（法第44条）。

⑫法第17条の4の規定による命令に違反して消防用設備等の維持のため必要な措置をしなかった者（維持命令違反）

消防用設備等の維持命令違反

〔解説〕消防用設備等の設置命令違反と維持命令違反を比べると、刑罰は設置命令違反の方がより重いことになる。

53

■２．両罰規定

◎法人の代表者又は法人若しくは人の代理人、使用人その他の従業者が、その法人又は人の業務に関し、次の各号に掲げる規定の違反行為をしたときは、行為者を罰するほか、その**法人**に対して当該各号に定める罰金刑を科する（法第45条）。

②法第41条１項５号（消防用設備等の設置命令違反）… 3000万円以下の罰金刑

〔解説〕法第45条は、両罰規定と呼ばれているもので、行為者の他に、その法人に対しても罰金刑が科せられる。法第41条１項５号は消防用設備等の設置命令違反であり、この場合、「関係者で権原を有する者」が１年以下の懲役又は100万円以下の罰金に科せられ、更にその法人に3000万円以下の罰金が科せられる。

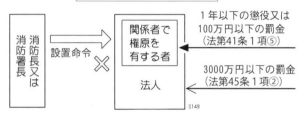

```
          消防用設備等の設置命令違反
```

S149

▶▶過去問題◀◀

【1】消防用設備等の設置維持命令に関する次の記述のうち、文中の（　）に当てはまる語句の組合せとして、消防法令上、正しいものは次のうちどれか。

「（ア）は、防火対象物における消防用設備等が（イ）に従って設置され、又は維持されていないと認めるときは、当該防火対象物の関係者で（ウ）に対し、（イ）に従ってこれを設置すべきこと、又はその維持のため、必要な措置をなすべきことを命ずることができる。」

	（ア）	（イ）	（ウ）
□ 1.	消防長又は消防署長	設備等技術基準	権原を有する者
2.	都道府県知事	設備等設置維持計画	防火管理者
3.	消防長又は消防署長	設備等設置維持計画	権原を有する者
4.	都道府県知事	設備等技術基準	防火管理者

【2】消防用設備等の設置又は維持に関する命令について、消防法令上、正しいものは次のうちどれか。

□ 1．消防長又は消防署長は、消防用設備等が技術基準に従って維持されていない場合、防火対象物の関係者で権原を有する者に対して、必要な措置をとることを命ずることができる。

2．消防長又は消防署長は、消防用設備等が技術基準に従って設置されていない場合、工事に当たった消防設備士に対して、工事の手直しを命ずることができる。

3．設置の命令に違反して消防用設備等を設置しなかった者は、罰金又は拘留に処せられる。

4．維持の命令に違反して消防用設備等の維持のため必要な措置をとらなかった者は、懲役又は罰金に処せられる。

【3】消防用設備等が技術上の基準に適合していない場合、必要な措置を行うよう命令を受ける者として、消防法令上、正しいものは次のうちどれか。

□ 1．防火対象物の管理者で権原を有する者

2．防火対象物の占有者

3．防火対象物の消防用設備等を工事した消防設備士

4．防火対象物の消防用設備等を点検した消防設備士

【4】消防用設備等の設置及び維持に関する命令についての記述として、消防法令上、誤っているものは次のうちどれか。

□ 1．命令は任意に設置した消防用設備等までは及ばない。

2．消防用設備等の設置義務がある防火対象物に消防用設備等の一部が設置されていない場合であっても命令の対象となる。

3．命令を発することができる者は、消防長又は消防署長である。

4．命令の相手方は、防火対象物の関係者であれば当該消防用設備等について権原を有しなくてもよい。

▶▶正解＆解説……………………………………………………………………………

【1】正解1

【2】正解1

2．設置命令及び維持命令ともに、命令を受けるのは、防火対象物の関係者で権原を有する者である。

3．「罰金又は拘留」⇒「懲役又は罰金」。

4．「懲役又は罰金」⇒「罰金又は拘留」。

【3】正解1

　　命令を受けるのは、防火対象物の関係者で権原を有する者である。防火対象物の関係者とは、防火対象物の所有者、管理者又は占有者をいう。

【4】正解4

　1．法令では、「第17条1項の防火対象物における消防用設備等…」としており、消防法令に従って設置された消防用設備等が設置命令と維持命令の対象となる。

　4．防火対象物の関係者で、消防用設備等の権原を有する者でなければならない。

13. 消防設備士でなければ行ってはならない工事又は整備

■1. 行ってはならない工事又は整備の一覧

◎消防設備士免状の交付を受けていない者は、消防用設備等又は特殊消防用設備等の工事（設置に係るものに限る）又は整備のうち、次に掲げるものを行ってはならない（法第17条の5・令第36条の2）。

屋内消火栓設備	電源、水源及び配管を除く	工事又は整備
スプリンクラー設備		
水噴霧消火設備		
屋外消火栓設備		
泡消火設備	電源を除く	
不活性ガス消火設備		
ハロゲン化物消火設備		
粉末消火設備		
自動火災報知設備		
ガス漏れ火災警報設備		
消防機関へ通報する火災報知設備		
金属製避難はしご	固定式のものに限る	
救助袋	―	
緩降機	―	
必要とされる防火安全性能を有する消防の用に供する設備等（※1）	消防庁長官が定めるものに限り、電源、水源及び配管を除く	
特殊消防用設備等（※2）		
消火器	―	整備のみ
漏電火災警報器	―	整備のみ

◎消火器は「本体容器・部品の補修・機能調整」、「部品交換」、「消火薬剤の詰め替え」が整備に該当する。

◎令第36条の2では、消防設備士でなければ行ってはならない工事又は整備として具体的に掲げている。これら以外に法令では、「必要とされる防火安全性能を有する消防の用に供する設備等（※1）若しくは特殊消防用設備等（※2）」として、消防庁告示により具体的に掲げている。告示では、対象とする消防用設備等について、「類するもの」としている。

〔解説〕消防庁告示は、「消防法施行令第36条の2　1項各号及び2項各号に掲げる消防用設備等に類するものを定める件」。

〔告示により対象とする消防用設備等〕

必要とされる防火安全性能を有する消防の用に供する設備等（※1）	パッケージ型消火設備
	パッケージ型自動消火設備
	共同住宅用スプリンクラー設備
	共同住宅用自動火災報知設備
	住戸用自動火災報知設備
	特定小規模施設用自動火災報知設備
	複合型居住施設用自動火災報知設備
	特定駐車場用泡消火設備
特殊消防用設備等（※2）	ドデカフルオロ－2－メチルペンタン－3－オンを消火剤とする消火設備
	加圧防煙設備
	火災による室内温度上昇速度を感知する感知器を用いた火災報知設備

▶パッケージ型消火設備

　人によりホースを延長し、ノズルから消火剤を放射して消火を行う消火設備で、ノズル、ホース、リール又はホース架、消火薬剤貯蔵容器、起動装置、加圧用ガス容器等をひとつの格納箱に収納したものをいう。次の特徴がある。

①屋内消火栓設備の代替設備として使用できる。

②屋内消火栓設備に必要な貯水槽、ポンプ、非常電源及び配管が不要。

③操作方法は、加圧用ガス容器のバルブを全開にする ⇒ ホースを伸ばしてノズルを火元に向けレバーを開く、という手順である。

■2. 消防設備士でなくても行える整備の範囲

◎次に掲げる消防用設備等の**軽微な整備**は、消防設備士でなくても行えるものとする（令第36条の2　2項・規則第33条の2）。

①屋内消火栓設備の**表示灯の交換**

②屋内消火栓設備又は屋外消火栓設備のホース又はノズル、ヒューズ類、ネジ類等部品の交換

③屋内消火栓設備又は屋外消火栓設備の消火栓箱、ホース格納箱等の補修、その他これらに類するもの

▶▶過去問題◀◀

【1】消防設備士でなければ工事又は整備を行うことができない消防用設備等の部分について、消防法令上、正しいものは次のうちどれか。

□　1．スプリンクラー設備の配管部分

　　2．粉末消火設備の貯蔵容器部分

　　3．屋内消火栓設備の水源部分

　　4．泡消火設備の電源部分

【2】工事整備対象設備等着工届出書による届出が必要となる消防用設備等として、消防法令上、正しいものは次のうちどれか。

□　1．誘導灯

　　2．消防機関へ通報する火災報知設備

　　3．非常警報設備

　　4．漏電火災警報器

【3】消防設備士でなければ工事又は整備を行うことができない消防用設備等の組合せとして、消防法令上、正しいものは次のうちどれか。

□　1．屋内消火栓設備、不活性ガス消火設備、スプリンクラー設備、動力消防ポンプ設備

　　2．泡消火設備、粉末消火設備、パッケージ型消火設備

　　3．自動火災報知設備、漏電火災警報器、放送設備

　　4．消火器、救助袋、すべり台、緩降機

【4】 消防設備士でなくても行うことができる消防用設備等の工事又は整備の範囲
として、消防法令上、誤っているものは次のうちどれか。

☐ 1. 給水装置工事主任技術者であるAは、スプリンクラー設備の水源に水を補
給するための給水管を交換した。

2. 電気主任技術者であるBは、自動火災報知設備の電源表示ランプを交換し
た。

3. 電気工事士であるCは、屋内消火栓の表示灯が消えていたので、表示灯配
線の異常の有無について検査して、電球を取り替えた。

4. 水道工事業者であるDは、屋外消火栓の水漏れ補修を頼まれ、水漏れの原
因となった屋外消火栓開閉弁を新品と交換した。

【5】 消防設備士でなければ工事又は整備を行うことができない消防用設備等とし
て、消防法令上、誤っているものは次のうちどれか。

☐ 1. スプリンクラー設備

2. 泡消火設備

3. 非常警報設備

4. 漏電火災警報器

▶▶正解&解説……………………………………………………………………………

【1】 正解2

1&3. スプリンクラー設備、屋内消火栓設備の［電源・水源・配管］部分は、消防設
備士でなければ行ってはならない工事又は整備の対象から除外されている。

4. 泡消火設備の［電源］部分は、消防設備士でなければ行ってはならない工事又は整
備の対象から除外されている。

【2】 正解2

法第17条の14（「11. 工事整備対象設備等の着工届」50P参照）では、法第17条の
5の規定に基づく工事をしようとするときは、工事整備対象設備等の着工届出書を届け
出るよう規定している。従って、「法第17条の5の規定に基づく工事」であるかどうか
が、この問題のポイントとなる。

消防設備士でなければ行ってはならない工事又は整備の一覧によると、「消防機関へ
通報する火災報知設備」は含まれている。しかし、誘導灯と非常警報設備は一覧に含ま
れていない。また、漏電火災警報器は一覧に含まれているが、設置工事ではなく整備の
みが対象としてあり、着工届出書による届出は必要ない。

【3】正解2

1. 動力消防ポンプ設備は、消防設備士でなければ工事又は整備を行ってはならない消防用設備等の対象外である。
2. パッケージ型消火設備は、告示により対象とする消防用設備等に含まれている。
3. 放送設備は対象外である。
4. すべり台は対象外である。

【4】正解4

1. 法第17条の5の規定に基づく工事に、「配管」は除くとしている。
2＆3. 消防設備士でなくとも行える軽微な整備として、「表示灯の交換」「その他これらに類するもの」がある。電源表示ランプの交換や表示灯の電球の取り替えは、軽微な整備に該当するものと判断する。
4. 屋外消火栓設備の開閉弁の交換は、消防設備士でなければできない消防用設備等の工事に該当する。

【5】正解3

3. 非常警報設備は、非常ベル、自動式サイレン、放送設備が該当する。自動火災報知設備とともに警報設備に含まれる。しかし、消防設備士でなければ工事又は整備を行うことができない消防用設備等には該当しない。

■1．消防用設備等の技術上の基準と異なる規定

◎**市町村は、その地方の気候又は風土の特殊性**により、法第17条１項の消防用設備等の技術上の基準に関する政令又はこれに基づく命令の規定のみによっては防火の目的を充分に達し難いと認めるときは、**条例で**、同項の消防用設備等の技術上の基準に関して、当該政令又はこれに基づく命令の規定と**異なる規定を設ける**ことができる（法第17条２項）。

▶▶過去問題◀◀

【1】法令上、その地方の気候又は風土の特殊性により、法に定める消防用設備等の技術上の基準に関する政令又はこれに基づく命令の規定のみによっては防火の目的を充分に達し難いと認めるときは、同項の消防用設備等の技術上の基準に関して、当該政令又はこれに基づく命令の規定と異なる規定を設けることができる。この基準を定めるのは次のうちどれか。

☐　1．消防庁長官の定める基準　　　2．市町村条例

　　3．都道府県知事の定める基準　　4．市町村規則

【2】消防法第17条第２項に規定されている付加条例について、最も適切なものは次のうちどれか。

☐　1．市町村の付加条例によって、消防用設備等の設置及び維持に関する技術上の基準について、政令で定める基準を強化することができる。

　　2．市町村の付加条例によって、消防用設備等の設置及び維持に関する技術上の基準について、政令で定める基準を緩和することができる。

　　3．市町村の付加条例によって、消防法施行令別表第１の防火対象物以外の防火対象物に対して消防用設備等の設置を義務付けることができる。

　　4．市町村の付加条例によって、政令で定める消防用設備等の一部を設置しなくてもよいという特例基準を定めることができる。

▶▶正解＆解説……………………………………………………………………………………

【1】正解2

【2】正解1

　1．消防用設備等の技術上の基準について、市町村は政令又はこれに基づく命令の規定と異なる規定を条例として追加することができる。この結果、消防用設備等の技術上の基準はより厳しい内容となる。条例では法令で定める消防用設備等の技術上の基準そのものを緩和することはできない。

15. 消防設備士の免状

■1. 免状の種類

◎消防設備士免状の種類は、**甲種消防設備士免状及び乙種消防設備士免状**とする（法第17条の6）。

◎甲種消防設備士免状の交付を受けている者（甲種消防設備士）が**行うことができる工事又は整備の種類**及び乙種消防設備士免状の交付を受けている者（乙種消防設備士）が**行うことができる整備の種類**は、これらの消防設備士免状の種類に応じて、次に定める（法第17条の6　2項・規則第33条の3）。

免状の種類	消防用設備等又は特殊消防用設備等の種類	甲種消防設備士	乙種消防設備士
特類	特殊消防用設備等	工事又は整備	－
第1類	屋内消火栓設備、スプリンクラー設備、水噴霧消火設備又は屋外消火栓設備 〔告示〕パッケージ型消火設備、 　　　　パッケージ型自動消火設備	工事又は整備	整備
第2類	泡消火設備 〔告示〕パッケージ型消火設備、 　　　　パッケージ型自動消火設備、 　　　　特定駐車場用泡消火設備	工事又は整備	整備
第3類	不活性ガス消火設備、ハロゲン化物消火設備、粉末消火設備 〔告示〕パッケージ型消火設備、 　　　　パッケージ型自動消火設備	工事又は整備	整備
第4類	自動火災報知設備、ガス漏れ火災警報設備、消防機関へ通報する火災報知設備 〔告示〕共同住宅用自動火災報知設備、 　　　　住戸用自動火災報知設備、 　　　　特定小規模施設用自動火災報知設備、 　　　　複合型居住施設用自動火災報知設備	工事又は整備	整備
第5類	金属製避難はしご、救助袋又は緩降機	工事又は整備	整備
第6類	消火器	－	整備
第7類	漏電火災警報器	－	整備

※「特殊消防用設備等」とは、通常の消防用設備等と同等以上の性能を有し、かつ、特殊消防用設備等の設置及び維持に関する計画に従って設置し、維持するものとして、法第17条3項の規定により総務大臣の認定を受けたものをいう。

※〔告示〕とは、「消防設備士が行うことができる必要とされる防火安全性能を有する消防の用
に供する設備等の工事又は整備の種類を定める件」で掲げる消防用設備等とする。
※「パッケージ型自動消火設備」とは、火災の発生を感知し、自動的に水又は消火薬剤を圧力
により放射して消火を行う固定した消火設備であって、感知部、放出口、作動装置、消火薬
剤貯蔵容器、放出導管、受信装置等により構成されるものをいう。「パッケージ型消火設備」
は57P参照。

■2. 消防用設備等に係る工事の区分

◎消防用設備等に係る工事の区分は、次の表に定めるとおりとする（消防庁予防課
長通知　消防予第192号）。

	内　容	区分
新設	防火対象物（新築のものを含む）に従前設けられていない消防用設備等を新たに設けることをいう。	工事
増設	防火対象物に設置されている消防用設備等について、その構成機器・装置等の一部を付加することをいう。	工事
移設	防火対象物に設置されている消防用設備等について、その構成機器・装置等の全部又は一部の設置位置を変えることをいう。	工事
取替え	防火対象物に設置されている消防用設備等について、その構成機器・装置等の一部を既設のものと同等の種類、機能・性能等を有するものに交換することをいう。	工事
改造	防火対象物に設置されている消防用設備等について、その構成機器・装置等の一部を付加若しくは交換し、又は取り外して消防用設備等の構成、機能・性能等を変えることをいい、「取替え」に該当するものを除く。	工事
補修	防火対象物に設置されている消防用設備等について、変形、損傷、故障箇所などを元の状態又はこれと同等の構成、機能・性能等を有する状態に修復することをいう。	整備
撤去	防火対象物に設置されている消防用設備等について、その全部を当該防火対象物から取り外すことをいう。	－

◎これらのうち、新設、増設、移設、取替え、改造は、いずれも「**工事**」に該当し、
甲種消防設備士でなければ行ってはならない。また、補修は「**整備**」に該当し、
甲種又は乙種消防設備士でなければ行ってはならない。

◎撤去は、「工事」及び「整備」のいずれにも該当しないものとする。

【1】消防設備士が行うことができる工事又は整備について、消防法令上、誤っているものは次のうちどれか。[★]

□ 1．甲種特類消防設備士免状の交付を受けている者は、消防用設備等のすべて及び特殊消防用設備等について、整備を行うことができる。

2．甲種第4類消防設備士免状の交付を受けている者は、危険物製造所等に設置する自動的に作動する火災報知設備の工事を行うことができる。

3．乙種第1類消防設備士免状の交付を受けている者は、屋外消火栓設備の開閉弁の整備を行うことができる。

4．乙種第5類消防設備士免状の交付を受けている者は、緩降機本体及びその取付け具の整備を行うことができる。

【2】消防設備士が行うことができる工事又は整備について、消防法令上、誤っているものは次のうちどれか。

□ 1．甲種第1類の消防設備士は、スプリンクラー設備の整備を行うことができる。

2．甲種第2類の消防設備士は、泡消火設備の工事を行うことができる。

3．甲種第4類の消防設備士は、漏電火災警報器の整備を行うことができる。

4．乙種第3類の消防設備士は、粉末消火設備の整備を行うことができる。

【3】消防設備士が行う工事又は整備について、消防法令上、誤っているものは次のうちどれか。

□ 1．甲種第5類の消防設備士免状の交付を受けている者は、緩降機及び救助袋の工事を行うことができる。

2．乙種第4類の消防設備士免状の交付を受けている者は、ガス漏れ火災警報設備の整備を行うことができる。

3．乙種第2類の消防設備士免状の交付を受けている者は、泡消火設備の整備を行うことができる。

4．乙種第1類の消防設備士免状の交付を受けている者は、水噴霧消火設備の工事を行うことができる。

【4】消防設備士が行う工事又は整備について、消防法令上、正しいものは次のうちどれか。

☐　1．甲種第1類の消防設備士は、泡消火設備の整備を行うことができる。

　　2．乙種第5類の消防設備士は、金属製避難はしごの設置工事を行うことができる。

　　3．甲種第4類の消防設備士は、自動火災報知設備の設置工事を行うことができる。

　　4．乙種第6類の消防設備士は、漏電火災警報器の整備を行うことができる。

【5】消防設備士に関する記述として、消防法令上、誤っているものは次のうちどれか。

☐　1．消防用設備等の移設には、乙種消防設備士の資格を必要とする場合がある。

　　2．消防用設備等の増設には、甲種消防設備士の資格を必要とする場合がある。

　　3．消防用設備等の不良箇所が指定された場合の不良機器の調整、又は部品交換には、乙種消防設備士の資格を必要とする場合がある。

　　4．消防用設備等の新設には、甲種消防設備士の資格を必要とする場合がある。

▶▶正解＆解説‥‥‥‥‥‥‥‥‥‥‥‥‥‥‥‥‥‥‥‥‥‥‥‥‥‥‥‥‥‥‥‥

【1】正解1

　1．甲種特類消防設備士免状の交付を受けている者は、特殊消防用設備等について、工事又は整備を行うことができる。

【2】正解3

　3．漏電火災警報器の整備を行うためには、乙種第7類の資格が必要となる。

【3】正解4

　4．「水噴霧消火設備の工事」⇒「水噴霧消火設備の整備」。

【4】正解3

　1．甲種第1類の消防設備士は、屋内消火栓設備、スプリンクラー設備、水噴霧消火設備又は屋外消火栓設備などの工事又は整備を行うことができる。泡消火設備の整備を行うためには、甲種第2類又は乙種第2類の消防設備士の資格が必要となる。

　2．乙種第5類の消防設備士は、金属製避難はしごの整備を行うことができる。設置工事を行うためには、甲種第5類の資格が必要となる。

　4．漏電火災警報器の整備を行うためには、乙種第7類の資格が必要となる。

【5】正解1

　1．消防用設備等の移設は「工事」に該当するため、甲種消防設備士の資格が必要である。

16. 消防設備士免状の取り扱い

■ 1. 免状の交付資格

◎消防設備士免状は、消防設備士試験に合格した者に対し、**都道府県知事が交付す**る（法第17条の7）。

◎都道府県知事は、次の各号に該当する者に対しては、消防設備士免状の**交付を行わない**ことができる（以下、法第17条の7 2項準用）。

　①消防設備士免状の**返納**を命ぜられ、その日から起算して**1年**を経過しない者

　②この法律又はこの法律に基く**命令の規定に違反**して罰金以上の刑に処せられた者で、その執行を終り、又は執行を受けることがなくなった日から起算して**2年**を経過しない者

■ 2. 免状に関し必要な事項

◎消防設備士免状の書換、再交付その他消防設備士免状に関し必要な事項は、政令で定める（法第17条の7 2項準用）。

◎免状には、次に掲げる**事項を記載**するものとする（令第36条の4）。

　①免状の交付年月日及び交付番号

　②氏名及び生年月日

　③本籍地の属する都道府県

　④免状の種類

　⑤過去10年以内に撮影した写真

◎免状の交付を受けている者は、免状の**記載事項に変更**を生じたときは、遅滞なく当該免状を交付した都道府県知事又は居住地若しくは勤務地を管轄する都道府県知事にその**書換え**を申請しなければならない（令第36条の5）。

　〔解説〕法令では、「直ちに」「すみやかに」「遅滞なく」という用語がよく使われる。これらは、判例により即時性の最も強いものが「直ちに」であり、次いで「すみやかに」、さらに「遅滞なく」の順に弱まっているとされる。「遅滞なく」は正当な又は合理的な理由による遅れは許容されるもの、と解されている。

◎免状の交付を受けている者は、免状を**亡失**し、滅失し、汚損し、又は破損した場合には、当該免状の**交付又は書換え**をした都道府県知事にその**再交付**を申請することができる（令第36条の6）。

〔用語〕亡失：失いなくすこと。また、うせてなくなること。

　　　滅失：物がその物としての物理的存在を失うこと。

　　　汚損：物が汚れたり傷んだりすること。

　　　破損：物が壊れたり、傷ついたりすること。

◎免状を亡失してその**再交付**を受けた者は、亡失した免状を発見した場合には、これを**10日以内**に免状の再交付をした都道府県知事に提出しなければならない（令第36条の6　2項）。

〔免状の書換えと再交付の違い〕

書換え	区分	再交付
記載事項の変更	申請の理由	亡失、滅失、汚損、破損
①交付した都道府県知事 ②居住地を管轄する都道府県知事 ③勤務地を管轄する都道府県知事	申請先	①交付した都道府県知事 ②書換えをした都道府県知事

■3．消防設備士免状の返納

◎消防設備士がこの法律又はこの法律に基づく命令の規定に違反しているときは、消防設備士免状を交付した**都道府県知事**は、当該消防設備士**免状の返納**を命ずることができる（法第17条の7　2項準用／第13条の2　5項）。

◎次のいずれかに該当する者は、30万円以下の罰金又は拘留に処する（法第44条）。

　⑨第13条の2　5項（第17条の7　2項において準用する場合を含む）の規定による命令に違反した者

◎免状返納を命じられた消防設備士は、返納命令により直ちに当該返納命令に係る**資格を喪失**する（消防庁予防課長通知）。

▶▶過去問題◀◀

【1】消防設備士免状に関する記述について、消防法令上、正しいものは次のうちどれか。[★]

□　1．消防設備士免状の交付を受けた都道府県以外で業務に従事するときは、業務地を管轄する都道府県知事に免状の書換えを申請しなければならない。

　　2．消防設備士免状の記載事項に変更を生じた場合、当該免状を交付した都道府県知事又は居住地若しくは勤務地を管轄する都道府県知事に免状の書換えを申請しなければならない。

　　3．消防設備士免状を亡失したときは、亡失した日から10日以内に免状の再交付を申請しなければならない。

4．消防設備士免状の返納を命ぜられた日から３年を経過しない者については、新たに試験に合格しても免状が交付されないことがある。

【2】消防設備士免状に関して、消防法令上、誤っているものは次のうちどれか。

☐　1．消防設備士免状の記載事項に変更を生じたときは、免状を交付した都道府県知事又は居住地若しくは勤務地を管轄する都道府県知事に免状の書換えを申請しなければならない。

　　2．消防設備士免状を亡失したときは、亡失に気付いた日から10日以内に免状を交付した都道府県知事に免状の再交付を申請しなければならない。

　　3．消防設備士免状を汚損又は破損した者は、免状を交付した都道府県知事に免状の再交付を申請することができる。

　　4．消防設備士免状の返納命令に違反した者は、罰金又は拘留に処せられることがある。

【3】消防設備士免状の書換えについて、消防法令上、正しいものは次のうちどれか。[★]

☐　1．免状に貼ってある写真が撮影した日から10年を超えた場合は、居住地又は勤務地を管轄する消防長又は消防署長に書換えの申請をしなければならない。

　　2．居住地に変更が生じた場合は、居住地又は勤務地を管轄する都道府県知事に書換えの申請をしなければならない。

　　3．氏名に変更が生じた場合は、免状を交付した都道府県知事又は居住地若しくは勤務地を管轄する都道府県知事に書換えの申請をしなければならない。

　　4．本籍地の属する都道府県に変更が生じた場合は、新たな本籍地を管轄する消防長又は消防署長に書換えの申請をしなければならない。

【4】消防設備士免状を亡失した場合の再交付申請先として、消防法令上、正しいものは次のうちどれか。

☐　1．居住地又は勤務地を管轄する都道府県知事

　　2．居住地又は勤務地を管轄する消防長又は消防署長

　　3．当該免状の交付又は書換えをした都道府県知事

　　4．当該免状の交付又は書換えをした消防長又は消防署長

【5】消防設備士免状を亡失してその再交付を受けた者が、亡失した免状を発見した場合は、これを一定期間以内に免状の再交付をした都道府県知事に提出しなければならないとされているが、その期間として、消防法令上、正しいものは次のうちどれか。

- □ 1．7日以内
- 2．10日以内
- 3．14日以内
- 4．20日以内

【6】消防設備士免状に関する申請とその申請先について、消防法令上、誤っているものの組み合わせは次のうちどれか。

	申請	申請先
□ 1．	書換え	居住地又は勤務地を管轄する都道府県知事
2．	再交付	免状を交付した都道府県知事
3．	書換え	免状を交付した都道府県知事
4．	再交付	居住地又は勤務地を管轄する都道府県知事

【7】消防設備士免状の記載事項について、消防法令に定められていないものは、次のうちどれか。

- □ 1．免状の交付年月日及び交付番号
- 2．氏名及び生年月日
- 3．現住所
- 4．過去10年以内に撮影した写真

【8】次の文中の（　）に当てはまる数値及び語句の組合せとして、消防法令に定められているものは次のうちどれか。

「消防設備士免状を亡失してその再交付を受けた者は、亡失した免状を発見した場合には、これを（ア）日以内に免状の再交付をした（イ）に提出しなければならない。」

	（ア）	（イ）
□ 1．	10	都道府県知事
2．	10	消防長又は消防署長
3．	14	都道府県知事
4．	14	消防長又は消防署長

【9】消防設備士免状の返納について、消防法令上、誤っているものは次のうちどれか。

□ 1. 返納を命ずるのは、消防長又は消防署長である。

2. 返納を命ずることができるのは、消防設備士が消防法令上の規定に違反している場合である。

3. 免状の返納命令に従わない場合には、罰則の適用がある。

4. 免状の返納命令により、消防設備士の資格を喪失する。

【10】消防設備士が消防法令上の規定に違反しているとき、当該消防設備士の免状の返納を命ずることができる者として、正しいものは次のうちどれか。

□ 1. 消防設備士の免状を交付した都道府県知事

2. 消防設備士が違反した場所を管轄する都道府県知事

3. 消防設備士の居住地又は勤務地を管轄する都道府県知事

4. 消防設備士の本籍地の属する都道府県知事

▶▶正解＆解説……………………………………………………………………………………

【1】正解2

1. 消防設備士の免状は都道府県知事が交付する。ただし、「業務地」に関する規定はないため、免状は全国で有効である。

2. 消防設備士免状の記載事項に変更を生じた場合は、遅滞なく
　　　①免状を交付した都道府県知事
　　　②居住地を管轄する都道府県知事
　　　③勤務地を管轄する都道府県知事
　　のいずれかに、その書換えを申請しなければならない。

3. 消防設備士免状を亡失した場合、再交付を申請することができる。ただし、再交付の申請には期限が設けられていない。なお、再交付を受けた後に亡失した免状を発見した場合は、これを10日以内に免状の再交付をした都道府県知事に提出しなければならない。

4. 都道府県知事は、①免状の返納を命ぜられて1年を経過しない者、②消防法で罰金以上の刑に処せられ2年を経過しない者、については免状を交付しないことができる。

【2】正解2

1. この場合、遅滞なく、いずれかの都道府県知事に免状の書換えを申請しなければならない。

2. 消防設備士免状を亡失した場合、再交付を申請することができる。ただし、再交付の申請には期限が設けられていない。なお、再交付を受けた後に亡失した免状を発見した場合は、これを10日以内に免状の再交付をした都道府県知事に提出しなければならない。

3．免状を汚損又は破損した者は、免状の交付又は書換えをした都道府県知事に免状の再交付を申請することができる。

4．法第44条　次のいずれかに該当する者は、30万円以下の罰金又は拘留に処する。
9項　第17条の7　2項の準用規定による免状の返納命令に違反した者（1～8項省略）。

【3】正解3

1．免状に貼ってある写真が撮影した日から10年を超えた場合は、免状の記載事項の変更に該当するため、遅滞なく当該免状を交付した都道府県知事又は居住地若しくは勤務地を管轄する都道府県知事にその書換えを申請しなければならない。

2．居住地の変更は、免状の記載事項の変更に該当しない。従って、免状の書換え申請は必要ない。

3．氏名の変更は、免状の記載事項の変更に該当する。

4．本籍地の属する都道府県の変更は、免状の記載事項の変更に該当する。従って、免状を交付した都道府県知事又は居住地若しくは勤務地を管轄する都道府県知事に書換えの申請をしなければならない。

【4】正解3

免状を亡失した場合は、当該免状の交付又は書換えをした都道府県知事にその再交付を申請する。

【5】正解2

【6】正解4

4．再交付は、当該免状の交付又は書換えをした都道府県知事に申請する。

【7】正解3

3．消防設備士免状の記載事項に、現住所は含まれていない。

【8】正解1

消防設備士免状を亡失してその再交付を受けた者は、亡失した免状を発見した場合には、これを［10日］以内に免状の再交付をした［都道府県知事］に提出しなければならない。

【9】正解1

1．返納を命ずるのは、免状を交付した都道府県知事である。

【10】正解1

17. 消防設備士の講習

■1. 消防設備士の講習

◎消防設備士は、総務省令で定めるところにより、**都道府県知事**（総務大臣が指定する市町村長その他の機関を含む。）が行う工事整備対象設備等の工事又は整備に関する講習（消防設備士の講習）を受けなければならない（法第17条の10）。

◎消防設備士は、**免状の交付を受けた日以後における最初の４月１日から２年以内に消防設備士の講習を受けなければならない**（規則第33条の17　1項）。

◎消防設備士は、消防設備士の講習を受けた日以後における最初の４月１日から5年以内に再び消防設備士の講習を受けなければならない。当該講習を受けた日以降においても同様とする（規則第33条の17　2項）。

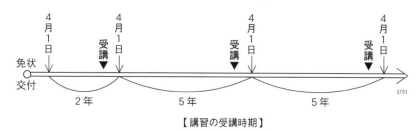

【講習の受講時期】

◎都道府県知事が行う工事整備対象設備等の工事又は整備に関する**講習**について、講習の科目、講習時間その他講習の実施に関し必要な細目は、消防庁長官が定める（規則第33条の17　3項）。

◎この講習の実施細目について、消防庁から各都道府県等に通達が出されている。通達によると、**消防設備士免状の種類及び指定区分**に従い、講習を「特殊消防用設備等」、「消火設備」、「警報設備」及び「避難設備・消火器」の４種類に区分し実施することが定められている。

【1】都道府県知事（総務大臣が指定する市町村長その他の機関を含む。）が行う工事整備対象設備等の工事又は整備に関する講習について、消防法令上、誤っているものは次のうちどれか。

☐　1．消防設備士免状の交付を受けた日から5年以内ごとに受講しなければならない。

　　2．工事整備対象設備等の工事又は整備に従事していない消防設備士も受講しなければならない。

　　3．消防設備士免状の種類及び指定区分等に応じて行われる。

　　4．定められた期間内に受講しなければ、消防設備士免状の返納を命ぜられることがある。

【2】都道府県知事（総務大臣が指定する市町村長その他の機関を含む。）が行う工事整備対象設備等の工事又は整備に関する講習の制度について、消防法令上、正しいものは次のうちどれか。

☐　1．消防設備士は、その業務に従事することになった日以降における最初の4月1日から5年以内ごとに講習を受けなければならない。

　　2．消防設備士は、免状の交付を受けた日以降における最初の4月1日から5年以内ごとに講習を受けなければならない。

　　3．消防設備士は、その業務に従事することになった日以降における最初の4月1日から2年以内に講習を受け、その後、前回の講習を受けた日以降における最初の4月1日から5年以内ごとに講習を受けなければならない。

　　4．消防設備士は、免状の交付を受けた日以降における最初の4月1日から2年以内に講習を受け、その後、前回の講習を受けた日以降における最初の4月1日から5年以内ごとに講習を受けなければならない。

【3】工事整備対象設備等の工事又は整備に関する講習の実施者として、消防法令上、正しいものは次のうちどれか。[★]

☐　1．都道府県知事

　　2．総務大臣

　　3．消防長又は消防署長

　　4．消防庁長官

73

【4】 都道府県知事（総務大臣が指定する市町村長その他の機関を含む。）が行う工事整備対象設備等の工事又は整備に関する講習の受講時期について、消防法令で定められているものは、次のうちどれか。[★][編]

□　1．免状の交付を受けた日以降における最初の4月1日から1年以内、その後、前回の講習を受けた日以降における最初の4月1日から3年以内ごと

　　2．免状の交付を受けた日から2年以内、その後、前回の講習を受けた日から5年以内ごと

　　3．免状の交付を受けた日以降における最初の4月1日から2年以内、その後、前回の講習を受けた日以降における最初の4月1日から5年以内ごと

　　4．免状の交付を受けた日から3年以内ごと

　　5．免状の交付を受けた日から5年以内ごと

【5】 工事整備対象設備等の工事又は整備に関する講習についての次の記述のうち、文中の（　）に当てはまる語句の組合せとして、消防法令上、正しいものは次のうちどれか。

　　「消防設備士は、（ア）日以降における最初の4月1日から（イ）以内に講習を受けなければならない。」

	（ア）	（イ）
□　1．	工事整備対象設備等の工事又は整備に従事することとなった	2年
2．	免状の交付を受けた	5年
3．	工事整備対象設備等の工事又は整備に従事することとなった	5年
4．	免状の交付を受けた	2年

▶▶正解＆解説··

【1】正解 1

　1．1回目の講習は、免状交付日以降における最初の4月1日から2年以内に受講しなければならない。

　2．この講習は、消防設備士免状の交付を受けている全ての者が対象となる。

　3．この講習の実施細目について、消防庁から各都道府県等に通達が出されている。通達によると、消防設備士免状の種類及び指定区分に従い、講習を「特殊消防用設備等」、「消火設備」、「警報設備」及び「避難設備・消火器」の4種類に区分し実施することが定められている。

　4．この講習の未受講は、「この法律又はこの法律に基づく命令の規定に違反」していることに該当するため、免状の返納を命じられることがある。「16. 消防設備士免状の取り扱い」66P 参照。

【2】正解 4

　4．講習は、免状の交付を受けた日→最初の4月1日から2年以内に受講（1回目）→受講日以降の最初の4月1日から5年以内に受講（2回目以降）、というスケジュールになっている。

【3】正解 1

【4】正解 3

【5】正解 4

　消防設備士は、［免状の交付を受けた日］以降における最初の4月1日から［2年］以内に講習を受けなければならない。

18. 消防設備士の義務

◎消防設備士は、その業務を**誠実**に行い、工事整備対象設備等の質の向上に努めなければならない（法第17条の12）。

◎消防設備士は、その業務に従事するときは、消防設備士**免状を携帯**していなければならない（法第17条の13）。

◎**甲種**消防設備士は、工事整備対象設備等の工事をしようとするときは、その**工事に着手**しようとする日の10日前までに、総務省令で定めるところにより、工事整備対象設備等の種類、工事の場所その他必要な事項を消防長又は消防署長に届け出なければならない（法第17条の14）。

【4つの義務（〜しなければならない）】

S152

▶▶過去問題◀◀

【1】消防設備士の義務について、消防法令上、誤っているものは次のうちどれか。

[★]

☐　1．消防用設備等が設備等技術基準に違反して設置又は維持されている場合、消防設備士は消防長又は消防署長に届け出なければならない。

　　2．消防設備士は、その業務に従事する場合、消防設備士免状を携帯していなければならない。

　　3．消防設備士は、業務を誠実に行い工事整備対象設備等の質の向上に努めなければならない。

　　4．消防設備士は、都道府県知事（総務大臣が指定する市町村長その他の機関を含む。）が行う工事整備対象設備等の工事又は整備に関する講習を受けなければならない。

▶▶正解&解説⋯⋯⋯⋯⋯⋯⋯⋯⋯⋯⋯⋯⋯⋯⋯⋯⋯⋯⋯⋯⋯⋯⋯⋯⋯⋯⋯⋯⋯⋯

【1】正解1

　1．消防法令にこのような規定はない。

19. 防火管理者

■ 1. 防火管理者を定めなければならない防火対象物

◎次に掲げる防火対象物の管理について権原を有する者は、政令で定める資格を有する者のうちから防火管理者を定め、政令で定めるところにより、当該防火対象物について消防計画の作成等の業務を行わせなければならない（法第8条1項）。

①学校、病院、工場、事業場、興行場、百貨店（延べ面積が1,000m²以上の大規模な小売店舗を含む）（令第1条の2　1項）。

②複合用途防火対象物…防火対象物が2以上の用途に供されており、かつ、その用途のいずれかが令別表第1（13P参照）の（1）から（15）までに供されている防火対象物をいう（令第1条の2　2項）。

③その他多数の者が出入し、勤務し、又は居住するもので、令別表第1に掲げる防火対象物のうち、次に掲げるもの。ただし、同表の（16の3）及び（18）から（20）までに掲げるものを除く（令第1条の2　3項）。

イ. 老人短期入所施設、養護老人ホーム、特別養護老人ホーム、救護施設、乳児院、障害児入所施設、障害者支援施設などで、収容人員が10人以上のもの

※「令別表第1」の（6）ロなどの防火対象物が該当。詳細は省略。

ロ. 特定防火対象物（前項のイを除く）で、収容人員が30人以上のもの

ハ. 非特定防火対象物で、収容人員が50人以上のもの

※「非特定防火対象物」とは、「特定防火対象物以外の防火対象物」を指す。

【防火管理者の選定】

④新築の工事中の建築物で、収容人員が50人以上のもののうち、地階を除く階数が11以上で、かつ、延べ面積が10,000m²以上である建築物など。

◎防火管理者の資格については、防火管理に関する講習の課程を修了した者とする（令第3条）。

■２．防火管理者を必要としない防火対象物

◎令第１条の２では、防火管理者を定めなければならない防火対象物を個別に掲げている。しかし、次に掲げる防火対象物は除外されている。

①準地下街（令別表第１の（16の３））
②延長50m以上のアーケード（同（18））
③市町村長の指定する山林（同（19））
④総務省令で定める舟車（同（20））

■３．防火管理者の業務

◎当該防火対象物の管理について権原を有する者は、防火管理者を定め、次に掲げる業務を行わせなければならない（法第８条１項）。

①消防計画の作成
②消防計画に基づく消火、通報及び避難の訓練の実施
③消防の用に供する設備、消防用水又は消火活動上必要な施設の点検及び整備
④火気の使用又は取扱いに関する監督
⑤避難又は防火上必要な構造及び設備の維持管理並びに収容人員の管理
⑥その他防火管理上必要な業務

■４．防火管理者の責務

◎防火管理者は、防火対象物についての防火管理に係る消防計画を作成し、所轄消防長又は消防署長に届け出なければならない（令第３条の２　１項～４項）。

◎防火管理者は、前項の消防計画に基づいて、当該防火対象物について消火、通報及び避難の訓練の実施、消防の用に供する設備、消防用水又は消火活動上必要な施設の点検及び整備、火気の使用又は取扱いに関する監督、避難又は防火上必要な構造及び設備の維持管理並びに収容人員の管理その他防火管理上必要な業務を行わなければならない。

◎防火管理者は、防火管理上必要な業務を行うときは、必要に応じて当該防火対象物の管理について権原を有する者の指示を求め、誠実にその職務を遂行しなければならない。

◎防火管理者は、消防の用に供する設備、消防用水若しくは消火活動上必要な施設の点検及び整備又は火気の使用若しくは取扱いに関する監督を行うときは、火元責任者その他の防火管理の業務に従事する者に対し、必要な指示を与えなければならない。

■5．統括防火管理者

◎高層建築物（高さ31m超の建築物）その他政令で定める防火対象物で、その管理について権原が分かれている場合、それぞれの管理について権原を有する者は、防火対象物の全体について防火管理上必要な業務を統括する防火管理者（**統括防火管理者**）を協議して定め、その者に当該防火対象物の全体について防火管理上必要な業務を行わせなければならない（法第8条の2）。

◎地下街でその管理について権原が分かれているもののうち、消防長若しくは消防署長が指定するものの管理について権原を有する者は、同様に統括防火管理者を定め、全体について防火管理上必要な業務を行わせなければならない。

◎政令で定める防火対象物は、次に掲げる防火対象物とする（令第3条の3）。

①老人短期入所施設、養護老人ホーム、**特別養護老人ホーム**、救護施設、乳児院、障害児入所施設、障害者支援施設、及びこれらの用途を含む複合用途防火対象物のうち、地階を除く階数が3以上で、かつ、収容人員が10人以上のもの

②特定防火対象物（①を除く。）、及び特定用途を含む複合用途防火対象物（①を除く。）のうち、地階を除く階数が3以上で、かつ、収容人員が30人以上のもの

③特定用途を含まない**複合用途防火対象物**のうち、地階を除く階数が5以上で、かつ、収容人員が50人以上のもの

④準地下街

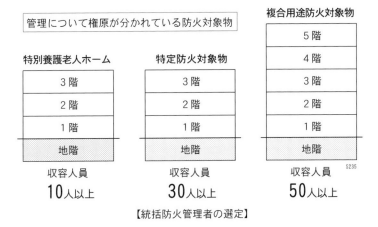

【統括防火管理者の選定】

【1】防火対象物の防火管理者に選任された者が行わなければならない業務として、消防法令に定められていないものは次のうちどれか。

☐　1．消防計画の作成

　　2．火気の使用又は取扱いに関する監督

　　3．収容人員の管理

　　4．防火管理者の解任の届出

【2】次の消防法施行令別表第1に掲げる防火対象物のうち、消防法令上、防火管理者を定めなければならないものは次のうちどれか。

☐　1．診療所で、収容人員が20人のもの

　　2．美術館で、収容人員が30人のもの

　　3．教会で、収容人員が40人のもの

　　4．事務所で、収容人員が50人のもの

【3】次の消防法施行令別表第1に掲げる防火対象物のうち、消防法令上、防火管理者を定めなくてもよいものを、次のうちから2つ答えなさい。［編］

☐　1．老人短期入所施設で、収容人員が10人のもの

　　2．飲食店で、収容人員が20人のもの

　　3．旅館で、収容人員が30人のもの

　　4．物品販売店舗で、収容人員が30人のもの

　　5．カラオケボックスで、収容人員が30人のもの

　　6．共同住宅で、収容人員が45人のもの

　　7．事務所で、収容人員が50人のもの

【4】防火管理に関する次の記述の文中の（　）に当てはまる語句の組合せとして、消防法令上、正しいものは次のうちどれか。

　　「（ア）は消防の用に供する設備、消防用水若しくは消火活動上必要な施設の（イ）及び整備又は火気の使用若しくは取扱いに関する監督を行うときは、火元責任者その他の防火管理の業務に従事する者に対し、必要な指示を与えなければならない。」

	（ア）	（イ）
☐　1．	防火管理者	工事
2．	管理について権原を有する者	工事
3．	管理について権原を有する者	点検
4．	防火管理者	点検

【5】次の管理について権原が分かれている防火対象物のうち、統括防火管理者を定めなければならないものとして、消防法令上、誤っているものはどれか。ただし、防火対象物は、高層建築物（高さ31mを超える建築物）ではないものとする。

☐　1．地階を除く階数が3の特別養護老人ホームで、収容人員が60人のもの

　　2．地階を除く階数が5の事務所で、収容人員が60人のもの

　　3．2階をカラオケボックスとして使用する地階を除く階数が3の複合用途防火対象物で、収容人員が50人のもの

　　4．地階を除く階数が5の病院で、収容人員が70人のもの

【6】次のアからウまでの管理について権原が分かれている防火対象物のうち、統括防火管理者を定めなければならないものとして、消防法令上、正しいものの組合せは次のうちどれか。ただし、防火対象物は、高層建築物（高さ31mを超える建築物）ではないものとする。

　　ア．地階を除く階数が5の作業場で、収容人員が80人のもの

　　イ．地階を除く階数が4の病院で、収容人員が40人のもの

　　ウ．地階を除く階数が3の特別養護老人ホームで、収容人員が20人のもの

☐　1．ア、イのみ

　　2．ア、ウのみ

　　3．イ、ウのみ

　　4．ア、イ、ウすべて

▶▶**正解＆解説**……………………………………………………………………………………………

【1】**正解4**

　　4．防火管理者の選任及び解任の届出は、東京都の場合、管理権原者が行うことになっている。規則第3条の2（防火管理者の選任又は解任の届出）では、選任又は解任の届出書の様式を定めている。

【2】**正解4**

　　1．診療所は、特定防火対象物に該当するため、収容人員が30人以上の場合に防火管理者を定めなければならない。

　　2～4．美術館、教会、事務所は、いずれも非特定防火対象物に該当するため、収容人員が50人以上の場合に防火管理者を定めなければならない。

【3】正解2＆6

1．老人短期入所施設で収容人員が10人以上の防火対象物は、防火管理者を定めなければならない。

2．飲食店は、特定防火対象物に該当するため、収容人員が30人以上の場合に防火管理者を定めなければならない。20人では防火管理者を定めなくてもよい。

3＆4＆5．旅館・物品販売店舗・カラオケボックスは特定防火対象物に該当するため、収容人員が30人以上の場合に防火管理者を定めなければならない。

6．共同住宅は、非特定防火対象物に該当するため、収容人員が50人以上の場合に防火管理者を定めなければならない。45人では防火管理者を定めなくてもよい。

7．事務所は、非特定防火対象物に該当するため、収容人員が50人以上の場合に防火管理者を定めなければならない。

【4】正解4

「（防火管理者）は消防の用に供する設備、消防用水若しくは消火活動上必要な施設の（点検）及び整備又は火気の使用若しくは取扱いに関する監督を行うときは、火元責任者その他の防火管理の業務に従事する者に対し、必要な指示を与えなければならない。」

【5】正解2

1．この場合、階数が3以上で、収容人員が10人以上であるため、統括防火管理者を定めなければならない。

2．この場合、特定防火対象物ではなく、更に複合用途防火対象物でもないため、統括防火管理者を定めなくてもよい。

3．この場合、特定用途を含む複合用途防火対象物であり、収容人員が30人以上であるため、統括防火管理者を定めなければならない。

4．この場合、特定防火対象物であり、階数が3以上で収容人員が30人以上であるため、統括防火管理者を定めなければならない。

【6】正解3

ア．この場合、特定防火対象物ではなく、更に複合用途防火対象物でもないため、統括防火管理者を定めなくてもよい。

イ．この場合、特定防火対象物であり、階数が3以上で収容人員が30人以上であるため、統括防火管理者を定めなければならない。

ウ．この場合、階数が3以上で、収容人員が10人以上であるため、統括防火管理者を定めなければならない。

■1. 検定対象機械器具等

◎検定制度は、消防の用に供する機械器具等が、一定の形状、構造、材質、成分及び性能を有しているかどうか、あらかじめ検定を行い、火災の予防若しくは警戒、消火又は人命の救助等に際し、機械器具等に重大な支障が生じないようにするためのものである（法第21条の2　1項）。

◎消防の用に供する機械器具等において、形状、構造、材質、成分及び性能を以下、「形状等」という。

◎消防の用に供する機械器具等のうち、次に掲げるものを検定が必要な機械器具等（**検定対象機械器具等**）とする（令第37条）。

> ①消火器
> ②消火器用消火薬剤（二酸化炭素を除く）
> ③泡消火薬剤（水溶性液体用のものを除く）
> ④火災報知設備の感知器または発信機
> ⑤火災報知設備又はガス漏れ火災警報設備に使用する中継器
> ⑥火災報知設備又はガス漏れ火災警報設備に使用する受信機
> ⑦住宅用防災警報器
> ⑧閉鎖型スプリンクラーヘッド
> ⑨スプリンクラー設備、水噴霧消火設備又は泡消火設備に使用する流水検知装置
> ⑩スプリンクラー設備等に使用する一斉開放弁
> ⑪金属製避難はしご
> ⑫緩降機

■2. 検定の方法（型式承認⇒型式適合検定）

◎検定は、「型式承認」⇒「型式適合検定」の順に行われる。

◎「**型式承認**」とは、検定対象機器器具等の型式に係る形状等が総務省令で定める検定対象機器器具等に係る技術上の規格（規格省令）に適合している旨の承認をいう（法第21条の2　2項他）。

①型式承認では、日本消防検定協会または総務大臣の登録を受けた検定機関が規格に適合しているか試験を行い、その試験結果は申請者を介して総務大臣に添付する。

②**総務大臣**は、添付された試験結果をもとに審査し、規格に適合しているときは、当該型式について型式承認をする。

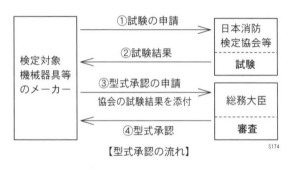

【型式承認の流れ】 S174

◎「**型式適合検定**」とは、検定対象機械器具等の形状等が型式承認を受けた検定対象機械器具等の型式に係る形状等に適合しているかどうかについて、日本消防検定協会または総務大臣の登録を受けた検定機関が、総務省令で定める方法により行う検定をいう（法第21条の2　3項他）。

◎日本消防検定協会または総務大臣の登録を受けた検定機関は、型式適合検定に合格した検定対象機械器具等に、総務省令で定めるところにより、型式は型式承認を受けたものであり、かつ、型式適合検定に合格したものである旨の表示（**検定合格証**）を付さなければならない（法第21条の9）。

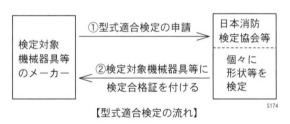

【型式適合検定の流れ】 S174

◎検定対象機械器具等は、法第21条の9の規定による表示（**検定合格証**）が付されているものでなければ、販売し、又は販売の目的で陳列してはならない。また、検定対象機械器具等のうち消防の用に供する機械器具又は設備は、**検定合格証**が付されているものでなければ、その設置、変更又は修理の請負に係る工事に使用してはならない（法第21条の2　4項）。

▲検定合格証の例

【1】消防の用に供する機械器具等の検定に関する次の記述のうち、消防法令上、正しいものの組合せはどれか。

　ア．検定対象機械器具等は、型式承認を受けたものであり、かつ、型式適合検定に合格したものである旨の表示が付されているものでなければ、販売の目的で陳列してはならない。

　イ．検定対象機械器具等は、型式承認を受けたものであり、かつ、型式適合検定に合格したものである旨の表示が付されているものでなければ、販売してはならない。

　ウ．検定対象機械器具等のうち消防の用に供する機械器具又は設備は、型式承認を受けたものであり、かつ、型式適合検定に合格したものである旨の表示が付されているものでなければ、その設置の請負に係る工事に使用してはならない。

☐ 　1．ア、イのみ
　　2．ア、ウのみ
　　3．イ、ウのみ
　　4．ア、イ、ウすべて

【2】消防の用に供する機械器具等の検定について、消防法令上、正しいものは次のうちどれか。

☐ 　1．型式承認とは、検定対象機械器具等の型式に係る形状等が総務省令で定める検定対象機械器具等に係る技術上の規格に適合している旨の承認をいう。

　　2．検定対象機械器具等は、型式承認を受けたものである旨の表示が付されているものであれば、販売の目的で陳列することができる。

　　3．型式適合検定とは、型式承認を受けていない検定対象機械器具等の形状等が型式に係る形状等に適合しているかどうかについて総務省令で定める方法により行う検定をいう。

　　4．検定対象機械器具等のうち消防の用に供する機械器具又は設備は、型式承認を受けたものである旨の表示が付されているものであれば、その設置、変更又は修理の請負に係る工事に使用することができる。

【3】消防の用に供する機械器具等の検定に係る表示に関する次の記述のうち、文中の（　）に当てはまる語句として、消防法令上、正しいものは次のうちどれか。

「検定対象機械器具等は、型式承認を受けたものであり、かつ、（　）の表示が付されているものでなければ、販売の目的で陳列してはならない。」

☐　1．技術上の規格に適合するものである旨

　　2．設備等技術基準に適合するものである旨

　　3．型式適合検定に合格したものである旨

　　4．性能評価を受けたものである旨

▶▶正解＆解説‥‥‥

【1】正解4

【2】正解1

　　2＆4．「型式承認を受けたものである旨の表示」⇒「型式承認を受けたものであり、かつ、型式適合検定に合格したものである旨の表示」。

　　3．型式適合検定は、あらかじめ型式承認を受けた検定対象機械器具等が検定の対象となる。

【3】正解3

第2章　消防関係法令（第4類の内容）

第2章

1. 自動火災報知設備とは

◎自動火災報知設備は、火災による煙や熱を感知器が早期に自動的に感知して、警報ベルなどで、建物内の人達に火災を知らせる設備である。

◎自動火災報知設備は、受信機、感知器、発信機、表示灯、地区音響装置（ベル）、中継器などから構成されている。

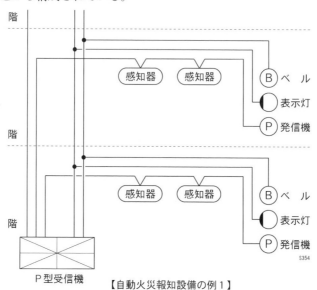

【自動火災報知設備の例1】

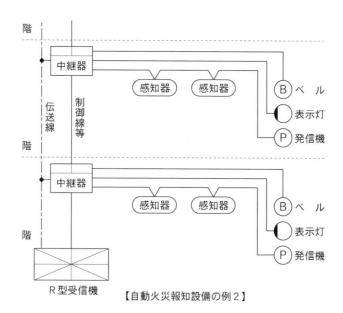

【自動火災報知設備の例2】

受信機	感知器や発信機から火災信号を受信すると、 ①赤色の火災灯を点灯させる。 ②主音響装置を鳴らす。 ③地区表示灯を点灯させて、火災の発生地区を表示する。 ④地区音響装置（ベル）を鳴らして、周囲の人に火災の発生を知らせる。
感知器	火災の発生を熱や煙、炎で感知して、火災信号を受信機に送る。
発信機	人が火災を発見した場合、ボタンを押して火災信号を受信機に送る。
中継器	感知器や発信機からの信号を中継して、受信機に送る。

2. 自動火災報知設備の設置基準

◎自動火災報知設備を設置しなければならない対象は、法令により用途・延べ面積・階数等ごとに細かく規定されている（令第21条１項）。

■1. 防火対象物の用途と面積等による基準　※〔　〕内は令別表第１で該当する項。

1. 次に掲げる防火対象物は、面積にかかわらず設置する（1号）。
①カラオケボックス、インターネットカフェ〔（2）ニ〕 ②旅館、ホテル、宿泊所〔（5）イ〕 ③病院、養護老人ホーム、乳児院、障害者支援施設〔（6）イ①〜③・ロ〕 ④老人デイサービスセンター（宿泊施設のあるもの）〔（6）ハ〕 ⑤飛行機又は回転翼航空機の格納庫〔（13）ロ〕 ⑥重要文化財として認定された建造物〔（17）〕

2. 次に掲げる防火対象物で、延べ面積が200m² 以上のものに設置する（2号）。
①蒸気浴場、熱気浴場〔（9）イ〕

3. 次に掲げる防火対象物で、延べ面積が300m² 以上のものに設置する（3号）。
①劇場・映画館・集会場〔（1）イ・ロ〕 ②キャバレー・ナイトクラブ、遊技場・ダンスホール、風俗店〔（2）イ・ロ・ハ〕 ③料理店・飲食店〔（3）〕 ④百貨店・マーケット・物品販売店舗又は展示場〔（4）〕 ⑤診療所（入院施設がないもの）〔（6）イ④〕 ⑥幼稚園又は特別支援学校〔（6）ニ〕 ⑦特定防火対象物を含む複合用途防火対象物〔（16）イ〕 ⑧地下街〔（16の2）〕

4．次に掲げる防火対象物で、延べ面積が500m²以上のものに設置する（4号）。

①寄宿舎・共同住宅〔(5) ロ〕
②小学校・中学校・高等学校・大学・各種学校〔(7)〕
③蒸気浴場・熱気浴場以外の公衆浴場〔(9) ロ〕
④車両の停車場〔(10)〕
⑤工場又は作業場・映画スタジオ・テレビスタジオ〔(12) イ・ロ〕
⑥自動車車庫又は駐車場〔(13) イ〕
⑦倉庫〔(14)〕

5．準地下街のうち、延べ面積が500m²以上で、かつ、特定用途防火対象物の用途に供される部分の床面積の合計が300m²以上のものに設置する（5号）。

6．次に掲げる防火対象物で、延べ面積が1,000m²以上のものに設置する（6号）。

①神社・寺院・教会〔(11)〕
②事務所・事務所からなる高層ビル・官公庁等〔(15)〕

7．特定1階段等防火対象物は、面積にかかわらず設置する（7号）。

▷注意：1～7は防火対象物が対象となるが、9～16は**階又は部分**が設置対象となる。

9．地下街で、次に掲げる用途の部分に設置する（9号）。

①カラオケボックス〔(2) ニ〕
②旅館、ホテル、宿泊所〔(5) イ〕
③病院〔(6) イ〕
④養護老人ホーム、乳児院〔(6) ロ〕
⑤老人福祉センター（入居又は宿泊させるもの）〔(6) ハ〕

10．次に掲げる防火対象物の地階又は無窓階で、床面積が100m²以上の階に設置する（10号）。

①キャバレー、遊技場、風俗店〔(2) イ・ロ・ハ〕
②料理店・飲食店〔(3)〕
③キャバレー等又は飲食店を含む複合用途防火対象物〔(16) イ〕

11．建築物の地階、無窓階又は3階以上の階で、床面積が300m²以上の階に設置する（11号）。

12．防火対象物の道路の用に供される部分で、床面積が、屋上部分にあっては600m²以上、それ以外の部分にあっては400m²以上の部分に設置する（12号）。

13. 防火対象物の地階または2階以上の階のうち、駐車の用に供する部分の存する階で、当該部分の床面積が 200m² 以上の**部分**に設置する（13号）。

14. 防火対象物の11階以上の階は、その階の床面積にかかわらず、**階の部分**に設置する。（14号）。

15. 防火対象物の通信機器室で、床面積が500m²以上の**部分**に設置する（15号）。

16. 特定用途防火対象物を含まない複合用途防火対象物は、（1）項から（15）項までのうち、それぞれの用途の床面積の合計が基準面積以上となった場合、当該**用途部分**に設置する。

▶▶ 過去問題 ◀◀

【1】 面積又は階数にかかわらず自動火災報知設備を設置しなければならない防火対象物として、消防法令上、誤っているものを次のうちから5つ選びなさい。ただし、当該防火対象物は、特定一階段等防火対象物ではないものとする。[編]

☐ 1．ホテル　　　　　　　　　2．回転翼航空機の格納庫
　　3．カラオケボックス　　　4．展示場
　　5．ダンスホール　　　　　6．障害者支援施設
　　7．遊技場　　　　　　　　8．旅館
　　9．飛行機の格納庫　　　　10．特別支援学校
　　11．患者を入院させるための施設を有しない診療所

【2】 地階を除く階数が2、延べ面積が 300m² である次の防火対象物のうち、自動火災報知設備を設置しなければならないものとして、消防法令上、誤っているものは次のうちどれか。ただし、防火対象物の用途及び延べ面積以外の条件は、考慮しないものとする。

☐ 1．熱気浴場　　　　　　　　2．テレビスタジオ
　　3．集会場　　　　　　　　4．展示場

【3】 消防法施行令別表第1に掲げる防火対象物の部分のうち、自動火災報知設備を設置しなければならないものとして、正しいものは次のうちどれか。

☐ 1．地階、無窓階又は3階以上の階で、床面積が 300m² 以上のもの
　　2．1階以外の階のうち、駐車の用に供する部分の存する階の床面積が 150m² 以上のもの
　　3．10階以上の階　　　　4．通信機器室で、床面積が 300m² 以上のもの

【4】消防法令上、自動火災報知設備を設置しなければならない防火対象物を、次のうちから5つ選びなさい。[編]

- □ 1．キャバレーで、延べ面積が 150m² のもの
  2．物品販売店舗で、延べ面積が 200m² のもの
  3．教会で、延べ面積が 750m² のもの
  4．ナイトクラブで、延べ面積が 200m² のもの
  5．遊技場で、延べ面積が 250m² のもの
  6．作業場で、延べ面積が 550m² のもの
  7．寄宿舎で、延べ面積が 350m² のもの
  8．ダンスホールで、延べ面積が 300m² のもの
  9．熱気浴場で、延べ面積が 200m² のもの
  10．キャバレーで、延べ面積が 250m² のもの
  11．蒸気浴場で、延べ面積が 150m² のもの
  12．工場で、延べ面積が 300m² のもの
  13．共同住宅で、延べ面積が 400m² のもの
  14．飲食店で、延べ面積が 250m² のもの
  15．映画館で、延べ面積が 250m² のもの
  16．公衆浴場である蒸気浴場で、延べ面積が 250m² のもの
  17．事務所で、延べ面積が 550m² のもの
  18．工場で、延べ面積が 400m² のもの
  19．共同住宅で、延べ面積が 350m² のもの
  20．マーケットで、延べ面積が 300m² のもの

【5】自動火災報知設備を設置しなければならない防火対象物として、消防法令上、誤っているものは次のうちどれか。ただし、防火対象物の用途及び延べ面積以外の条件は、考慮しないものとする。

- □ 1．神社で延べ面積が1,500m²のもの
  2．共同住宅で延べ面積が500m²のもの
  3．ナイトクラブで延べ面積が200m²のもの
  4．重要文化財として認定された建造物で延べ面積が100m²のもの

【6】消防法令上、防火対象物の全体に自動火災報知設備を設置する必要はないが、防火対象物の一部分に当該設備を設置する必要がある防火対象物は、次のうちどれか。ただし、地上階はいずれも無窓階ではないものとする。

☐ 1．2階の通信機器室で、床面積が400m²のもの

2．屋上の道路の用に供する部分で、床面積が400m²のもの

3．地階の倉庫で、床面積が200m²のもの

4．11階の事務所で、床面積が200m²のもの

【7】自動火災報知設備の設置に関する次の記述のうち、文中の（　）に当てはまる数値として、消防法令上、正しいものはどれか。[★]

「消防法施行令別表第1に掲げる建築物の地階、無窓階又は3階以上の階で床面積が（　）m²以上のものには、自動火災報知設備を設置すること。」

☐ 1．50　　2．100

3．200　　4．300

【8】下図の複合用途防火対象物に対する自動火災報知設備の設置義務について、消防法令上、正しいものは次のうちどれか。ただし、地上階は、すべて無窓階に該当しない階である。

☐ 1．地階の駐車場と1階の飲食店に設置義務がある。

2．すべての階に設置義務がある。

3．地階の駐車場と1階の飲食店及び2階の物品販売店舗に設置義務がある。

4．この防火対象物には設置義務がない。

5階	事務所	200 m²
4階	事務所	200 m²
3階	事務所	200 m²
2階	物品販売店舗	200 m²
1階	飲食店	200 m²
地階	駐車場	200 m²

S180

【9】下図の複合用途防火対象物に対する自動火災報知設備の設置について、消防法令上、正しいものは次のうちどれか。なお、地上階は、すべて無窓階には該当しない階である。

☐ 1．すべての階に設置しなければならない。

2．地階及び1階に設置しなければならない。

3．地階のみに設置しなければならない。

4．この防火対象物は、設置しなくてもよい。

5階	事務所	300 m²
4階	事務所	300 m²
3階	事務所	300 m²
2階	各種学校	300 m²
1階	飲食店	300 m²
地階	駐車場	300 m²

S180

【10】下図の複合用途防火対象物に対する自動火災報知設備の設置義務について、消防法令上、正しいものは次のうちどれか。ただし、いずれも無窓階に該当しない階とする。

☐ 1．いずれの階も設置義務がある。
2．事務所部分のみ設置義務がある。
3．テレビスタジオのみ設置義務がある。
4．この防火対象物には、設置義務がない。

6階	事務所	200 m²
5階	事務所	200 m²
4階	事務所	200 m²
3階	事務所	200 m²
2階	事務所	200 m²
1階	テレビスタジオ 200 m²	

S180

【11】下図の複合用途防火対象物に対する自動火災報知設備の設置義務について、消防法令上、正しいものは次のうちどれか。ただし、地上階はすべて無窓階に該当しない階とし、階段は屋内階段1系統であり、総務省令で定める避難上有効な構造を有していないものとする。

☐ 1．すべての階に設置義務がある。
2．3階部分のみ設置義務がある。
3．地階、1階、2階部分のみ設置義務がある。
4．この防火対象物には、設置義務がない。

3階	飲食店	50 m²
2階	事務所	50 m²
1階	事務所	50 m²
地階	事務所	50 m²

S180

▶▶正解＆解説……………………………………………………………………………

【1】正解4＆5＆7＆10＆11
　　展示場、ダンスホール、遊技場、特別支援学校、入院施設がない診療所は、いずれも延べ面積300m²以上。

【2】正解2
　1．熱気浴場は延べ面積200m²以上。
　2．テレビスタジオは延べ面積500m²以上。
　3＆4．集会場と展示場は、延べ面積300m²以上。

【3】正解1
　1．[基準11] に該当する。
　2．「150m²以上のもの」⇒「200m²以上のもの」。[基準13]
　3．「10階以上」⇒「11階以上」。[基準14]
　4．「床面積が300m²以上のもの」⇒「床面積が500m²以上のもの」。[基準15]

【4】正解6＆8＆9＆16＆20
　1．キャバレーは延べ面積300m²以上。　2．物品販売店舗は延べ面積300m²以上。
　3．教会は延べ面積1,000m²以上。　4．ナイトクラブは延べ面積300m²以上。

5．遊技場は延べ面積300m²以上。 　6．作業場は延べ面積500m²以上。

7．寄宿舎は延べ面積500m²以上。 　8．ダンスホールは延べ面積300m²以上。

9．熱気浴場は延べ面積200m²以上。 10．キャバレーは延べ面積300m²以上。

11．蒸気浴場は延べ面積200m²以上。 12．工場は延べ面積500m²以上。

13．共同住宅は延べ面積500m²以上。 14．飲食店は延べ面積300m²以上。

15．映画館は延べ面積300m²以上。 16．蒸気浴場は延べ面積200m²以上。

17．事務所は延べ面積1,000m²以上。 18．工場は延べ面積500m²以上。

19．共同住宅は延べ面積500m²以上。 20．マーケットは延べ面積300m²以上。

【5】正解3

1．神社は延べ面積1,000m²以上。

2．共同住宅は延べ面積500m²以上。

3．ナイトクラブは延べ面積300m²以上。

4．重要文化財として認定された建造物は延べ面積に関係なく設置する。

【6】正解4

1．「床面積が400m²のもの」⇒「床面積が500m²以上のもの」。［基準15］

2．「床面積が400m²のもの」⇒「床面積が600m²以上のもの」。［基準12］

3．「床面積が200m²のもの」⇒「床面積が300m²以上のもの」。［基準11］

4．［基準14］に該当する。

【7】正解4

　　［基準11］に該当する。

【8】正解2

　　特定防火対象物（飲食店、物品販売店舗）を含む複合用途防火対象物については、延べ面積が300m²以上になると、自動火災報知設備の設置義務が生じる。図の複合用途防火対象物は、延べ面積が200m²×6＝1,200m²となり、全ての階に設置義務が生じる。［基準3］

【9】正解1

　　特定防火対象物（飲食店）を含む複合用途防火対象物については、延べ面積が300m²以上になると、自動火災報知設備の設置義務が生じる。図の複合用途防火対象物は、延べ面積が300m²×6＝1,800m²となり、全ての階に設置義務が生じる。［基準3］

【10】正解2

　　［基準16］に該当する。（15）項の事務所は各階の床面積の合計が1,000m²となる。

【11】正解1

　　［基準7］に該当する。特定1階段等防火対象物については、第1章「10．消防用設備等の届出及び検査」44P参照。

3. 危険物の製造所等の警報設備

◎指定数量の倍数が10以上の製造所等で総務省令で定めるものは、総務省令で定めるところにより、火災が発生した場合、自動的に作動する火災報知設備その他の警報設備を設置しなければならない（危険物政令第21条）。

◎同令第21条の総務省令で定める製造所等は、製造所等のうち移動タンク貯蔵所以外のものとする（危険物規則第36条の2）。

◎同令第21条の規定による警報設備は、次のとおり区分する（同規則第37条）。

①自動火災報知設備　　②消防機関に報知ができる電話
③非常ベル装置　　　　④拡声装置　　　　　　⑤警鐘

■1. 危険物とは

◎危険物とは、消防法別表第1の品名欄に掲げる物品で、同表に定める区分に応じて同表の性質欄に掲げる性状のものをいう（法第2条7項）。

〔消防法 別表第1〕（品名は代表的なもののみ掲載。特徴は編集部のまとめ）

類別	性 質	品 名	特 徴
第1類	酸化性固体	塩素酸塩類 過マンガン酸塩類 硝酸塩類	物質そのものは不燃性だが、他の物質を強く酸化させる性質をもつ。可燃物と混ぜて衝撃・熱・摩擦を加えると激しい燃焼が起こるもの。
第2類	可燃性固体	硫化りん、赤りん 硫黄、金属粉 マグネシウム 引火性固体	火炎で着火しやすいもの、または比較的低温（40℃未満）で引火しやすいもの。
第3類	自然発火性物質及び禁水性物質（固体または液体）	カリウム ナトリウム アルキルリチウム 黄りん	空気にさらされると自然発火するおそれのあるもの、または水と接触すると発火または可燃性ガスを発生するもの。
第4類	引火性液体	特殊引火物 第1〜4石油類 アルコール類 動植物油類	引火性があり、蒸気を発生させ引火や爆発のおそれのあるもの。
第5類	自己反応性物質（固体または液体）	ニトロ化合物	比較的低温で加熱分解等の自己反応を起こし、爆発や多量の熱を発生させるもの、または爆発的に反応が進行するもの。
第6類	酸化性液体	過酸化水素 硝酸	物質そのものは不燃性だが、他の物質を強く酸化させる性質をもつ。可燃物と混ぜると燃焼を促進させるもの。

■2. 指定数量とは

◎指定数量とは、法令において各種の規制をする上で、その危険性を算定する基準となるものである。

◎指定数量は、危険性が高いものほど量が少なく定められている。具体的には、特殊引火物に該当するジエチルエーテルは 50 ℓ に設定されているのに対し、危険性が低い動植物油類は 10,000 ℓ に設定されている。

◎例えば、ガソリンは指定数量が 200 ℓ に設定されているが、その指定数量の倍数が「10」である場合、数量は 2,000 ℓ となる。

◎指定数量以上の危険物は、法令で定められた危険物の製造所・貯蔵所・取扱所以外では貯蔵し、または取扱うことができない。法令で製造所等という場合、危険物の製造所・貯蔵所・取扱所を指す。

▶▶過去問題◀◀

【1】警報設備の設置に関する次の記述のうち、文中の（　）に当てはまる数値として、消防法令上、正しいものはどれか。［編］

　「危険物の指定数量の倍数が（　）以上の製造所等で総務省令で定めるものは、総務省令で定めるところにより、火災が発生した場合、自動的に作動する火災報知設備その他の警報設備を設置しなければならない。」

- [ ] 1．1　　　　2．3
- 　　3．5　　　　4．10
- 　　5．50　　　　6．100
- 　　7．200

▶▶正解＆解説……………………………………………………………………………………

【1】正解4

　　危険物政令第21条は、警報設備の設置基準として、①指定数量の倍数が10以上の製造所等（移動タンク貯蔵所を除く）で、②総務省令（危険物規則第38条１項）で定めるものを対象としている。危険物規則第38条１項では、①指定数量の倍数が100以上のもので屋内にある製造所・一般取扱所、②指定数量の倍数が100以上の屋内貯蔵所、③貯蔵倉庫の延べ面積が150m²を超える屋内貯蔵所、などを定めている。

4. 自動火災報知設備の警戒区域

◎自動火災報知設備の警戒区域とは、火災の発生した区域を他の区域と区別して識別することができる最小単位の区域をいう（以下、令第21条2項及び規則第23条1項）。

◎例えば、防火対象物が2つの警戒区域に分けられている場合、どこの警戒区域で火災が発生したのか、自動火災報知設備は正しく識別表示しなくてはならない。

◎自動火災報知設備の警戒区域は、次の原則規定と例外規定がある。

〔原則規定〕

①警戒区域は、防火対象物の2以上の階にわたらないものとすること。

②一の警戒区域の面積は600m²以下とし、その1辺の長さは、50m以下とすること。

【原則規定の例】

〔例外規定〕

①警戒区域が2の階にわたっていて、その床面積の合計が500m²以下の場合は、それらを一の警戒区域としてもよい。

②煙感知器を階段及び傾斜路、またはエレベーターの昇降路、リネンシュート※、パイプダクトその他これらに類するものに設ける場合は、警戒区域が2以上の階にわたっていてもよい。

③防火対象物の主要な出入口からその内部を見通すことができる場合にあっては、その警戒区域の面積を、1,000m²以下とすることができる。

④光電式分離型感知器を設置する場合にあっては、一の警戒区域の1辺の長さは、100m以下とすること。

※リネンシュートは、ホテルなどで各階から下階の洗濯室まで使用済みベッドシーツ類を落とすための通路をいう。

※エレベーターの昇降路、リネンシュート、パイプダクト等は、まとめて「たて穴」ということがある。

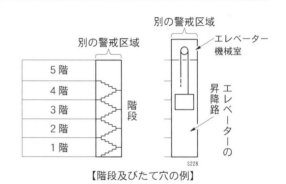

【階段及びたて穴の例】

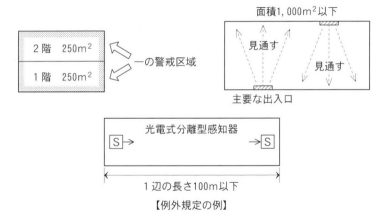

【例外規定の例】

■１．２の階にわたる設定

◎例外規定によると、警戒区域の面積の合計が 500m² 以下の場合、警戒区域は２の階にわたることができる。従って、図のように１辺の長さが 50m 以下であれば、１階と２階、３階と４階というように、２の階にわたって警戒区域を設定することができる。この場合、警戒区域ごとに容易に感知器等の作動状況を確認できる階段等が必要となる。

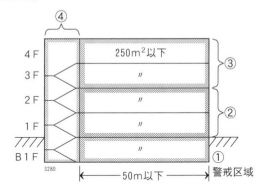

◎また、地階は原則として地上階の警戒区域に組み入れずに、別の警戒区域とする。

◎屋根裏や天井裏については、階ではないため、直下の当該階と同一警戒区域とすることができる。ただし、警戒区域の面積の合計は 600m² 以下としなければならない。この場合、容易に感知器等の作動状況を確認することができる点検口が必要となる。

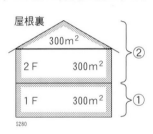

■２．階段、エレベーター昇降路、パイプダクト等の警戒区域

◎煙感知器を設置する階段等については、平面的な警戒区域と異なり、たて方向の区画となるため、部屋や廊下等とは別に次のように警戒区域を設定する。

◎階段及びエレベーター昇降路、パイプダクト等のたて穴は、各階の部屋、廊下等とは別の警戒区域とする。

◎水平距離で50m以下の範囲内にある階段及びたて穴は、まとめて同一の警戒区域とすることができる。

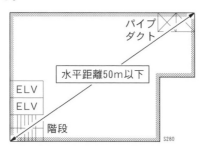

◎階段は、地上部分と地下部分を原則として別の警戒区域とする。ただし、地階が１階のみの場合は地上部分と同一の警戒区域とすることができる。また、地上部分の階段は、垂直距離で45m以下ごとに別の警戒区域とする必要がある。

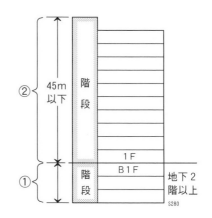

■３．警戒区域の設定例

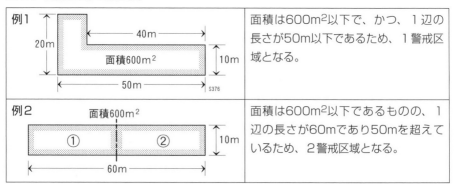

| 例1 | 面積は600m²以下で、かつ、１辺の長さが50m以下であるため、１警戒区域となる。 |
| 例2 | 面積は600m²以下であるものの、１辺の長さが60mであり50mを超えているため、２警戒区域となる。 |

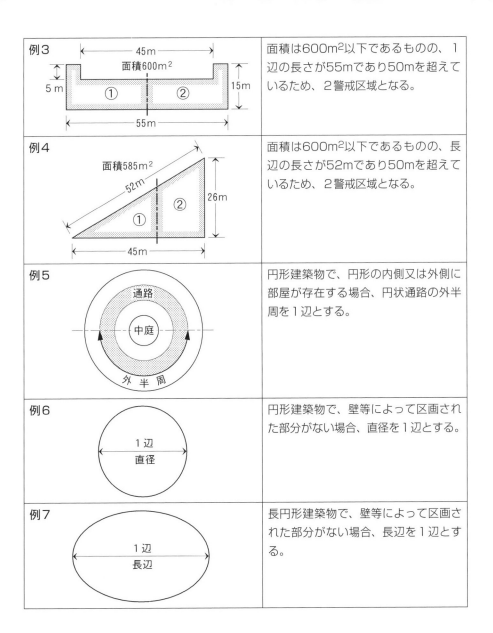

例3	面積は600m²以下であるものの、1辺の長さが55mであり50mを超えているため、2警戒区域となる。
例4	面積は600m²以下であるものの、長辺の長さが52mであり50mを超えているため、2警戒区域となる。
例5	円形建築物で、円形の内側又は外側に部屋が存在する場合、円状通路の外半周を1辺とする。
例6	円形建築物で、壁等によって区画された部分がない場合、直径を1辺とする。
例7	長円形建築物で、壁等によって区画された部分がない場合、長辺を1辺とする。

■4．警戒区域の面積の算出

◎警戒区域の面積は、感知器の設置が免除されている場所も含めて算出する。

◎具体的には、便所、洗面所、浴室及びシャワー室は感知器の設置が免除されているが、警戒区域の面積算出には含める。

◎また、開放された階段部分、開放廊下、ベランダ部分は、床面積に算定されていないため、警戒区域の面積に含めない。

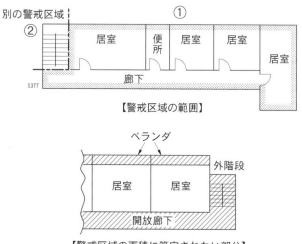

【警戒区域の範囲】

【警戒区域の面積に算定されない部分】

■5．警戒区域番号の設定

◎警戒区域を設定した場合、それぞれに①、②、③…と警戒区域番号をつける。

◎警戒区域番号は、原則として下階より上階へ、また、受信機に近い場所から遠い場所へと順につけていく。

◎階段及びエレベーター昇降路、ダクト等のたて穴は、各階の居室等の番号を付けた後に付ける。

【1】自動火災報知設備の警戒区域の設定方法について、消防法令上、誤っている
　　ものは次のうちどれか。

☐　1．警戒区域は、設置する感知器の種類にかかわらず、2以上の階にわたらな
　　　　いものでなければならない。

　　2．一の警戒区域の面積は、原則として600m^{2}以下とし、その1辺の長さは50m
　　　　以下でなければならない。

　　3．光電式分離型感知器を設置する場合にあっては、一の警戒区域の1辺の長
　　　　さを100m以下とすることができる。

　　4．防火対象物の主要な出入口からその内部を見通すことができる場合にあっ
　　　　ては、その警戒区域の面積を1,000m^{2}以下とすることができる。

【2】自動火災報知設備の警戒区域に関する次の記述のうち、文中の（　）に当て
　　はまる数値の組合せとして、消防法令上、正しいものはどれか。

　　「光電式分離型感知器を設置する場合において、一の警戒区域の面積は、（ア）
　　m^{2}以下とし、その1辺の長さは、（イ）m以下とすること。ただし、当該防火対
　　象物の主要な出入口からその内部を見通すことができる場合にあっては、その面
　　積を（ウ）m^{2}以下とすることができる。」

	（ア）	（イ）	（ウ）
1．	500	100	1,000
2．	500	60	1,500
3．	600	100	1,000
4．	600	60	1,500

（☐は1．の左側にあり）

【3】自動火災報知設備（光電式分離型感知器を除く。）における警戒区域について、
　　消防法令上、誤っているものは次のうちどれか。

☐　1．警戒区域とは、火災の発生した区域を他の区域と区分して識別することが
　　　　できる最小単位の区域をいう。

　　2．一の警戒区域は、原則として防火対象物の2以上の階にわたらないこと。

　　3．一の警戒区域の面積は、500m^{2}以下とすること。

　　4．一の警戒区域の1辺の長さは、50m以下とすること。

【4】自動火災報知設備（光電式分離型感知器を除く。）の警戒区域について、消防法令上、誤っているものは次のうちどれか。

☐　1．警戒区域は原則として防火対象物の2以上の階にわたらないこと。

　　2．階段又は傾斜路に煙感知器を設ける場合の警戒区域は、2以上の階にわたることができる。

　　3．一の警戒区域の面積は、原則として600m²以下とすること。

　　4．一の警戒区域の1辺の長さは、原則として100m以下とすること。

【5】自動火災報知設備（光電式分離型感知器を除く。）における警戒区域の設定について、消防法令上、誤っているものは次のうちどれか。

☐　1．一の警戒区域の面積は、原則として600m²以下とすること。

　　2．一の警戒区域は、原則として2以上の階にわたってはならない。

　　3．一の警戒区域の1辺の長さは、60m以下とすること。

　　4．防火対象物の主要な出入口からその内部を見通すことができる場合は、一の警戒区域の面積を1,000m²以下とすることができる。

【6】自動火災報知設備の警戒区域の設定について、消防法令上、正しいものは次のうちどれか。

☐　1．定温式スポット型感知器のみで警戒され、主要な出入り口から内部を容易に見通すことができる一の警戒区域について、一辺の長さを50m、面積を1,000m²に設定した。

　　2．光電式スポット型感知器のみで警戒され、主要な出入り口から内部を容易に見通すことができない一の警戒区域について、一辺の長さを100m、面積を600m²に設定した。

　　3．差動式スポット型感知器のみで警戒され、主要な出入り口から内部を容易に見通すことができる一の警戒区域について、一辺の長さを100m、面積を1,000m²に設定した。

　　4．光電式分離型感知器のみで警戒され、主要な出入り口から内部を容易に見通すことができない一の警戒区域について、一辺の長さを100m、面積を1,000m²に設定した。

▶▶正解＆解説···

【1】 正解1

1．煙感知器を階段やエレベーターの昇降路等に設ける場合は、警戒区域が2以上の階
　にわたってもよい。

【2】 正解3

　「光電式分離型感知器を設置する場合において、一の警戒区域の面積は、（600）m²
以下とし、その1辺の長さは、（100）m以下とすること。ただし、当該防火対象物の
主要な出入口からその内部を見通すことができる場合にあっては、その面積を（1,000）
m²以下とすることができる。」

【3】 正解3

3．一の警戒区域の面積は、600m²以下とすること。

【4】 正解4

4．一の警戒区域の1辺の長さは、原則として50m以下とすること。

【5】 正解3

3．一の警戒区域の1辺の長さは、50m以下とすること。

4．この規定が適用されるのは、具体的には学校の講堂、体育館、集会場などである。
　ただし、倉庫や工場は、平面図上では見通しがきくものの、実態は荷物の積み上げ、
　大型機械の設置等で見通しがきかないため、この1,000m²以下の規定が適用されるこ
　とはほとんどない。

【6】 正解1

1．警戒区域の原則規定では、一辺の長さ50m以下、面積600m²以下。内部の見通し
　規定が適用されると、面積は1,000m²以下。

2．この場合、原則規定が適用される。一辺の長さは50m以下、面積は600m²以下が
　適用。

3．この場合、一辺の長さは50m以下、面積は1,000m²以下が適用。

4．この場合、一辺の長さは100m以下、面積は600m²以下が適用。

5. 自動火災報知設備の設置の緩和

◎防火対象物またはその部分に、次の設備を技術上の基準に従い設置したときは、当該設備の有効範囲内の部分について、自動火災報知設備を設置しないことができる（令第21条3項・規則第23条2項・5項・6項2号）。

〔自動火災報知設備の設置が省略できる設備〕

①スプリンクラー設備
②水噴霧消火設備
③泡消火設備
　※いずれも閉鎖型スプリンクラーヘッドを備えているもの（標示温度が75℃以下で作動時間が60秒以内）に限る。

◎ただし、次に掲げるものは自動火災報知設備の設置を省略できない。

〔自動火災報知設備の設置を省略できないもの〕

①特定防火対象物
②煙感知器（熱煙複合式スポット型感知器・炎感知器を含む）を設置している場所
③地階、無窓階または11階以上の階

▶スプリンクラーヘッド

閉鎖型と開放型がある。

閉鎖型は、配水管及びヘッドに常に加圧した水が充てんされている方式である。ヘッドの感熱部が火災の熱で破壊すると、水が散水する構造になっている。

一方、開放型は配水管及びヘッドが空の状態になっている方式である。火災感知器が火災を検知すると、配水管のバルブを開きヘッドから水が散水する。また、手動によってもバルブを開くことができる。

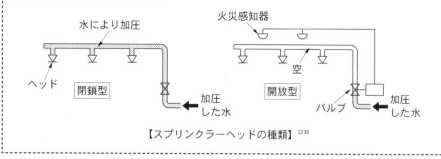

【スプリンクラーヘッドの種類】S236

【1】標示温度が 75℃以下で種別が一種の閉鎖型スプリンクラーヘッドを備えているスプリンクラー設備を設置しても、当該設備の有効範囲内の部分について、消防法令上、自動火災報知設備の設置を省略できない防火対象物の部分は、次のうちどれか。ただし、当該部分は地階、無窓階及び 11 階以上の階には該当しないものとする。

- ☐ 1．共同住宅の住居部分
  - 2．事務所の食堂部分
  - 3．病院の廊下部分
  - 4．冷凍倉庫の冷凍機械室部分

【2】総務省令で定める閉鎖型スプリンクラーヘッドを備えているスプリンクラー設備を技術上の基準に従って設置したとき、その有効範囲内の部分について、自動火災報知設備を設置しないことができる防火対象物として、消防法令上、誤っているものは次のうちどれか。[★]

- ☐ 1．百貨店
  - 2．作業場
  - 3．博物館
  - 4．映画スタジオ

【3】総務省令で定める閉鎖型スプリンクラーヘッドを備えているスプリンクラー設備を技術上の基準に従って設置したとき、その有効範囲内の部分について、自動火災報知設備を設置しないことができる防火対象物として、消防法令上、誤っているものは次のうちどれか。[★]

- ☐ 1．旅館
  - 2．作業場
  - 3．博物館
  - 4．倉庫

【4】総務省令で定める閉鎖型スプリンクラーヘッドを備えているスプリンクラー設備を技術上の基準に従って設置したとき、その有効範囲内の部分について、自動火災報知設備を設置しないことができる防火対象物として、消防法令上、誤っているものは次のうちどれか。[★]

□ 1．倉庫

  2．工場

  3．図書館

  4．ホテル

▶▶正解&解説……………………………………………………………………………………………

【1】正解3

　　標示温度とは、スプリンクラーヘッドが作動する温度として、あらかじめヘッドに標示されている温度である。

　3．病院（特定防火対象物）は、スプリンクラー設備を設置しても、当該設備の有効範囲内の部分について自動火災報知設備の設置を省略できない。また、特定防火対象物を除く防火対象物の場合、煙感知器等を設置している場所では、スプリンクラー設備の有効範囲内の部分であっても、煙感知器等の設置が省略できない。

【2】正解1　　　【3】正解1　　　【4】正解4

特定防火対象物	百貨店（4）　　旅館・ホテル（5）イ　　病院（6）イ
特定防火対象物ではないもの	作業場・工場（12）イ　　　　博物館・図書館（8） 映画スタジオ（12）ロ　　　　倉庫（14） 共同住宅（5）ロ　　　　　　事務所（15）

6. 自動火災報知設備の感知器

■1. 感知器の種別ごとの構成

◎感知器とは、火災により生ずる熱、火災により生ずる燃焼生成物（煙）又は火災により生ずる炎を利用して自動的に火災の発生を感知し、火災信号（火災が発生した旨の信号）又は火災情報信号（火災の程度に係る信号）を受信機若しくは中継器又は消火設備等に発信するものをいう（感知器規格第2条）。

◎感知器の種類と構成については、第4章「2. 感知器の種別」（255P）を参照。ここでは、種類ごとの要点をまとめてある。

◎感知器は、①熱感知器、②煙感知器、③炎感知器に大別される。

大区分	種類………構造等
熱感知器	・差動式スポット型…… 一局所の温度上昇率が一定値以上になると作動 ・差動式分布型………… 周囲の温度上昇率が一定値以上になると作動 ・定温式……………… 温度が一定値以上になると作動 ・補償式スポット型…… 差動式スポット型と定温式スポット型の性能をもつ
煙感知器	・イオン化式スポット型…… 一局所の煙によるイオン電流の変化で作動 ・光電式スポット型………… 一局所の煙による受光量の変化で作動
炎感知器	・紫外線式スポット型……… 一局所の炎による紫外線の変化で作動 ・赤外線式スポット型……… 一局所の炎による赤外線の変化で作動

◎感知器で1種・2種・3種は、感知器の感度による分類で、1⇒2⇒3種の順に感度が鈍くなる。

■2. 感知器の設置場所

◎自動火災報知設備の感知器は、総務省令で定めるところにより、天井又は壁の屋内に面する部分及び**天井裏の部分**（天井のない場合にあっては、屋根又は壁の屋内に面する部分）に、有効に火災の発生を感知することができるように設けること。ただし、主要構造部を耐火構造とした建築物にあっては、天井裏の部分に設けないことができる（令第21条2項3号）。

◎感知器は、次に掲げる**部分以外の場所**に設けること（規則第23条4項1号）。

①感知器（炎感知器を除く）の取付け面の高さが**20m以上**である場所。なお、取付け面は、感知器を取り付ける天井の室内に面する部分をいう。

②上屋その他外部の気流が流通する場所で、感知器によっては当該場所における火災の発生を有効に感知することができないもの。

※上屋 …柱に屋根をつけ、雨露を防ぐだけの簡単な建物。

③天井裏で天井と上階の床との間の距離が0.5m未満の場所。

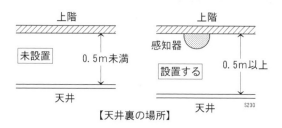

【天井裏の場所】

④煙感知器（熱煙複合式スポット型感知器を含む）にあっては、①～③に掲げる場所のほか、次に掲げる場所。

◇じんあい、微粉又は水蒸気が多量に滞留する場所
◇腐食性ガスが発生するおそれのある場所
◇厨房その他正常時において煙が滞留する場所
◇著しく高温となる場所
◇排気ガスが多量に滞留する場所
◇煙が多量に流入するおそれのある場所
◇結露が発生する場所

※じんあい（塵埃）は、ちりやほこりなどのごみ。

⑤炎感知器にあっては、③に掲げる場所のほか、次に掲げる場所。

◇水蒸気が多量に滞留する場所
◇腐食性ガスが発生するおそれのある場所
◇厨房その他正常時において煙が滞留する場所
◇著しく高温となる場所
◇煙が多量に流入するおそれのある場所
◇結露が発生する場所
◇火を使用する設備で火炎が露出するものが設けられている場所

■3．感知器の取付け面の高さ

◎取付け面の高さに応じ、次の表で定める種別の感知器を設けること（規則第23条
4項）。

感知器の種別				取付け面の高さ
熱感知器	差動式	スポット型	1種	…………… 8m未満
			2種	…………… 8m未満
		分布型	1種	……………………… 15m未満
			2種	……………………… 15m未満
	補償式	スポット型	1種	…………… 8m未満
			2種	…………… 8m未満
	定温式	スポット型	特種	…………… 8m未満
			1種	…………… 8m未満
煙感知器	光電式 イオン化式	スポット型	1種	………………………………… 20m未満
			2種	……………………… 15m未満
			3種	4m未満
熱複合式 熱煙複合式 煙複合式		スポット型		それぞれの有する感知器の取付け面の高さの低いものを基準とする。

注：差動式分布型3種及び定温式スポット型2種は、消火設備と連動する場合に限り、設置で
　きるものである。

◎取付け面の高さは法令で「4m未満」「4m以上8m未満」「8m以上15m未満」「15m
以上20m未満」と規定されている。例えば、表中「8m未満」とあるものは、高
さが「4m未満」及び「4m以上8m未満」の箇所で設置できる。

◎天井等の高さに応じ、次の表で定める種別の感知器を設けること（規則第23条4
項）。

感知器の種別			天井等の高さ
光電式	分離型	1種	………………………………… 20m未満
		2種	……………………… 15m未満
炎感知器	スポット型		……………………………………………… 20m以上

※炎感知器は、天井等の高さの基準がないため、高さの規制を受けることがない。

◎天井等の高さが20m以上である場合は、炎感知器のみ取り付けることができる。

◎炎感知器は、次の種類がある。

紫外線式スポット型	赤外線式スポット型	紫外線赤外線併用式スポット型

■4. 感知器の種別ごとに指定される設置場所

◎次に掲げる防火対象物の場所には、次の感知器を設けなければならない（規則第23条5項）。

防火対象物の設置場所	感知器
1. 階段及び傾斜路	煙感知器
2. 廊下及び通路（特定防火対象物、寄宿舎・共同住宅、公衆浴場、工場、事務所等に限る）	煙感知器 熱煙複合式スポット型感知器
3. エレベーターの昇降路、リネンシュート、パイプダクトその他これらに類するもの	煙感知器
4. 感知器を設置する天井等の高さが15m以上20m未満の場所	煙感知器 炎感知器
5. 感知器を設置する天井等の高さが20m以上の場所	炎感知器
6. 地階、無窓階及び11階以上の部分（特定防火対象物、事務所等に限る）	煙感知器 熱煙複合式スポット型感知器 炎感知器

▶▶ 過去問題 ◀◀

【1】感知器の設置について、消防法令上、誤っているものは次のうちどれか。

☐　1. 感知器は、天井又は壁の屋内に面する部分及び天井裏の部分に設けること。

　　2. 感知器は、有効に火災の発生を感知することができるように設けること。

　　3. 感知器は、主要構造部を準耐火構造とした建築物の場合、天井裏の部分に設けないことができる。

　　4. 感知器は、天井のない場合、屋根又は壁の屋内に面する部分に設けること。

【2】感知器の設置について、消防法令上、誤っているものは次のうちどれか。

☐　1. 感知器は、天井裏で天井と上階の床との間の距離が 0.5 m 未満の場所に設けないことができる。

　　2. 定温式1種の感知器は、取付け面の高さが 4 m 以上の場所に設けてはならない。

　　3. 煙感知器は、著しく高温となる場所に設けてはならない。

　　4. 炎感知器は、水蒸気が多量に滞留する場所に設けてはならない。

【3】消防法令上、熱煙複合式スポット型感知器を設置してはならない場所は、次のうちどれか。

□ 1．感知器の取付け面の高さが 7 m の場所

2．振動の激しい場所

3．天井裏で天井と上階の床との間の距離が 0.6m の場所

4．水蒸気が多量に滞留する場所

【4】消防法令上、炎感知器を設置できない場所は、次のうちどれか。ただし、いずれも点検その他の維持管理はできる場所である。

□ 1．感知器の取付け面の高さが 20m の場所

2．水蒸気が多量に滞留する場所

3．じんあい又は微粉が多量に滞留する場所

4．排気ガスが多量に滞留する場所

【5】感知器の種別と、これを設置する場所の適否に関する次の記述のうち、文中の（　）に当てはまる語句の組合せとして、消防法令上、正しいものはどれか。

「感知器の取付け面の高さが20m以上ある場所には、（ア）感知器の設置は適しているが、（イ）感知器及び（ウ）感知器の設置は適していない。」

	（ア）	（イ）	（ウ）
□ 1．	赤外線式スポット型	光電式分離型	紫外線式スポット型
2．	熱煙複合式スポット型	熱複合式スポット型	差動式スポット型
3．	多信号型	イオン化式スポット型	紫外線式スポット型
4．	赤外線式スポット型	熱複合式スポット型	光電式スポット型

【6】感知器の取付け面の高さと種別に関する次の表の組み合わせについて、誤っているものは次のうちどれか。

	取付け面の高さ	感知器の種別
□ 1．	4 m 未満	差動式スポット型感知器
2．	4 m以上 8 m未満	補償式スポット型感知器
3．	8 m以上15m未満	光電式スポット型感知器（2種）
4．	15m以上20m未満	差動式分布型感知器

【7】 天井の高さが 10m の航空機の格納庫に自動火災報知設備を設置する場合、消防法令上、適応しない感知器は、次のうちどれか。

☐ 1. 差動式分布型感知器（1種）

2. 補償式スポット型感知器（1種）

3. 光電式分離型感知器（1種）

4. 炎感知器

【8】 消防法令上、取付け面の高さが 16m の天井面に設置することのできる感知器は、次のうちどれか。

☐ 1. 差動式分布型感知器（1種）

2. イオン化式スポット型感知器（2種）

3. 光電式分離型感知器（2種）

4. 炎感知器

【9】 煙感知器の設置について、消防法令上、誤っているものは次のうちどれか。

☐ 1. エレベーターの昇降路が設けられている部分については、防火対象物の用途に関係なく煙感知器を設けなければならない。

2. パイプダクト、リネンシュートが設けられている部分については、防火対象物の用途に関係なく煙感知器を設けなければならない。

3. 工場及び地下駐車場の階段及び傾斜路には、煙感知器を設けなくてもよい。

4. 学校及び図書館の廊下及び通路部分には、煙感知器を設けなくてもよい。

【10】 防火対象物に自動火災報知設備を設置する場合、消防法令上、煙感知器又は熱煙複合式スポット型感知器を設置しなくてもよい場所は、次のうちどれか。

☐ 1. 幼稚園の廊下

2. 小学校の廊下

3. 中学校の階段

4. 高等学校の階段

【11】 消防法令上、自動火災報知設備を設ける場合の感知器を煙感知器、熱煙複合式スポット型感知器又は炎感知器としないことができる場所を、次のうちから3つ答えなさい。［編］

☐ 1. 百貨店の地下1階の食品売場　　2. 銀行の11階の事務室

3. 銀行の1階のロビー　　　　　　4. 小学校の2階の廊下

5. 飲食店の3階で無窓階の客室　　6. 美術館の3階の展示場

【12】消防法令上、博物館で無窓階の展示室部分に設置できない感知器は、次のうちどれか。ただし、展示室部分の感知器の取付け面の高さは4m未満とする。

☐ 1．差動式スポット型感知器（1種）

　　2．補償式スポット型感知器（1種）

　　3．定温式スポット型感知器（2種）

　　4．光電式スポット型感知器（3種）

【13】消防法令上、取付け面までの高さが5mである天井面に設置することができない感知器は、次のうちどれか。

☐ 1．差動式分布型感知器（空気管式）

　　2．差動式スポット型感知器（2種）

　　3．補償式スポット型感知器（2種）

　　4．定温式スポット型感知器（2種）

▶▶正解＆解説……………………………………………………………………………………………

【1】正解3

　3．感知器は、主要構造部を［耐火構造］とした建築物の場合、天井裏の部分に設けないことができる。

【2】正解2

　2．定温式（スポット型）1種の感知器は、取付け面の高さが4m以上8m未満の場所に設けることができる。ほとんどの感知器は、4m以上の場所であっても取り付け可能である。

【3】正解4

　1．熱煙複合式スポット型感知器は、取付け面の高さについて、各感知器の取付面の高さの低い方が基準となる。設問では特に指定されていないため、設置してはならない場所であるかどうか判断できない。

　2．熱煙複合式スポット型感知器（煙感知器を含む）及び炎感知器について、「振動の激しい場所」に設けてはならない旨の規定はない。

　4．煙感知器（熱煙複合式スポット型感知器を含む）と炎感知器については、設置できない場所が細かく規定されている。煙感知器は「じんあい、微粉又は水蒸気が多量に滞留する場所」としているのに対し、炎感知器は「水蒸気が多量に滞留する場所」としている。煙感知器の方がより厳しい規定となっている。

【4】 正解2

1．炎感知器のみ、20m以上の場所であっても設置可能である。

2．「水蒸気が多量に滞留する場所」は、炎感知器のほか、煙感知器（熱煙複合式スポット型感知器を含む）も設置できない場所である。

3＆4．いずれの場所も、煙感知器（熱煙複合式スポット型感知器を含む）を設置できない場所である。炎感知器の設置が禁止されている場所ではない。

【5】 正解4

この問題は、消去法で考える。

ア．炎感知器は、取付け面の高さ（天井等の高さ）が20m以上の場所であっても適応する。炎感知器には、①紫外線式、②赤外線式、③紫外線赤外線併用式がある。従って2、3が除外できる。

イ＆ウ．炎感知器以外のものを選ぶ。紫外線式スポット型は炎感知器であるため、1が除外できる。

【6】 正解4

1．差動式スポット型感知器は、［4ｍ未満］、［4ｍ以上8ｍ未満］に区分されている。

2．補償式スポット型感知器は、［4ｍ未満］、［4ｍ以上8ｍ未満］に区分されている。

3．光電式スポット型感知器（2種）は、［4ｍ未満］、［4ｍ以上8ｍ未満］、［8ｍ以上15ｍ未満］に区分されている。

4．差動式分布型感知器は、［4ｍ未満］、［4ｍ以上8ｍ未満］、［8ｍ以上15ｍ未満］に区分されている。

【7】 正解2

1．差動式分布型は、1種及び2種ともに取付け面の高さが15m未満となっている。

2．補償式スポット型（1種・2種）は、取付け面の高さが8ｍ未満に設定されている。従って、天井等の高さが10mの格納庫には適応しない。

3．光電式分離型の天井等の高さは、1種が20m未満、2種が15m未満となっている。

4．炎感知器は、天井等の高さについて制限がない。

【8】 正解4

1．差動式分布型は、1種及び2種ともに取付け面の高さが15m未満となっている。

2＆3．煙感知器（イオン化式スポット型・光電式スポット型・光電式分離型）は、取付け面の高さが2種で15m未満、1種で20m未満となっている。従って、2種のものは高さが16mの天井に設置できない。

4．炎感知器は、天井等の高さについて制限がない。

【9】 正解3

3．階段及び傾斜路には、その用途にかかわらず煙感知器を設けなければならない。

4．廊下及び通路には、煙感知器または熱煙複合式スポット型感知器を設けなければならない。ただし、学校・図書館・倉庫などで有窓階の場合は、煙感知器などの設置が除外されている。

【10】正解2

1＆2．廊下及び通路には、原則として煙感知器又は熱煙複合式スポット型感知器を設
置しなければならない。ただし、学校・図書館・倉庫などで有窓階の場合は、煙感知
器などの設置が除外されている。小学校は学校に含むが、幼稚園は（6）項の病院等
に含まれる。従って、幼稚園の廊下には煙感知器等を設けなければならない。下巻の
第8章「3．設備図の例題　■感知器の適応場所」202P参照。

3＆4．階段は、その用途にかかわらず煙感知器等を設けなければならない。

【11】正解3＆4＆6

1．地階の一般的な室には、煙感知器、熱煙複合式スポット型感知器又は炎感知器（煙
感知器等）を設けなければならない。

2．11階以上の事務所ビルの一般的な室には、煙感知器等を設けなければならない。

3＆6．1階及び3階の一般的な室の場合、煙感知器等の設置義務はない。

4．廊下及び通路には、原則として煙感知器又は熱煙複合式スポット型感知器を設置し
なければならない。ただし、学校・図書館・倉庫などで有窓階の場合は、煙感知器
などの設置が除外されている。下巻の第8章「3．設備図の例題　■感知器の適応場
所」202P参照。

5．無窓階の一般的な室には、煙感知器等を設けなければならない。飲食店は、特定防
火対象物に該当する。

【12】正解3

差動式スポット型感知器は、一般的な室で無窓階の場合、設置できない。ただし、
令別表第1の（8）項に該当する図書館、博物館、美術館は、無窓階であっても設置
できる。下巻　第8章　3．設備図の例題「感知器の適応場所」表中［一般的な室］
202P参照。

光電式スポット型感知器は、一般的な室であっても設置できる。ただし、高価なこ
とから、差動式スポット型感知器が使われることが多い。

1．差動式スポット型感知器（1種＆2種）…8m未満

2．補償式スポット型感知器（1種＆2種）…8m未満

3．定温式スポット型感知器…一般に設置されているのは特種と1種でいずれも取付面
の高さは8m未満。2種は特別な感知器で、消火設備と連動する場合に限り設置できる。
従って、設問の部分には設置できない。

4．光電式スポット型感知器（3種）…4m未満

【13】正解4

4．定温式スポット型感知器について、特種と1種はいずれも取付け面の高さが8m未満。
2種は特別な感知器で、消火設備と連動する場合に限り設置できる。

7. 自動火災報知設備の受信機

※受信機の詳細は、第4章「1. 受信機」（246P）を参照。

■1. 受信機の数

◎次に掲げる受信機は、一の防火対象物につき、3台以上設けないこと（規則第24条2号ヘ）。従って、1台または2台しか設けることができない。

| ①P型1級受信機（1回線） | ②P型2級受信機 | ③P型3級受信機 |
| ④GP型1級受信機（1回線） | ⑤GP型2級受信機 | ⑥GP型3級受信機 |

◎一の防火対象物につき、3台以上設けることができる受信機は、P型1級受信機（多回線）となる。

◎一の防火対象物に2以上の受信機が設けられているときは、これらの受信機のある場所相互間で同時に通話することができる設備を設けること（同2号ト）。

■2. 受信機と延べ面積

◎P型2級受信機及びGP型2級受信機で接続することができる回線の数が一のものは、防火対象物で延べ面積が350m^{2}を超えるものに設けないこと（規則第24条2号チ）。

◎P型3級受信機及びGP型3級受信機は、防火対象物で延べ面積が150m^{2}を超えるものに設けないこと（同2号リ）。

▶▶過去問題◀◀

【1】自動火災報知設備のP型1級1回線用受信機は、消防法令上、一の防火対象物につき何台まで設けることができるか。

□　1．2台
　　2．3台
　　3．4台
　　4．5台

【2】自動火災報知設備を防火対象物全体に設置する場合、P型2級受信機で接続することができる回線の数が一のものを設けることができる防火対象物の延べ面積の最大値として、消防法令上、正しいものはどれか。

□　1．300m^2
　　2．350m^2
　　3．400m^2
　　4．450m^2

【3】自動火災報知設備を防火対象物全体に設置する場合、Ｐ型３級受信機を設けることができる防火対象物の延べ面積の最大値として、消防法令上、正しいものはどれか。

- ☐ 1．100m²
  - 2．150m²
  - 3．200m²
  - 4．250m²

▶▶正解＆解説…………………………………………………………………………………………

【1】正解1

【2】正解2

【3】正解2

8. 地区音響装置

◎地区音響装置は、取り付けられた音響装置の中心から1m離れた位置で90dB以上であること（規則第24条5号イ）。

地区音響装置

〔解説〕P型2級受信機で接続することができる回線の数が一のもの等及び音声により警報を発するものは、この規定の適用を除く。

◎地区音響装置を、ダンスホール、カラオケボックスその他これらに類するもので、室内又は室外の音響が聞き取りにくい場所に設ける場合にあっては、当該場所において他の警報音又は騒音と明らかに区別して聞き取ることができるように措置されていること。

▶一斉鳴動

◎地区音響装置は、階段又は傾斜路に設ける場合を除き、感知器の作動と連動して作動するもので、当該設備を設置した防火対象物又はその部分の全区域に有効に報知できるように設けること（同5号ロ）。

◎この方式を地区音響装置による一斉鳴動という。

▶区分鳴動

◎地区音響装置は、地階を除く階数が5以上で延べ面積が3,000m²を超える防火対象物又はその部分にあっては、次に従うこと。この場合において、一定の時間が経過した場合又は新たな火災信号を受信した場合には、当該設備を設置した防火対象物又はその部分の全区域に自動的に警報を発するように措置されていること（同5号ハ）。

◎この方式を地区音響装置による区分鳴動という。

〔区分鳴動の基準〕

①出火階が2階以上の場合にあっては、出火階及び直上階に限って警報を発することができるものであること。

②出火階が1階の場合にあっては、出火階、その直上階及び地階に限って警報を発することができるものであること。

③出火階が地階の場合にあっては、出火階、その直上階及びその他の地階に限って警報を発することができるものであること。

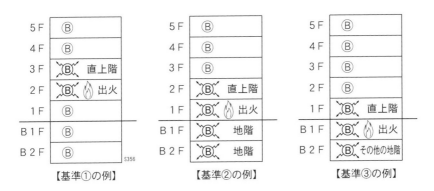

	【基準①の例】		【基準②の例】		【基準③の例】

◎「5号ロ」の規定により、地区音響装置は全区域（全館）一斉鳴動しなくてはならない。ただし、「5号ハ」の規定により、一定規模以上の防火対象物は、出火階により特定の階に限って警報を発し、その一定時間の経過後に一斉鳴動に移行しなければならない。

◎「5号ハ」の規定は、特定階の鳴動⇒全館の一斉鳴動とすることで、避難をスムーズに進めるための処置である。

〔解説〕鳴動：大きな音をたてて鳴り動くこと。特に、地震の時に生じる地面の震動と音響をいう。

▶ ▶ 過去問題 ◀ ◀

【1】P型1級受信機に接続する地区音響装置の音圧について、消防法令上、正しいものは次のうちどれか。ただし、音声により警報を発するものは除くものとする。

- □ 1．音圧は、取り付けられた音響装置の中心から3m離れた位置で、80dB以上であること。
  2．音圧は、取り付けられた音響装置の中心から1m離れた位置で、80dB以上であること。
  3．音圧は、取り付けられた音響装置の中心から3m離れた位置で、90dB以上であること。
  4．音圧は、取り付けられた音響装置の中心から1m離れた位置で、90dB以上であること。

【2】 下図の防火対象物において、自動火災報知設備の地区音響装置を一部の階に限って警報を発するものとする場合、出火階と警報を発する階の組合せとして、消防法令上、誤っているものは次のうちどれか。ただし、この防火対象物の延べ面積は 4,000m² とし、◎印は出火階を、○印は警報を発する階を示す。

階	1.	2.	3.	4.
5F				◎○
4F	○			
3F	◎○			
2F	○	○		
1F		◎○	○	
B1F		○	◎○	

S179

【3】 自動火災報知設備の地区音響装置を区分鳴動させる場合に、出火階と警報を発することができる階の組合せとして、消防法令上、正しいものは次のうちどれか。ただし、この防火対象物の延べ面積は 4,000m² とし、◎印は出火階を示し、○印は警報を発することができる階を示す。

階	1.	2.	3.	4.
5F				○◎
4F	○			○
3F	○◎			
2F	○	○	○	
1F		○◎	○	
B1F		○	○◎	

S181

【4】 下図の自動火災報知設備の地区音響装置を一部の階に限って警報を発するものとする場合、出火階と警報を発する階の組合せとして、消防法令上、誤っているものは次のうちどれか。ただし、この防火対象物の延べ面積は 5,000m² とし、◎印は出火階を、○印は警報を発する階を示す。

階	1.	2.	3.	4.
5F				
4F				
3F	○			
2F	◎○	○		
1F		◎○	○	
B1F		○	◎○	○
B2F			○	◎○

S181

【5】 自動火災報知設備の地区音響装置は、一定の規模以上の防火対象物にあって
は一斉鳴動のほか、出火階により特定の階に限って警報を発することができる
ものでなければならないが、後者の場合の出火階と警報を発する階の組合せと
して、消防法令上、正しいものは次のうちどれか。ただし、この防火対象物は
地上5階、地下2階で、延べ面積が 5,000m² である。[★]

	出火階	警報を発する階
1.	3階	3階、4階、5階
2.	2階	1階、2階、3階
3.	1階	地下2階、地下1階、1階、2階
4.	地下1階	地下1階、1階

【6】 自動火災報知設備の地区音響装置を区分鳴動させる場合の説明として、消防
法令上、誤っているものは次のうちどれか。ただし、この防火対象物は、地上
5階地下3階建てで、延べ面積が 5,000m² である。

1. 出火階が地階の場合にあっては、出火階、その直上階及びその他の地階に
限って警報を発することができるものであること。

2. 出火階が1階の場合にあっては、出火階、その直上階及び地階に限って警
報を発することができるものであること。

3. 出火階が2階の場合にあっては、出火階及び直上階に限って警報を発する
ことができるものであること。

4. 出火階が5階の場合にあっては、出火階及び直下階に限って警報を発する
ことができるものであること。

【1】正解4

音圧は、音響装置の中心から１ｍ離れた位置で 90dB 以上であること。

【2】正解1

1．基準①。２階は警報を発しないこと。

2．基準②。　3．基準③。　　4．基準①。

【3】正解2

1．基準①。２階は警報を発しないこと。

2．基準②。

3．基準③。２階は警報を発しないこと。

4．基準①。４階は警報を発しないこと。

【4】正解2

1．基準①。

2．基準②。地下２階も警報を発すること。

3．基準③。

4．基準③。

【5】正解3

1．基準①。５階は警報を発しないこと。

2．基準①。１階は警報を発しないこと。

3．基準②。

4．基準③。地下２階も警報を発すること。

【6】正解4

4．出火階が５階の場合にあっては、出火階に限って警報を発することができるものであること。

◎ガス漏れ火災警報設備は、次に掲げる防火対象物又はその部分に設置するものとする（令第21条の2　1項）。

〔設置基準〕

①地下街で、延べ面積が 1,000m² 以上のもの

②準地下街のうち延べ面積が 1,000m² 以上で、かつ、特定用途に供される部分の床面積の合計が 500m² 以上のもの

③防火対象物で、その内部に温泉の採取のための設備が設置されているもの

④特定防火対象物の地階で、床面積の合計が 1,000m² 以上のもの

⑤複合用途防火対象物（特定用途を含むもの）の地階のうち、床面積の合計が 1,000m² 以上で、かつ、特定用途に供される部分の床面積の合計が 500m² 以上のもの

① | 地下街 | ＋ | 1,000m²以上 | S360

② | 準地下街 | ＋ | 1,000m²以上 | ＋ | 特定用途500m²以上

④ | 特定の地階 | ＋ | 1,000m²以上

⑤ | 複合の地階 | ＋ | 1,000m²以上 | ＋ | 特定用途500m²以上

▶▶過去問題◀◀

【1】消防法令上、延べ面積又は床面積にかかわらず、ガス漏れ火災警報設備を設置しなくてもよい防火対象物又はその部分として、正しいものは次のうちどれか。ただし、燃料用ガス（液化石油ガス販売事業によりその販売がされる液化石油ガスを除く。）が使用されているものとし、総務省令で定める温泉の採取のための設備はないものとする。[編]

☐　1．映画館の地階

　　2．準地下街

　　3．飲食店とホテルからなる複合用途防火対象物の地階

　　4．地下街に設けられた飲食店

　　5．複合用途防火対象物の地階に設けられた映画館

　　6．病院の地階

　　7．工場の地階

【2】 ガス漏れ火災警報設備の設置を要しない防火対象物又はその部分として、消防法令上、正しいものを次のうちから2つ選びなさい。ただし、燃料用ガス（液化石油ガス販売事業によりその販売がされる液化石油ガスを除く。）が使用されているものとし、総務省令で定める温泉の採取のための設備はないものとする。

☐　1．地下街で、延べ面積が1,000m²のもの

　　2．複合用途防火対象物の地階のうち、床面積の合計が1,000m²で、かつ、飲食店の用途に供される部分の床面積の合計が600m²のもの

　　3．複合用途防火対象物の地階のうち、床面積の合計が1,300m²で、かつ、美術館の用途に供される部分の床面積の合計が1,000m²のもの

　　4．映画館の地階で、床面積の合計が1,200m²のもの

　　5．ホテルの地階で、床面積の合計が1,000m²のもの

　　6．準地下街のうち、延べ面積が1,200m²で、かつ、飲食店の用途に供される部分の床面積の合計が500m²のもの

　　7．準地下街のうち、延べ面積が900m²で、かつ、飲食店の用途に供される部分の床面積の合計が800m²のもの

【3】 消防法令上、ガス漏れ火災警報設備を設置しなければならない防火対象物、又はその部分として、正しいものを次のうちから2つ選びなさい。ただし、燃料用ガス（液化石油ガス販売事業によりその販売がされる液化石油ガスを除く。）が使用されているものとし、総務省令で定める温泉の採取のための設備はないものとする。［編］

☐　1．工場の地階で、床面積の合計が 2,000m² のもの

　　2．博物館の地階で、床面積の合計が 1,500m² のもの

　　3．映画館の地階で、床面積の合計が1,000m² のもの

　　4．百貨店の地階で、床面積の合計が 800m² のもの

　　5．地下街で、延べ面積の合計が 1,000m² のもの

　　6．地下街で、延べ面積が800m² のもの

　　7．準地下街のうち、延べ面積が 900m² で、かつ、飲食店の用途に供される部分の床面積の合計が 500m² のもの

　　8．複合用途防火対象物の地階のうち、床面積の合計が1,300m²で、かつ、美術館の用途に供される部分の床面積の合計が600m²のもの

【4】 消防法令上、ガス漏れ火災警報設備を設置しなければならない防火対象物又
はその部分は、次のうちどれか。ただし、総務省令で定める温泉の採取のため
の設備はないものとする。[★]

☐　1．複合用途防火対象物で、地階の床面積の合計が 300m² のもの

　　2．準地下街で、延べ面積が 400m² のもの

　　3．地下街で、延べ面積が 750m² のもの

　　4．飲食店の地階で、床面積の合計が 1,000m² のもの

【5】 消防法令上、ガス漏れ火災警報設備を設置しなくともよい防火対象物又はそ
の部分は、次のうちどれか。ただし、総務省令で定める温泉の採取のための設
備はないものとする。

☐　1．地下街で、延べ面積が 1,000m² のもの

　　2．ホテルの地階で、床面積の合計が 1,000m² のもの

　　3．複合用途防火対象物の地階（駐車場）で、床面積の合計が 1,000m² のもの

　　4．複合用途防火対象物の地階のうち、床面積の合計が 1,000m² で、かつ、映
　　　画館の用途に供される部分の床面積の合計が 500m² のもの

▶▶正解＆解説‥‥‥‥‥‥‥‥‥‥‥‥‥‥‥‥‥‥‥‥‥‥‥‥‥‥‥▶▶▶‥‥‥‥‥‥‥‥

※［　］内は令別表第1の項目を表す。

【1】正解7

　　1＆6．特定防火対象物（映画館［（1）イ］・病院［（6）イ］）の地階は、床面積が
　　　1,000m²以上で設置対象となる。

　　2．準地下街は、延べ面積が1,000m²以上、かつ特定用途の床面積が500m²以上で設置
　　　対象となる。

　　3＆5．特定用途を含む複合用途防火対象物の地階は、床面積が1,000m²以上、かつ特
　　　定用途の床面積が500m²以上で設置対象となる。

　　4．地下街は、延べ面積が1,000m²以上で設置対象となる。

　　7．工場［（12）イ］は特定防火対象物に該当しない。従って、基準④にも該当しない。

【2】正解3＆7

　　1．基準①に該当する。

　　2．基準⑤に該当する。

　　3．美術館［（8）］は特定防火対象物に該当しない。従って、基準⑤にも該当しない。

　　4＆5．基準④に該当する。

　　6．基準②に該当する。

　　7．準地下街は、延べ面積が1,000m²以上、かつ特定用途の床面積が500m²以上で設置
　　　対象となる。

【3】正解3＆5

1．工場〔(12) イ〕は特定防火対象物に該当しない。従って、基準④にも該当しない。

2．博物館〔(8)〕は特定防火対象物に該当しない。従って、基準④にも該当しない。

3．映画館〔(1) イ〕は、特定防火対象物に該当する。基準④に該当する。

4．百貨店〔(4)〕は特定防火対象物に該当する。しかし、基準④の床面積の合計
　1,000m²以上に該当しない。

5．基準①に該当する。

6．基準①に該当しない。

7．基準②に該当しない。

8．美術館〔(8)〕は特定防火対象物に該当しない。従って、基準⑤にも該当しない。

【4】正解4

4．飲食店〔(3) ロ〕は特定防火対象物に該当する。基準④に該当する。

【5】正解3

1．基準①に該当する。

2．基準④に該当する。

3．駐車場〔(13) イ〕は特定防火対象物に該当しない。従って、基準⑤にも該当しない。

4．映画館〔(1) イ〕は、特定防火対象物に該当する。基準⑤に該当する。

▶地下街と準地下街の違い

　地下街とは、公共の用に供される地下歩道（地下駅の改札口外の通路、コンコース等を含む）と当該地下歩道に面して設けられる店舗、事務所その他これらに類する施設とが一体となった地下施設（併設されている地下駐車場を含む）であって、公共の用に供されている道路又は駅前広場の区域に係るものとする。

　一方、準地下街とは、公共用地内の公共地下歩道に面して、民有地内に店舗等を設けてある形態をいう。

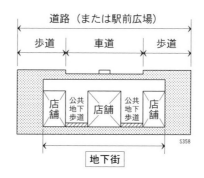

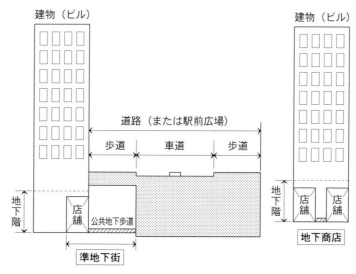

129

10. ガス漏れ火災警報設備の警戒区域

◎ガス漏れ火災警報設備の警戒区域に関する技術上の基準は、次のとおりとする。なお、警戒区域とは、ガス漏れの発生した区域を他の区域と区別して識別することができる最小単位の区域をいう。（令第21条の2　2項他）。

原則規定	例外規定
1．警戒区域は、防火対象物の2以上の階にわたらないものとすること。（※）	一の警戒区域の面積が500m^{2}以下であり、かつ、当該警戒区域が防火対象物の2の階にわたる場合は、一の警戒区域とする。
2．一の警戒区域の面積は、600m^{2}以下とすること。（※）	警戒区域内の警報装置（ガス漏れ表示灯）を通路の中央から容易に見通すことができる場合は、一の警戒区域の面積を1,000m^{2}以下とする。
3．貫通部に設ける検知器に係る警戒区域は、他の検知器に係る警戒区域と区別すること（規則第24条の2の3　3号）。	

（※）ただし、総務省令で定める場合はこの限りではない。

◎警戒区域の設定は、次によること（条例の例）。

◎1辺の長さは、50m以下を目安とすること。

◎原則として、通路又は地下道に面する室、店舗等を一の警戒区域に含まれるよう設定すること。

◎ガス燃焼機器（燃焼器）等の設置されていない室、店舗等（通路又は地下道を含む）の面積も警戒区域に含めること。

◎区画されていない大規模な室の場合は、1辺の最大長を50m以下とし、かつ、一の警戒区域の面積を1,000m^{2}以下とすることができる。

〔床面積が600m^{2}以下の例〕

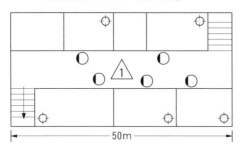

凡例

⊕ ：燃焼器

◑ ：ガス漏れ表示灯

△1 ：警戒区域番号

――― ：警戒区域線

S494

50m

〔床面積が1,200m²の例〕（1,000m²と200m²に分割）

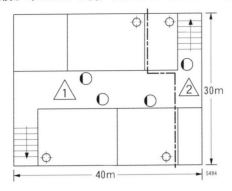

30m

40m

S494

〔区画されていない室の例〕

（1,000m²と600m²に分割） （1,000m²と200m²に分割）

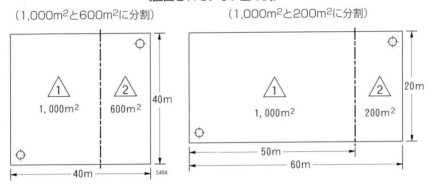

1
1,000m²

2
600m²

40m

40m

S494

1
1,000m²

2
200m²

20m

50m

60m

〔通路又は地下道の中央に店舗等がある例〕

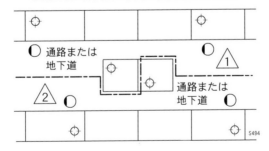

通路または
地下道

1

通路または
地下道

2

S494

131

【1】 ガス漏れ火災警報設備における警戒区域について、消防法令上、誤っている
ものを次のうちから2つ選びなさい。[編]

☐ 1．警戒区域は、総務省令で定める場合を除き、防火対象物の2以上の階にわ
たらないものとすること。

2．一の警戒区域の1辺の長さは、100m以下とすること。

3．一の警戒区域の面積が、500m²以下である場合は、その警戒区域は2の階
にわたることができる。

4．一の警戒区域の面積は、700m²以下とすること。ただし、総務省令で定め
る場合は、この限りでない。

5．一の警戒区域の面積は、ガス漏れ表示灯を通路の中央から容易に見通すこ
とができる場合には1,000m²以下とすることができる。

【2】 ガス漏れ火災警報設備の一の警戒区域の面積の最大値として、消防法令上、
正しいものは次のうちどれか。ただし、総務省令で定める場合に該当しないもの
とする。[★]

☐ 1．600m²

2．500m²

3．400m²

4．3,000m²

▶▶正解&解説‥‥‥‥‥‥‥‥‥‥‥‥‥‥‥‥‥‥‥‥‥‥‥‥‥‥‥‥‥‥‥‥‥‥‥‥

【1】 正解2&4

2．1辺の長さは、施行令や規則では定められていない。ただし、条例で「50m以下を
目安」とされる場合がある。

4．「700m²以下」⇒「600m²以下」。

【2】 正解1

◎消防機関へ通報する火災報知設備は、M型火災報知設備と火災通報装置の2種類がある。ただし、現在設置されているのは火災通報装置である。

◎**火災通報装置**は、火災が発生した場合において、**手動起動装置を操作すること**により、又は自動火災報知設備の**受信機**からの火災信号を受けることにより、電話回線を使用して消防機関を呼び出し、**蓄積音声情報により通報**するとともに、通話を行うことができる装置である。また、発信の際、電話回線が使用中であった場合は、**強制的に発信可能な状態**とする。

◎火災通報装置は、一般に**本体**と**専用電話機**がセットになっている。専用電話機で消防機関と通話する。

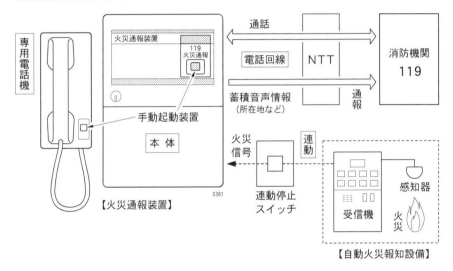

■1. 火災通報装置の用語

◎火災通報装置の基準は、次に定めるものとする（火災通報装置の基準）。

◎次に掲げる用語の意義は、それぞれに定めるものとする。

〔用語の意義〕

①火災通報装置…火災が発生した場合において、手動起動装置を操作すること又は自動火災報知設備の感知器の作動と連動することにより、電話回線を使用して消防機関を呼び出し、蓄積音声情報により通報するとともに、通話を行うことができる装置をいう。

②手動起動装置…火災通報専用である一の押しボタン、通話装置、遠隔起動装置等をいう。

③蓄積音声情報…あらかじめ音声で記憶させている火災通報に係る情報をいう。

④連動起動機能…火災通報装置が自動火災報知設備の感知器の作動と連動すること
により起動し、消防機関への通報を自動的に開始する機能をいう。
※連動起動機能付きの火災通報装置は、自動火災報知設備との間に火災通報装置連
動停止スイッチが設置される。

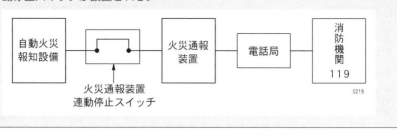

■2. 設置基準

◎消防機関へ通報する火災報知設備は、次に掲げる防火対象物に設置するものとす
る。ただし、消防機関から著しく離れた場所、及び消防機関からの歩行距離が
500m以下である場所にある防火対象物にあっては、消防機関へ通報する火災報
知設備を設置しなくてもよい（令第23条1項）。

〔火災報知設備の設置が必要な防火対象物〕

①病院、入院施設を有する診療所、入所施設を有する助産所、養護老人ホーム、地下街、
準地下街
②劇場・映画館・公会堂、キャバレー・遊技場、百貨店、旅館・ホテル、入院施設が
ない診療所、入所施設がない助産所、老人デイサービスセンター、幼稚園、工場、
映画スタジオ、重要文化財で、延べ面積が500m²以上のもの。
③飲食店、寄宿舎、学校、図書館、公衆浴場、神社・寺院、自動車車庫、倉庫、事務
所で、延べ面積が1,000m²以上のもの。

◎次に掲げる防火対象物に消防機関へ常時通報することができる**電話を設置した**と
きは、1項の規定にかかわらず、消防機関へ通報する火災報知設備を設置しない
ことができる（令第23条3項）。

〔電話の設置により火災報知設備を省略できる防火対象物〕

①地下街、準地下街
②劇場・映画館・公会堂、キャバレー・遊技場、百貨店、幼稚園、工場、映画スタジ
オ、重要文化財で、延べ面積が500m²以上のもの。
③飲食店、寄宿舎、学校、図書館、公衆浴場、神社・寺院、自動車車庫、倉庫、事務
所で、延べ面積が1,000m²以上のもの。

◎ただし、次に掲げる防火対象物は、消防機関へ常時通報することができる電話を設置した場合であっても、消防機関へ通報する**火災報知設備を設置しなくてはならない**。

〔電話を設置しても火災報知設備を省略できない防火対象物〕

①病院、入院施設を有する診療所、入所施設を有する助産所、養護老人ホーム
②旅館・ホテル、入院施設がない診療所、入所施設がない助産所、老人デイサービスセンター・老人福祉センターで、延べ面積が500m²以上のもの。

◎病院や旅館（延べ面積500m²以上）などでは、消防機関へ通報する火災報知設備の設置について、電話による代替えは認められていない。

◎「消防機関へ常時通報することができる電話」とは、119番通報ができる一般の固定電話を指す。ただし、携帯電話及びスマートフォンは電池切れが起きたり、常時携帯していることの確認ができないため、「消防機関へ常時通報することができる電話」の対象外とされている。

■3．連動起動機能付きの設置基準

◎次に掲げる防火対象物に設ける火災通報装置にあっては、自動火災報知設備の感知器の作動と連動して起動すること。ただし、自動火災報知設備の受信機及び火災通報装置が防災センター（常時人がいるものに限る）に設置されるものにあっては、この限りでない（規則第25条3項5号）。

①病院、入院施設を有する診療所、入所施設を有する助産所、養護老人ホーム
②複合用途防火対象物のうち、その一部に特定用途（特定防火対象物となる用途）があるもの
③地下街、準地下街

■4．設置及び維持の基準

◎火災通報装置の設置及び維持に関する技術上の基準の細目は、次のとおりとする（規則第25条3項）。

①火災通報装置は、消防庁長官が定める基準（火災通報装置の基準）に適合するものであること。
②火災通報装置の機能に支障を生ずるおそれのない電話回線を使用すること。
③火災通報装置は、前号の電話回線のうち、当該電話回線を**適切に使用**することができ、かつ、他の機器等が行う通信の影響により当該火災通報装置の**機能に支障を生**ずるおそれのない部分に接続すること。

④電源は、次に定めるところにより設けること。

　イ．電源は、蓄電池又は交流低圧屋内幹線から他の配線を分岐させずにとること。ただし、病院及び養護老人ホーム等で、延べ面積が500m²未満のものに設けられる火災通報装置の電源が、分電盤との間に開閉器が設けられていない配線からとられており、かつ、当該配線の接続部が、振動又は衝撃により容易に緩まないように措置されている場合は、この限りでない。

　ロ．電源の開閉器及び配線の接続部（当該配線と火災通報装置との接続部を除く）には、火災通報装置用のものである旨を表示すること。

▶▶過去問題◀◀

【1】消防法令上、消防機関へ常時通報することができる電話を設置した場合でも、消防機関へ通報する火災報知設備を設置しなければならない防火対象物の用途は、次のうちどれか。ただし、消防機関からの歩行距離は、いずれも500mを超えているものとする。

☐　1．劇場
　　2．百貨店
　　3．老人福祉センター
　　4．幼稚園

【2】消防機関へ通報する火災報知設備を設置しなければならない防火対象物として、消防法令上、正しいものは次のうちどれか。ただし、消防機関へ常時通報することができる電話を設置してあるものとする。

☐　1．延べ面積が2,500m²の地下街
　　2．延べ面積が2,000m²の公会堂
　　3．延べ面積が1,500m²の飲食店
　　4．延べ面積が1,000m²の病院

【3】消防機関へ常時通報することができる電話を設置した場合、消防機関へ通報する火災報知設備を設置しないことができる防火対象物として、消防法令上、正しいものは次のうちどれか。ただし、防火対象物の用途及び延べ面積以外の条件は、考慮しないものとする。

☐　1．地下街で、延べ面積が3,000m²
　　2．ホテルで、延べ面積が2,000m²
　　3．養護老人ホームで、延べ面積が3,000m²
　　4．病院で、延べ面積が2,000m²

【4】 火災通報装置に関する説明として、最も不適切なものは次のうちどれか。

☐　1．火災通報装置は、火災通報装置の機能に支障を生ずるおそれのない電話回
　　　線であれば、どの回線に接続してもよい。

　　2．電源の開閉器及び配線の接続部（当該配線と火災通報装置との接続部を除
　　　く）には、火災通報装置用のものである旨を表示しなければならない。

　　3．火災通報装置の電源は、蓄電池又は交流低圧屋内幹線から他の配線を分岐
　　　させずにとらなくてもよい場合がある。

　　4．火災通報装置は、自動火災報知設備の感知器の作動と連動して起動する場
　　　合がある。

▶▶正解＆解説………………………………………………………………………………………

【1】 正解3

　1＆2＆4．劇場、百貨店、幼稚園は、いずれも消防機関へ常時通報することができる
　電話を設置した場合、消防機関へ通報する火災報知設備を設置しないことができる防
　火対象物である。

　3．老人福祉センターは、消防機関へ常時通報することができる電話を設置した場合で
　も、消防機関へ通報する火災報知設備を設置しなければならない防火対象物である。

【2】 正解4

　1．地下街は、延べ面積にかかわらず、消防機関へ常時通報することができる電話を設
　　置した場合、消防機関へ通報する火災報知設備を設置しないことができる防火対象物
　　である。

　2．延べ面積が500m²以上の公会堂は、消防機関へ常時通報することができる電話を設
　　置した場合、消防機関へ通報する火災報知設備を設置しないことができる防火対象物
　　である。

　3．延べ面積が1,000m²以上の飲食店は、消防機関へ常時通報することができる電話を
　　設置した場合、消防機関へ通報する火災報知設備を設置しないことができる防火対象
　　物である。

　4．病院は、延べ面積にかかわらず、消防機関へ常時通報することができる電話を設置
　　しても、消防機関へ通報する火災報知設備を設置しなければならない防火対象物であ
　　る。

【3】正解1

1. 地下街は、延べ面積にかかわらず、消防機関へ常時通報することができる電話を設置した場合、消防機関へ通報する火災報知設備を設置しないことができる防火対象物である。

2〜4. 火災発生時、病院の入院患者や養護老人ホームの入所者は自力による避難が困難である。また、一定規模以上のホテルは、宿泊者が多く避難が困難となる。これらの理由から、消防機関へ通報する火災報知設備の設置について、電話による代替えは認められていない。

【4】正解1

1. 使用する電話回線については、規則第25条3項3号により、2つの基準を満たすよう定められている。「どの回線に接続してもよい」わけではない。

3. 一定の基準を満たせば、電源は「他の配線を分岐させずにとること」の基準が適用されなくてもよい場合がある。

第3章　電気に関する基礎的知識

第
3
章

1. オームの法則

◎「導体に流れる電流は、その両端に加えた電圧に比例する」、これをオームの法則といい、電気回路において最も基本となる法則である。

◎回路に流れる電流を I 〔A〕、加える電圧を V 〔V〕、回路の抵抗を R 〔Ω〕としたとき、オームの法則は次の式で表すことができる。

$$I = \frac{V}{R}$$

◎この式を変形して電圧 V について求めると、次のようになる。

$$V = RI$$

◎オームの法則は、電流、電圧、抵抗の関係を式で表すことができる。このため、これら3つの要素のうち、いずれか2つがわかると、未知の数値を求めることができる。

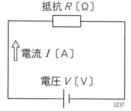

【例題1】10 Ωの抵抗に 50V の電圧を加えたとき、回路に流れる電流は何 A か。

$$I = \frac{V}{R} = \frac{50\mathrm{V}}{10\Omega} = 5\,\mathrm{A}$$

【例題2】150 Ωの抵抗に 0.5A の電流を流すには、何 V の電圧を加えればよいか。

$$V = RI = 150\,\Omega \times 0.5\mathrm{A} = 75\mathrm{V}$$

【例題3】ある抵抗に 12V の電圧を加えたら、0.3A の電流が流れた。この抵抗は何 Ωか。

$$R = \frac{V}{I} = \frac{12\mathrm{V}}{0.3\mathrm{A}} = 40\,\Omega$$

■1. 抵抗の直列接続

◎2個の抵抗 R_1・R_2 を直列に接続したときの合成抵抗 R は、次の式で表すことができる。

$$R = R_1 + R_2$$

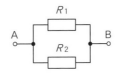

◎一般に、2個以上の抵抗を直列接続したときの合成抵抗は、各抵抗の和となる。

■2. 抵抗の並列接続

◎2個の抵抗 R_1・R_2 を並列に接続したとき、合成抵抗 R の逆数は、次の式で表すことができる。

$$\frac{1}{R} = \frac{1}{R_1} + \frac{1}{R_2}$$

◎一般に、2個以上の抵抗を並列接続したときの合成抵抗の逆数は、各抵抗の逆数の和となる。

■3. 分数の取り扱い

◎抵抗の並列接続では、合成抵抗を求める際、必ず分数を取り扱う。そこで、分数の取り扱うルールを簡単にまとめた（編集部）。

①分数の分母と分子に同じ数をかけても、分数の値は変わらない。

例1：$\dfrac{2}{3} = \dfrac{2 \times 2}{3 \times 2} = \dfrac{2 \times 3}{3 \times 3} = \dfrac{2 \times 4}{3 \times 4} = \dfrac{2 \times 5}{3 \times 5} = \dfrac{2 \times 6}{3 \times 6}$

例2：$\dfrac{4}{5} = \dfrac{4 \times 2}{5 \times 2} = \dfrac{4 \times 3}{5 \times 3} = \dfrac{4 \times 4}{5 \times 4} = \dfrac{4 \times 5}{5 \times 5} = \dfrac{4 \times 6}{5 \times 6}$

②通分は、2つ以上の分数で、分母が異なる場合、共通の分母の分数に直すことをいう。分数の足し算や引き算の際に、この通分が必要となる。

例1：$\dfrac{1}{3} + \dfrac{1}{5} = \dfrac{1 \times 5}{3 \times 5} + \dfrac{1 \times 3}{5 \times 3} = \dfrac{5}{15} + \dfrac{3}{15} = \dfrac{8}{15}$

例2：$\dfrac{5}{6} - \dfrac{4}{9} = \dfrac{5 \times 3}{6 \times 3} - \dfrac{4 \times 2}{9 \times 2} = \dfrac{15}{18} - \dfrac{8}{18} = \dfrac{7}{18}$

例3：$\dfrac{1}{6} + \dfrac{3}{8} = \dfrac{1 \times 4}{6 \times 4} + \dfrac{3 \times 3}{8 \times 3} = \dfrac{4}{24} + \dfrac{9}{24} = \dfrac{13}{24}$

③約分は、分数の分母と分子が共通の整数で割りきれるときに、分母と分子をその共通の整数で割って、分母と分子の小さい分数にすることをいう。約分をすると、分数を含む計算が簡単になる。

例1： $\dfrac{4}{6} = \dfrac{2 \times 2}{3 \times 2} = \dfrac{2}{3}$

例2： $\dfrac{27}{36} = \dfrac{9 \times 3}{12 \times 3} = \dfrac{9}{12} = \dfrac{3 \times 3}{4 \times 3} = \dfrac{3}{4}$

▶▶過去問題◀◀

【1】抵抗値が R_1（Ω）、R_2（Ω）、R_3（Ω）である3つの抵抗を並列に接続した場合の合成抵抗 R（Ω）を求める式として、正しいものは次のうちどれか。

□　1．$R = \dfrac{1}{R_1} + \dfrac{1}{R_2} + \dfrac{1}{R_3}$

　　2．$R = \dfrac{R_1}{R_2 R_3} + \dfrac{R_2}{R_3 R_1} + \dfrac{R_3}{R_1 R_2}$

　　3．$R = \dfrac{R_1 R_2 R_3}{R_1 R_2 + R_2 R_3 + R_1 R_3}$

　　4．$R = \dfrac{R_1 R_2 + R_2 R_3 + R_1 R_3}{R_1 + R_2 + R_3}$

【2】下図のAB間の合成抵抗として、正しいものは次のうちどれか。

□　1．4Ω
　　2．5Ω
　　3．6Ω
　　4．7Ω

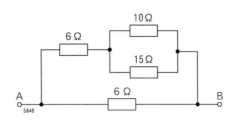

第3章

142

【3】 下図の電気回路における端子ＡＢ間の合成抵抗は、ＣＤ間の合成抵抗の何倍
か。

- □ 1．0.9倍
  2．1.8倍
  3．3.2倍
  4．5.0倍

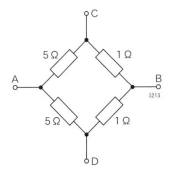

【4】 下図のＡＢ間の合成抵抗として、正しいものは次のうちどれか。

- □ 1．2Ω
  2．3Ω
  3．6Ω
  4．8Ω

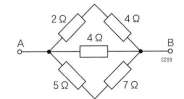

【5】 下図のＡＢ間の合成抵抗として、正しいものは次のうちどれか。［★］

- □ 1．1Ω
  2．2Ω
  3．3Ω
  4．4Ω

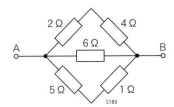

【6】 下図の回路で端子ａｂ間の合成抵抗として、正しいものは次のうちどれか。

- □ 1．3.6Ω
  2．4.5Ω
  3．4.8Ω
  4．8.0Ω

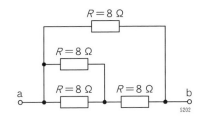

【7】 下図のＡＢ間の合成抵抗として、正しいものは次のうちどれか。

  ☐ 1．92.5Ω
       2．100Ω
       3．107Ω
       4．145Ω

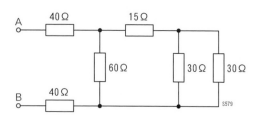

【8】 下図において、スイッチを閉じたときのＡＢ間の合成抵抗は、スイッチを閉じる前の何倍となるか。

  ☐ 1．$\dfrac{4}{5}$

       2．$\dfrac{5}{6}$

       3．$\dfrac{6}{7}$

       4．$\dfrac{8}{9}$

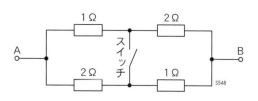

▶▶正解＆解説‥‥‥‥‥‥‥‥‥‥‥‥‥‥‥‥‥‥‥‥‥‥‥‥‥‥‥‥‥‥‥‥‥‥‥‥‥‥‥

【1】 正解３

　　次の等式が成り立つとき、それぞれの逆数も互いに等しい。

$$A = B \quad \Rightarrow \quad \frac{1}{A} = \frac{1}{B}$$

　　合成抵抗を R とすると、次の等式が成り立つ。

$$\frac{1}{R} = \frac{1}{R_1} + \frac{1}{R_2} + \frac{1}{R_3}$$

　　左辺と右辺のそれぞれの逆数も互いに等しいことから、次の等式が成り立つ。

$$R = \frac{1}{\dfrac{1}{R_1} + \dfrac{1}{R_2} + \dfrac{1}{R_3}}$$

　　分数の分母と分子の両方に $R_1 R_2 R_3$ をかけ、分数部分を約分する。

$$R = \frac{R_1 R_2 R_3}{R_2 R_3 + R_1 R_3 + R_1 R_2} = \frac{R_1 R_2 R_3}{R_1 R_2 + R_2 R_3 + R_1 R_3}$$

【2】 正解1

10 Ωと15 Ωの合成抵抗を求める。

$$\frac{1}{10} + \frac{1}{15} = \frac{3}{30} + \frac{2}{30} = \frac{5}{30} = \frac{1}{6} \quad \Rightarrow \quad 合成抵抗 = 6\,\Omega$$

上段は6Ωと6Ωの直列回路となり、合成抵抗は12Ωとなる。

回路全体の合成抵抗 R は、次のとおりとなる。

$$\frac{1}{R} = \frac{1}{12} + \frac{1}{6} = \frac{3}{12} = \frac{1}{4} \quad \Rightarrow \quad R = 4\,\Omega$$

【3】 正解2

ＡＢ間の回路図とＣＤ間の回路図を、次のようにわかりやすく変形する。

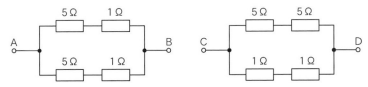

ＡＢ間の回路図において、上段の合成抵抗は 5 Ω＋1 Ω＝6 Ω となり、下段の合成抵抗も6 Ωとなる。上段と下段の合成抵抗 R は、次のとおりとなる。

$$\frac{1}{R} = \frac{1}{6} + \frac{1}{6} = \frac{2}{6} = \frac{1}{3} \quad \Rightarrow \quad R = 3\,\Omega$$

ＣＤ間の回路図において、上段の合成抵抗は 5 Ω＋5 Ω＝10 Ω となり、下段の合成抵抗は 1 Ω＋1 Ω＝2 Ωとなる。上段と下段の合成抵抗 R は、次のとおりとなる。

$$\frac{1}{R} = \frac{1}{10} + \frac{1}{2} = \frac{1}{10} + \frac{5}{10} = \frac{6}{10} = \frac{3}{5} \quad \Rightarrow \quad R = \frac{5}{3}\,\Omega$$

求める値を n 倍とすると、次のとおりとなる。

$$n\,倍 = 3\,\Omega \div \frac{5}{3}\,\Omega = \frac{3\,\Omega \times 3}{5\,\Omega} = \frac{9}{5} = 1.8$$

【4】 正解1

ＡＢ間の回路図を、次のようにわかりやすく変形する。

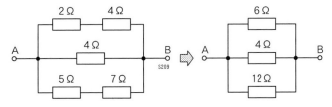

合成抵抗 R は、次のとおりとなる。

$$\frac{1}{R} = \frac{1}{6} + \frac{1}{4} + \frac{1}{12} = \frac{2}{12} + \frac{3}{12} + \frac{1}{12} = \frac{6}{12} = \frac{1}{2} \quad \Rightarrow \quad R = 2\,\Omega$$

【5】正解2

ＡＢ間の回路図を、次のようにわかりやすく変形する。

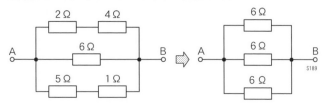

合成抵抗 R は、次のとおりとなる。

$$\frac{1}{R} = \frac{1}{6} + \frac{1}{6} + \frac{1}{6} = \frac{3}{6} = \frac{1}{2} \;\Rightarrow\; R = 2\,\Omega$$

【6】正解3

ａｂ間の回路図を、次のようにわかりやすく変形する。

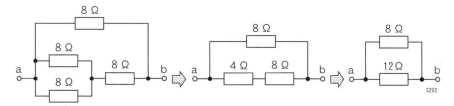

８Ωの抵抗２個を並列接続すると、その合成抵抗は４Ωとなる。

回路全体の合成抵抗 R は、次のとおりとなる。

$$\frac{1}{R} = \frac{1}{8} + \frac{1}{12} = \frac{3}{24} + \frac{2}{24} = \frac{5}{24} \;\Rightarrow\; R = \frac{24}{5} = 4.8\,\Omega$$

【7】正解2

ＡＢ間の回路図を、次のようにわかりやすく変形する。

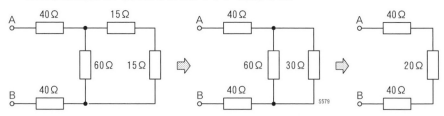

30Ωの抵抗２個を並列接続すると、その合成抵抗は 15Ωとなる。

15Ωの抵抗２個を直列接続すると、その合成抵抗は 30Ωとなる。

60Ωの抵抗と 30Ωの抵抗を並列接続すると、その合成抵抗 R は 20Ωとなる。

$$\frac{1}{R} = \frac{1}{60} + \frac{1}{30} = \frac{1}{60} + \frac{2}{60} = \frac{3}{60} = \frac{1}{20} \;\Rightarrow\; R = 20\,\Omega$$

ＡＢ間の合成抵抗は、40Ω＋20Ω＋40Ω＝100Ωとなる。

【8】正解4

スイッチが開いている状態では、（1Ω＋2Ω）と（2Ω＋1Ω）の並列回路となる。合成抵抗 R_1 は、次のとおり。

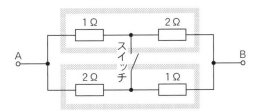

$$\frac{1}{R_1} = \frac{1}{(1+2)} + \frac{1}{(2+1)} = \frac{1}{3} + \frac{1}{3} = \frac{2}{3} \Rightarrow R_1 = \frac{3}{2}$$

スイッチが閉じている状態では、1Ωと2Ωの並列（左列）と、2Ω＋1Ωの並列（右列）が直列に接続した回路となる。合成抵抗 R_2 は、次のとおり。

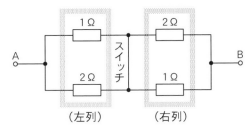

（左列）　　（右列）

$$\frac{1}{（左列の合成抵抗）} = \frac{1}{1} + \frac{1}{2} = \frac{2}{2} + \frac{1}{2} = \frac{3}{2} \Rightarrow 左列の合成抵抗 = \frac{2}{3}$$

$$\frac{1}{（右列の合成抵抗）} = \frac{1}{2} + \frac{1}{1} = \frac{1}{2} + \frac{2}{2} = \frac{3}{2} \Rightarrow 右列の合成抵抗 = \frac{2}{3}$$

$$R_2 = 左列の合成抵抗 + 右列の合成抵抗 = \frac{2+2}{3} = \frac{4}{3}$$

従って、$\frac{4}{3} \div \frac{3}{2} = \frac{4}{3} \times \frac{2}{3} = \frac{8}{9}$

3. 直流回路

■1. 抵抗の直列接続

◎抵抗の直列接続回路では、各抵抗に流れる電流の大きさは等しい。また、回路全体に加わる電圧は、それぞれ抵抗の大きさに比例して分圧される。

【例題】次の回路において、流れる電流を求めよ。また、各抵抗の両端の電圧はそれぞれいくらか。

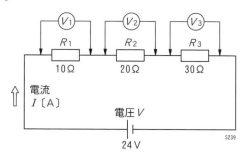

合成抵抗 R は、次のとおりとなる。

$R = 10\ \Omega + 20\ \Omega + 30\ \Omega = 60\ \Omega$

回路に流れる電流 I は、次のとおりとなる。

$I = \dfrac{V}{R} = \dfrac{24\mathrm{V}}{60\ \Omega} = 0.4\mathrm{A}$

各抵抗の両端の電圧は、次のとおりとなる。

$V_1 = R_1 I = 10\ \Omega \times 0.4\mathrm{A} = 4\ \mathrm{V}$

$V_2 = R_2 I = 20\ \Omega \times 0.4\mathrm{A} = 8\ \mathrm{V}$

$V_3 = R_3 I = 30\ \Omega \times 0.4\mathrm{A} = 12\mathrm{V}$

各抵抗の両端にあらわれる電圧を分圧という。分圧 V_1、V_2、V_3 は、電流値を用いずに次のように求めることができる。

$V_1 = \dfrac{R_1}{R_1 + R_2 + R_3} \times V = \dfrac{10\ \Omega}{10\ \Omega + 20\ \Omega + 30\ \Omega} \times 24\mathrm{V} = \dfrac{10}{60} \times 24\mathrm{V} = 4\ \mathrm{V}$

$V_2 = \dfrac{R_2}{R_1 + R_2 + R_3} \times V = \dfrac{20\ \Omega}{10\ \Omega + 20\ \Omega + 30\ \Omega} \times 24\mathrm{V} = \dfrac{20}{60} \times 24\mathrm{V} = 8\ \mathrm{V}$

$V_3 = \dfrac{R_3}{R_1 + R_2 + R_3} \times V = \dfrac{30\ \Omega}{10\ \Omega + 20\ \Omega + 30\ \Omega} \times 24\mathrm{V} = \dfrac{30}{60} \times 24\mathrm{V} = 12\mathrm{V}$

■２．抵抗の並列接続

◎抵抗の並列接続回路では、各抵抗に加わる電圧の大きさは等しい。また、回路全体に流れる電流は、それぞれ抵抗の大きさに反比例して分流する。

【例題】次の回路において、流れる総電流を求めよ。また、各抵抗に流れる電流はそれぞれいくらか。

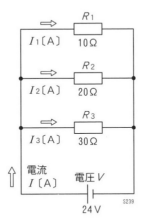

合成抵抗 R は、次のとおりとなる。

$$\frac{1}{R} = \frac{1}{10} + \frac{1}{20} + \frac{1}{30} = \frac{6+3+2}{60} = \frac{11}{60} \quad \Rightarrow \quad R = (60/11)\,\Omega$$

回路に流れる総電流 I は、次のとおりとなる。

$$I = \frac{V}{R} = \frac{24V}{(60/11)\,\Omega} = \frac{24 \times 11}{60} = \frac{2 \times 11}{5} = 4.4A$$

各抵抗には電源電圧の 24V が加わる。

各抵抗に流れる電流は、次のとおりとなる。

$$I_1 = \frac{V}{R_1} = \frac{24V}{10\Omega} = 2.4A$$

$$I_2 = \frac{V}{R_2} = \frac{24V}{20\Omega} = 1.2A$$

$$I_3 = \frac{V}{R_3} = \frac{24V}{30\Omega} = 0.8A$$

各抵抗に流れる電流の和は、回路に流れる総電流と等しい。

$$I_1 + I_2 + I_3 = I$$
$$2.4A + 1.2A + 0.8A = 4.4A$$

【1】 2Ωの抵抗と3Ωの抵抗を並列に接続した回路に、直流24Vの電圧を加えた
とき、この回路に流れる電流の値として、正しいものは次のうちどれか。[★]

□　1．4.8 A　　　　2．10.0 A

　　3．20.0 A　　　 4．24.0 A

【2】 下図の直流回路において、5Ωの抵抗に生じる電圧の値として、正しいもの
は次のうちどれか。

□　1．9 V

　　2．12V

　　3．15V

　　4．18V

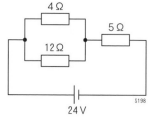

【3】 下図の直流回路において、60Ωの抵抗に流れる電流値として、正しいものは
次のうちどれか。

□　1．0.8A

　　2．1.2A

　　3．2.0A

　　4．3.2A

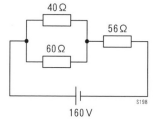

【4】 5Ωの抵抗と10Ωの抵抗を直列に接続した回路に、直流30Vの電圧を加えた
とき、5Ωの抵抗に加わる電圧の値として、正しいものは次のうちどれか。

□　1．5 V　　　　2．10V

　　3．15V　　　　4．20V

【5】 下図の直流回路における、c－d間の電圧として、正しいものは次のうちど
れか。

□　1．2 V

　　2．4 V

　　3．6 V

　　4．8 V

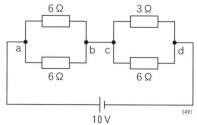

【6】 下図の回路に電圧を加えた場合、10Aの電流が流れた。B点とD点の電圧について、正しいものは次のうちどれか。

□ 1. B点はD点より8V高くなる。
　 2. B点はD点より8V低くなる。
　 3. D点はB点より16V低くなる。
　 4. D点はB点より16V高くなる。

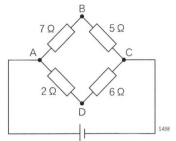

【7】 下図の回路における抵抗Rの値として、正しいものは次のうちどれか。

□ 1. 1.5Ω
　 2. 2.0Ω
　 3. 2.5Ω
　 4. 3.0Ω

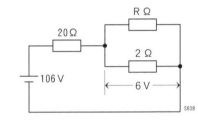

【8】 下図の直流回路において、回路全体に流れる電流の値として、正しいものは次のうちどれか。

□ 1. 5A
　 2. 10A
　 3. 15A
　 4. 20A

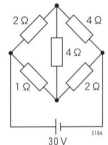

【9】 下図の回路で、3Ωの抵抗に流れる電流 I 〔A〕の値として、正しいものは次のうちどれか。

□ 1. 0.8 A
　 2. 1.2 A
　 3. 1.6 A
　 4. 3.2 A

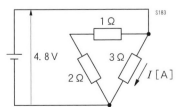

【10】 下図の回路の AB 間に 10 V の電圧を加えた場合、スイッチ S を閉じたとき
の電流計の指示値は、スイッチ S を開いたときの何倍になるか。

☐ 1．2倍
  2．4倍
  3．6倍
  4．8倍

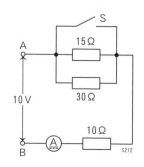

【11】 R_1〔Ω〕と R_2〔Ω〕の抵抗を、並列に接続した場合の各抵抗に流れる電流
の説明で、正しいものは次のうちどれか。

☐ 1．各抵抗に流れる電流の比は、合成抵抗値から R_1 を減じた値の逆数と合成
    抵抗値から R_2 を減じた値の逆数の比に等しい。
  2．各抵抗に流れる電流の比は、合成抵抗値に R_1 を加えた値の逆数と、合成
    抵抗値に R_2 を加えた値の合成抵抗値の逆数の比に等しい。
  3．各抵抗に流れる電流の比は、R_1 の抵抗値の逆数と R_2 の抵抗値の逆数の比
    に等しい。
  4．各抵抗に流れる電流の比は、R_1 の抵抗値と R_2 の抵抗値の比に等しい。

▶▶正解&解説··

【1】 正解3

回路全体の合成抵抗 R は、次のとおりとなる。

$$\frac{1}{R} = \frac{1}{2} + \frac{1}{3} = \frac{3}{6} + \frac{2}{6} = \frac{5}{6}$$

$$\Rightarrow R = \frac{6}{5} = 1.2\ \Omega$$

回路に流れる電流 I は、次のとおりとなる。

$$I = \frac{V}{R} = \frac{24V}{1.2\ \Omega} = 20A$$

【2】 正解3

4Ωと12Ωの並列接続部分の合成抵抗Rを求める。

$$\frac{1}{R} = \frac{1}{4} + \frac{1}{12} = \frac{3}{12} + \frac{1}{12} = \frac{4}{12} = \frac{1}{3}$$

$$\Rightarrow R = 3\ \Omega$$

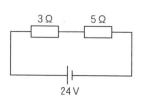

設問の回路図は、3Ωと5Ωの直列接続回路とみることができる。

5Ωの抵抗に生じる電圧 V は、分圧の考えを利用すると次のとおりとなる。

$$V = \frac{5\,\Omega}{3\,\Omega + 5\,\Omega} \times 24\text{V} = \frac{5}{8} \times 24\text{V} = 5 \times 3\text{V} = 15\text{V}$$

【3】 正解1

40Ωと60Ωの並列接続部分の合成抵抗 R を求める。

$$\frac{1}{R} = \frac{1}{40} + \frac{1}{60} = \frac{3+2}{120} = \frac{5}{120} = \frac{1}{24} \quad \Rightarrow \quad R = 24\,\Omega$$

〔回路全体の合成抵抗〕＝ 24Ω＋56Ω＝80Ω

並列接続部分（24Ω）に生じる電圧 V は、分圧の考えを利用すると次のとおりとなる。

$$V = \frac{24\,\Omega}{24\,\Omega + 56\,\Omega} \times 160\text{V} = \frac{24}{80} \times 160\text{V} = 24 \times 2\text{V} = 48\text{V}$$

60Ωの抵抗に流れる電流 I_{60} は、次のとおりとなる。

$$I_{60} = \frac{48\text{V}}{60\,\Omega} = 0.8\text{A}$$

参考までに、40Ωの抵抗に流れる電流 I_{40} は、次のとおりとなる。

$$I_{40} = \frac{48\text{V}}{40\,\Omega} = 1.2\text{A}$$

【4】 正解2

5Ωの抵抗に生じる電圧 V は、分圧の考えを利用すると次のとおりとなる。

$$V = \frac{5\,\Omega}{5\,\Omega + 10\,\Omega} \times 30\text{V} = \frac{5}{15} \times 30\text{V} = \frac{1}{3} \times 30\text{V} = 10\text{V}$$

【5】 正解2

左側の6Ωと6Ωの並列接続部分の合成抵抗 R_1 を求める。

$$\frac{1}{R_1} = \frac{1}{6} + \frac{1}{6} = \frac{2}{6} = \frac{1}{3} \quad \Rightarrow \quad R_1 = 3\,\Omega$$

右側の3Ωと6Ωの並列接続部分の合成抵抗 R_2 を求める。

$$\frac{1}{R_2} = \frac{1}{3} + \frac{1}{6} = \frac{2}{6} + \frac{1}{6} = \frac{3}{6} = \frac{1}{2} \quad \Rightarrow \quad R_2 = 2\,\Omega$$

設問の直流回路は、3Ωと2Ωの直列回路と見なすことができる。

c−d間の電圧は、次のとおりとなる。

$$\frac{2\,\Omega}{(3\,\Omega + 2\,\Omega)} \times 10\text{V} = \frac{2}{5} \times 10\text{V} = 4\text{V}$$

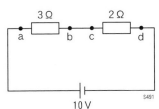

【6】正解4

設問の回路図を解りやすくするため、次のように変形する。

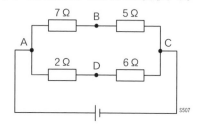

回路全体の合成抵抗 R は、次のとおりとなる。

$$\frac{1}{R} = \frac{1}{(7+5)} + \frac{1}{(2+6)} = \frac{1}{12} + \frac{1}{8} = \frac{2}{24} + \frac{3}{24} = \frac{5}{24}$$

$$\Rightarrow R = \frac{24}{5} \, \Omega = 4.8 \, \Omega$$

回路に10A 流れていることから、電源電圧 V は次のとおりとなる。

$V = IR = 10A \times 4.8 \, \Omega = 48V$

B点の電圧 V_B を求める。

$$V_B = \frac{5}{(7+5)} \times 48V = \frac{5}{12} \times 48V = 5 \times 4 \, V = 20V$$

D点の電圧 V_D を求める。

$$V_D = \frac{6}{(2+6)} \times 48V = \frac{6}{8} \times 48V = 6 \times 6 \, V = 36V$$

D点の電圧（36V）はB点の電圧（20V）より16V 高くなる。

【7】正解4

分圧を求める計算式から、次の等式が成り立つ。R右は分圧6 V部分の合成抵抗とする。

$$\frac{R右}{20\Omega + R右} \times 106V = 6V$$

▽両辺に（20Ω＋R右）をかける。

$106 \times R右 = 120 + 6 \times R右 \Rightarrow 100 \times R右 = 120 \Rightarrow R右 = 1.2\Omega$

右側の分圧6 V部分の合成抵抗が1.2Ωであるとき、Rは3 Ωとなる。計算式を示すと次のとおり。

$$\frac{1}{1.2} = \frac{1}{2} + \frac{1}{R} \Rightarrow \frac{1}{1.2} - \frac{1}{2} = \frac{1}{R}$$

$$\frac{5}{6} - \frac{3}{6} = \frac{1}{R} \Rightarrow \frac{2}{6} = \frac{1}{R} \Rightarrow R = 3$$

【8】正解3

解説の図の V_A と V_B の電圧の差を求める。

設問の回路図を解りやすくするため、次のように変形する。

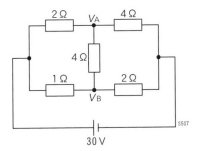

上段の2Ωと4Ωの直列接続回路には、30Vの電圧が加わっている。中間部の電圧 V_A は、4Ωの抵抗の両端と等しいため、次のとおりとなる。

$$V_A = \frac{4\,\Omega}{2\,\Omega + 4\,\Omega} \times 30V = \frac{4}{6} \times 30V = 4 \times 5V = 20V$$

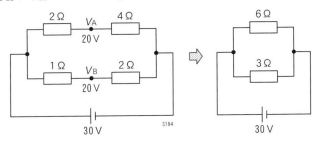

同様にして、下段の1Ωと2Ωの直列接続回路において、中間部の電圧 V_B は、2Ωの抵抗の両端と等しいため、次のとおりとなる。

$$V_B = \frac{2\,\Omega}{1\,\Omega + 2\,\Omega} \times 30V = \frac{2}{3} \times 30V = 2 \times 10V = 20V$$

従って、図の V_A と V_B の電圧の差はゼロとなる。このため、V_A から V_B へ、逆に V_B から V_A に電流が流れることはない。V_A と V_B 間の抵抗4Ωは、ないものとして考えることができる。

上段の合成抵抗は6Ωとなり、下段の合成抵抗は3Ωとなる。回路全体の合成抵抗 R は次のとおりとなる。

$$\frac{1}{R} = \frac{1}{6} + \frac{1}{3} = \frac{1}{6} + \frac{2}{6} = \frac{3}{6} = \frac{1}{2} \Rightarrow R = 2\,\Omega$$

回路全体に流れる電流 I は、次のとおりとなる。

$$I = \frac{V}{R} = \frac{30V}{2\,\Omega} = 15A$$

【9】 正解3

3Ωの抵抗の両端には、4.8Vの電圧が加わる。

3Ωの抵抗に流れる電流は、次のとおりとなる。

$$I = \frac{V}{R} = \frac{4.8V}{3\,\Omega} = 1.6A$$

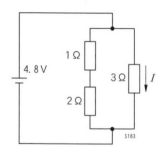

【10】 正解1

スイッチSの開時と閉時の回路図を次のように変形する。スイッチSの開時は、スイッチ側にのみ電流が流れるため、並列に接続されている15Ωと30Ωの抵抗には電流が流れない。スイッチを経由した電流は、10Ωの抵抗にのみ流れる。

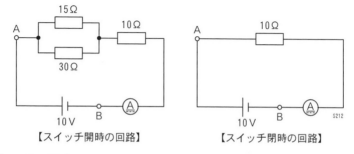

【スイッチ開時の回路】　　　　　【スイッチ閉時の回路】

スイッチSの開時において、15Ωと30Ωの並列接続の合成抵抗Rは、次のとおりとなる。

$$\frac{1}{R} = \frac{1}{15} + \frac{1}{30} = \frac{2}{30} + \frac{1}{30} = \frac{3}{30} = \frac{1}{10} \;\Rightarrow\; R = 10\,\Omega$$

従って、回路全体の合成抵抗は、10Ω+10Ω＝20Ωとなる。また、電流計の指示値Iは、次のとおりとなる。

$$I = \frac{V}{R} = \frac{10V}{20\,\Omega} = 0.5A$$

スイッチSの閉時において、電流計の指示値Iは、次のとおりとなる。

$$I = \frac{V}{R} = \frac{10V}{10\,\Omega} = 1.0A \;\Rightarrow\; 1.0A \div 0.5A = 2倍となる。$$

【11】正解3

抵抗 R_1 に流れる電流を I_1、抵抗 R_2 に流れる電流を I_2 とする。

$$I_1 : I_2 = \frac{V}{R_1} : \frac{V}{R_2} = \frac{1}{R_1} : \frac{1}{R_2}$$

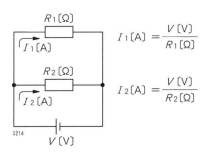

$$I_1[\mathrm{A}] = \frac{V[\mathrm{V}]}{R_1[\Omega]}$$

$$I_2[\mathrm{A}] = \frac{V[\mathrm{V}]}{R_2[\Omega]}$$

4. 電圧計と電流計

〔注意〕電圧計や電流計の接続方法は、「構造・機能及び工事・整備」として出題されることが多いが、内容が「電気」に関するものであるためここに収録した。

▶電圧計

◎電圧計を負荷回路に接続するには、負荷に対して**並列**にする。

◎電圧計は一般に内部抵抗が**非常に大きく設定**されており、並列に接続した電圧計側にはほとんど電流が流れない。

◎電圧計には直流の場合、マイナス側の接続端子とプラス側の接続端子間の電位差（電圧）が表示される。

◎電圧計を負荷回路に対し直列に接続すると、電圧計部分で大きく電圧が低下し、電源電圧に近い電圧値を表示する。

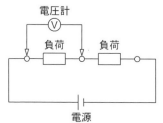

【電圧計を負荷に対して並列に接続】

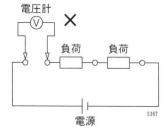

【電圧計を負荷に対して直列に接続】

▶電流計

◎電流計を負荷回路に接続するには、負荷に対して**直列**にする。

◎電流計は一般に内部抵抗が**非常に小さく設定**されており、直列に接続した電流計部分で電流の流れはほとんど妨げられない。

◎電流計には直流の場合、プラス側の接続端子からマイナス側の接続端子に流れる電流値が表示される。

◎電流計を負荷回路に対し並列に接続すると、電流計側に大きな電流が流れるため、負荷回路に流れる電流値より大きな数値を表示する。

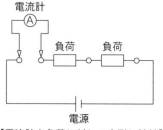

【電流計を負荷に対して直列に接続】

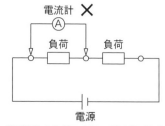

【電流計を負荷に対して並列に接続】

158

▶アナログ計器とデジタル計器

◎電圧計や電流計は、指針で測定値を表示するアナログ計器と、数値で測定値を表示するデジタル計器がある。

◎アナログ計器は、変化の度合いを読み取りやすく、測定量を直感的に判断できる利点を持つが、読取り誤差を生じやすい。

◎デジタル計器は、アナログ計器に比べて次のような特徴がある。

　①有効ケタ数が多く取れ、精度がよい。

　②測定値が数字で表示されるため、読み取りやすく、読み取りの個人差がない。

　③電圧測定では、内部抵抗が大きいため、測定回路にほとんど影響を与えない。

　④測定レンジの切り換えが不要で、極性による指針の逆振れがない。

▶▶過去問題◀◀

【1】一般に電圧計や電流計を負荷回路に接続する方法として、正しいものは次のうちどれか。[★]

□　1．電圧計は負荷に対して直列に、電流計は負荷に対して並列に接続する。

　　2．電圧計は負荷に対して並列に、電流計は負荷に対して直列に接続する。

　　3．電圧計、電流計はいずれも負荷に対して直列に接続する。

　　4．電圧計、電流計はいずれも負荷に対して並列に接続する。

【2】一般に電圧計や電流計を負荷回路に接続する方法として、正しいものは次のうちどれか。

□　1．電圧計は、負荷に対して直列に接続する。

　　2．電圧計は、負荷に対して並列に接続する。

　　3．電流計は、負荷に対して並列に接続する。

　　4．電流計は、電圧計と直列にして、負荷に対して直列に接続する。

【3】交流回路に接続する負荷設備に電圧計や電流計を設ける方法として、正しいものは次のうちどれか。

□　1．電圧計は内部抵抗が小さいので、負荷に対して並列に接続する。

　　2．電圧計は内部抵抗が大きいので、負荷に対して直列に接続する。

　　3．電流計は内部抵抗が小さいので、負荷に対して直列に接続する。

　　4．電流計は内部抵抗が大きいので、負荷に対して並列に接続する。

【4】電圧や電流を測定するデジタル計器において、アナログ計器と比べたときの長所として、誤っているものは次のうちどれか。

☐　1．電圧測定レンジは内部抵抗が大きいため、被測定回路に影響を与えにくい。

　　2．有効けた数が多く、精度が高い。

　　3．測定レンジの切り換えが不要で、極性による指針の逆振れがない。

　　4．時間の変化による度合いがわかりやすく、測定量を直感的に判断できる。

▶▶正解＆解説……………………………………………………………………………

【1】正解2　　【2】正解2　　【3】正解3

【4】正解4

　　4．設問の内容は、アナログ計器の長所。

5．電池の内部抵抗とキルヒホッフの法則

■1．電池の内部抵抗

◎電池の起電力は、電池がつくり出す電圧である。しかし、電池に負荷を接続した状態では、電池の両端の電圧は、起電力の大きさとはならない。これは、電池の内部に抵抗があるとすると、次のように説明することができる。

◎電池の起電力を E〔V〕、内部抵抗を r〔Ω〕、流れる電流を I〔A〕とすると、内部抵抗により電圧降下 rI〔V〕が生じるため、端子電圧 V〔V〕は次のように表される。

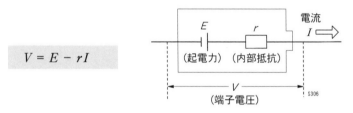

$$V = E - rI$$

◎電池に負荷を接続していない状態では、端子電圧は電池の起電力と等しい。また、流れる電流が多くなるほど、電池の端子電圧は小さくなる。電池は古くなるほど、内部抵抗が大きくなる。

【例題】次の回路において、電池の起電力と内部抵抗を測定する実験をしたところ、下のグラフの結果を得た。横軸は出力電流であり、縦軸は端子電圧である。R は可変抵抗である。

　　①この電池の起電力は何 V か。

　　②この電池の内部抵抗は、何Ωか。

　　③電流計が 0.1A を示したときの可変抵抗は、何Ωになるか。

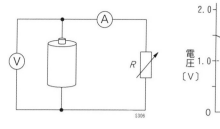
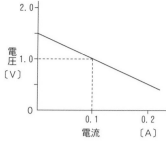

①電池の起電力 E は、電池に負荷を接続していないときの電圧である。

　$V = E - rI$ において、$I = 0$ のとき、$V = E$ となる。グラフから起電力 E は 1.5V である。

② $V = E - rI$ において、$V = 1.0V$、$I = 0.1A$、$E = 1.5V$ を代入する。

　$1.0V = 1.5V - 0.1A \times r\,\Omega \Rightarrow 0.1A \times r\,\Omega = 0.5V \Rightarrow r = 5\,\Omega$

③電流計が 0.1A を示しているときの回路図は、右のとおり

　となる。

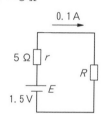

　電圧＝電流×抵抗より、

　$1.5V = 0.1A \times (5\,\Omega + R) \Rightarrow 5\,\Omega + R = 15\,\Omega$

　$\Rightarrow R = 10\,\Omega$

■2．キルヒホッフの法則

◎電源や抵抗の回路が複雑になってくると、オームの法則では回路に流れる電流や任意の箇所の電圧が求められなくなる。その場合は、キルヒホッフの法則を使う。

◎キルヒホッフの**第1法則**…回路内の任意の分岐点に流れ込む電流の和は、流れ出る電流の和に等しい。

◎キルヒホッフの**第2法則**…回路内の任意の閉回路において、起電力の和と電圧降下の和は等しい。

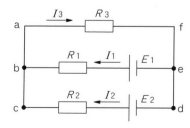

$$I_1 + I_2 = I_3 + I_4$$

S307

◎下図の起電力が2個ある回路において、第1法則と第2法則をまとめると、右の式となる。E_1 については、閉回路 ebafe を対象とする。E_2 については、閉回路 dcbafed を対象とする。

$$
\begin{aligned}
I_1 + I_2 &= I_3 \\
E_1 &= R_1 I_1 + R_3 I_3 \\
E_2 &= R_2 I_2 + R_3 I_3
\end{aligned}
$$

S307

◎この３つの計算式から、例えば起電力と抵抗が判明している場合は、電流を求めることができる。

【例題】前の回路図において、$E_1 = 28V$、$E_2 = 14V$、$R_1 = 20\,Ω$、$R_2 = 10\,Ω$、$R_3 = 40\,Ω$とすると、電流$I_1 \cdot I_2 \cdot I_3$とその向きを求めなさい。ただし、電池の内部抵抗は無視できるものとする。

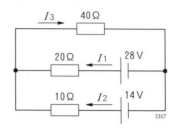

キルヒホッフの第１法則及び第２法則から、次の等式が得られる。

$I_1 + I_2 = I_3$ …①

$28V = (20 \times I_1) + (40 \times I_3)$ …②

$14V = (10 \times I_2) + (40 \times I_3)$ …③

式①のI_3を式②と③に代入する。

$28V = (20 \times I_1) + (40 \times I_1) + (40 \times I_2) = (60 \times I_1) + (40 \times I_2)$

　　両辺を４で割る　⇒　$7V = (15 \times I_1) + (10 \times I_2)$ …④

$14V = (10 \times I_2) + (40 \times I_1) + (40 \times I_2) = (40 \times I_1) + (50 \times I_2)$

　　両辺を２で割る　⇒　$7V = (20 \times I_1) + (25 \times I_2)$ …⑤

式④と式⑤から、I_1またはI_2を消去する。ここでは、式④を2.5倍してI_2を消去する。

$17.5V = (37.5 \times I_1) + (25 \times I_2)$ …⑥

式⑥－式⑤でI_2を消去することができる。

$17.5V - 7V = (37.5 \times I_1) - (20 \times I_1)$

$10.5V = 17.5 \times I_1$　⇒　$I_1 = 10.5 / 17.5 = 0.6A$

式②に$I_1 = 0.6$を代入

$28 = 20 \times 0.6 + 40 \times I_3$　⇒　$28 - 12 = 40 \times I_3$　⇒　$I_3 = 16 / 40 = 0.4A$

式①に$I_1 = 0.6$と$I_3 = 0.4$を代入

$0.6A + I_2 = 0.4A$　⇒　$I_2 = 0.4A - 0.6A = -0.2A$

電流がマイナスとなる場合は、あらかじめ仮定した向きとは逆であることを示す。

$I_1 = 0.6A$　左向き　　　　$I_2 = 0.2A$　右向き　　　　$I_3 = 0.4A$　右向き

【1】 起電力 E〔V〕、内部抵抗 r〔Ω〕の同一の電池4個を下図のように接続し、その両端 A－B 間に抵抗 R〔Ω〕を接続したとき、回路に流れる電流 I〔A〕として正しいものは次のうちどれか。

1. $\dfrac{2E}{r + R}$

2. $\dfrac{2E}{2r + R}$

3. $\dfrac{2E}{\dfrac{r}{2} + R}$

4. $\dfrac{2E}{\dfrac{r}{4} + R}$

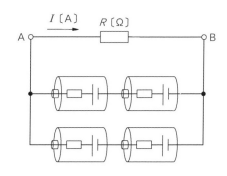

【2】 下図のように、起電力 E〔V〕、内部抵抗 r〔Ω〕の同一の電池2個を直列に接続し、その両端 a－c 間に R〔Ω〕の外部抵抗を接続したとき、回路に流れる電流 I〔A〕として、正しいものは次のうちどれか。

1. $\dfrac{E}{2r + R}$

2. $\dfrac{2E}{2r + R}$

3. $\dfrac{E}{\dfrac{r}{2} + R}$

4. $\dfrac{2E}{\dfrac{r}{2} + R}$

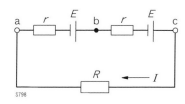

【3】 起電力100V、内部抵抗5Ωの電源に20Ωの外部抵抗器を接続した場合、抵抗器の両端における電圧の大きさとして、正しいものは次のうちどれか。

1. 80V

2. 90V

3. 97V

4. 100V

【4】 下図のように、起電力３Ｖ、内部抵抗２Ωの電池を２個並列に接続し、これに 29 Ωの抵抗を直列に接続した。各電池に流れる電流として、正しいものはどれか。

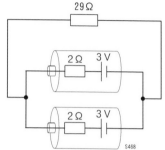

☐ 1．30mA
2．40mA
3．50mA
4．60mA

【5】「電気回路の任意の分岐点について、そこに流れ込む電流の和は、そこから流れ出る電流の和に等しい」。この法則の名称は、次のうちどれか。

☐ 1．クーロンの法則
2．レンツの法則
3．キルヒホッフの第１法則
4．オームの法則

【6】 下の図と式の説明として、正しいものは次のうちどれか。

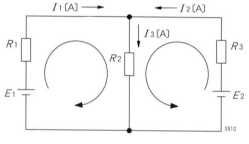

式１　$I_1 + I_2 = I_3$

式２　$E_1 = R_1 I_1 + R_2 I_3$

☐ 1．式１は、オームの法則に基づいている。
2．式１は、キルヒホッフの第１法則に基づいている。
3．式２は、クーロンの法則に基づいている。
4．式２は、アンペアの周回路の法則に基づいている。

▶▶正解＆解説……………………………………………………………………………………

【1】 正解１

　　　I_1 は上段電池、I_2 は下段電池を流れる電流とする。

　　　キルヒホッフの法則より、次の３つの等式が得られる。

$I_1 + I_2 = I$ …①

$2E = 2rI_1 + RI$ …②

$2E = 2rI_2 + RI$ …③

式②と③より、$I_1 = I_2$ となる。更に、式①より $I_1 = I / 2$ となる。これを式②に代入する。

$$2E = 2r \frac{I}{2} + RI = rI + RI = (r + R)I \Rightarrow I = \frac{2E}{r + R}$$

【2】正解2

回路に流れる電流は、回路に加わる電圧 $V = I \times R$ より次のとおりとなる。

$$2E = I \times (2r + R) \Rightarrow I = \frac{2E}{2r + R}$$

【3】正解1

分圧の考えから解くことができる。求める電圧を V とする。

$$V = \frac{20\ \Omega}{5\ \Omega + 20\ \Omega} \times 100V$$

$$= \frac{20}{25} \times 100V = 20 \times 4V = 80V$$

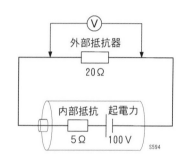

【4】正解3

ひとつの電池に流れる電流を I_1、29 Ω の抵抗に流れる電流を I とすると、次の2つの等式が得られる。

$2I_1 = I$ …①

$3V = 2\ \Omega \times I_1 + 29\Omega \times I$ …②

式①の I を式②に代入する。

$3V = 2\ \Omega \times I_1 + 29\Omega \times 2I_1 = 2\ \Omega \times I_1 + 58\Omega \times I_1 = 60\Omega \times I_1$

$I_1 = 3V / 60\ \Omega = 0.05A = 50mA$

【5】正解3

1．クーロンの法則（静電気）…2つの点電荷に働く静電力は、両電荷の積に比例し、両電荷の距離の2乗に反比例する。

2．レンツの法則…誘導起電力は、コイルを貫く磁束の変化を妨げる向きに生じる。

4．オームの法則…導体に流れる電流は、その両端に加えた電圧に比例する。

【6】正解2

3＆4．式2は、キルヒホッフの第2法則に基づいている。キルヒホッフの第2法則に基づくもう1つの式は、次のとおり。

$E_2 = R_3I_2 + R_2I_3$

6. 電気材料

■1. 導体と絶縁体

◎電気材料には、電気をよく通すものと、ほとんど通さないものがある。

◎一般に電気をよく通す物質は**導体**といい、物質の中に自由電子を多く含んでいる。白金やすずなどがある。逆に電気をほとんど通さない物質を**絶縁体**といい、物質の中に自由電子がほとんど存在しない。セラミックスやフェノール樹脂がある。

◎金属は、その中に自由電子を多く含んでいるため、電気をよく通す導体である。なかでも、銀は抵抗率が最も小さい。銅は銀に次いで抵抗率が小さく、安価であるため導線の材料に広く使われている。

※抵抗率は「7. 導体の抵抗」（170P）参照。

◎絶縁体には、ガラス、ゴム、大理石、陶器、プラスチック、紙、木綿、空気などがある。

〔主な金属の抵抗率〕（0℃）※温度または測定方法・条件により数値は異なる。

物質	抵抗率（$10^{-8}\Omega\cdot m$）	物質	抵抗率（$10^{-8}\Omega\cdot m$）
銀	1.47	タングステン	4.9
銅	1.55	白金	9.81
金	2.05	鉛	19.2
アルミニウム	2.50	鋼鉄	10〜20（室温）

■2. 半導体

◎物質を電気の通しにくさで分類したとき、導体と絶縁体の中間にあたるのが**半導体**である。半導体には、**ケイ素（シリコン）やゲルマニウム**などがある。

◎半導体には熱、光、電圧などを加えることによって、自由電子の量が急に増える性質がある。この性質を利用して、半導体素子や各種センサなどに広く用いられている。

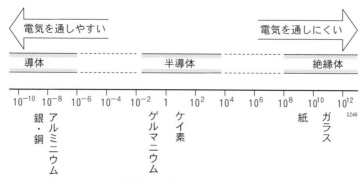

【抵抗率による物質の分類】

166

■3．導電率

◎導電率とは、物質の中を通る電気の通りやすさを表す物性量である。また、**抵抗率の逆数（1／ρ）** となる。

◎単位は、S／m または、1／（Ω・m）となる。

〔用語〕S（ジーメンス）：電気抵抗の単位 Ω（オーム）の逆数を指す単位のこと。

〔主な金属の導電率〕（0℃）※温度または測定方法・条件により数値は異なる。

物質	導電率（10^6 S／m）	物質	導電率（10^6 S／m）
銀	66.7	アルミニウム	40
銅	64.5	タングステン	18.5
金	49	白金	9.4

■4．物質の磁化と磁性体

◎鉄のくぎが磁石に引きつけられるのは、磁石の磁界によってくぎが磁石の性質をもつためと考えられる。このように、物質が磁石の性質をもつことを**磁化**という。

◎物質の多くは、磁化の様子の違いから、常磁性体、反磁性体、強磁性体の3つに分類される。

◎**常磁性体**とは、磁石を近づけると、磁界と同じ方向の磁気を弱く帯びる材料で、磁石から非常に弱い引力を受ける。磁石からの磁界をゼロにすると磁気を帯びなくなる。室温で常磁性を示す材料は、アルミニウム（Al）、クロム（Cr）、モリブデン（Mo）、ナトリウム（Na）、チタン（Ti）など数多い。

◎**反磁性体**とは、磁石を近づけると、非常に弱い反対方向の磁気を帯びる材料で、磁石から非常に弱い斥（せき）力を受ける。磁石からの磁界をゼロにすると、磁気はゼロとなる。室温で反磁性を示す材料は、水、金（Au）、**銀**（Ag）、**銅**（Cu）、亜鉛（Zn）など。

◎**強磁性体**とは、磁石を近づけると、磁界と同じ方向の磁気を強く帯びる材料で、磁石から強い引力を受ける。磁石からの磁界をゼロにしても、強い磁気がそのまま残り、**永久磁石**となるものもある。**鉄**（Fe）、**コバルト**（Co）、**ニッケル**（Ni）、など。

〔参考〕永久磁石とは、外部からのエネルギー（磁場や電流等）の供給を受けることなく、磁石としての性質を比較的長期にわたって保持し続ける物体のこと。

【1】電気材料で、抵抗率が小さいものから順に並んでいるものは、次のうちどれか。ただし、抵抗率は0℃で考えるものとする。

1. 金	銀	銅	アルミニウム
2. 金	銀	アルミニウム	銅
3. 銀	金	銅	アルミニウム
4. 銀	銅	金	アルミニウム

【2】電気材料で、抵抗率が小さいものから順に並んでいるものは、次のうちどれか。ただし、抵抗率は0℃で考えるものとする。

1. 銅	銀	タングステン	アルミニウム
2. アルミニウム	銀	銅	タングステン
3. 銀	銅	アルミニウム	タングステン
4. 銅	銀	アルミニウム	タングステン

【3】金、銀、銅及びアルミニウムの抵抗率を常温（20℃）で比較した場合、正しいものは次のうちどれか。

□　1. 金は、銀より大きく銅より小さい。
　　2. 銀は、金やアルミニウムより小さい。
　　3. 銅は、銀やアルミニウムより小さい。
　　4. アルミニウムは、金や銅より小さい。

【4】電気材料について、誤っているものを次のうちから3つ選びなさい。［編］

□　1. けい素とゲルマニウムは、半導体である。
　　2. シリコンは、半導体である。
　　3. 亜酸化銅は、導体である。
　　4. アルミニウムと金は、導体である。
　　5. 銅とアルミニウムは、導体である。
　　6. クラフト紙とマイカ・ガラス繊維は、絶縁体である。
　　7. フェノール樹脂とアクリルゴムは、不導体である。
　　8. ニッケルと銀は、反磁性体である。
　　9. セラミックスと軟銅は、磁性体である。

【5】電気材料に関する説明として、誤っているものは次のうちどれか。

□　1．導体とは、電流をよく流す物質をいい、これには白金やすずがある。

　　2．半導体とは、電流の流れにくさが導体と不導体の中間の物質をいい、これにはけい素やゲルマニウムがある。

　　3．絶縁体とは、電流をほとんど流さない物質をいい、これにはセラミックスやフェノール樹脂がある。

　　4．強磁性体とは、磁界中で磁化される物質をいい、これには銀や銅がある。

▶▶正解＆解説···

【1】正解4

【2】正解3

　　タングステンは、白色ないし灰白色の金属である。融点は約3400℃で金属の中で最も高く、熱に強いため電球のフィラメントに用いられる。高速度鋼や耐熱合金の材料にも使われる。

【3】正解2

　　抵抗率の小さいものから順に、銀＜銅＜金＜アルミニウム。

【4】正解3＆8＆9

　　3．亜酸化銅は化学式 Cu2O で、赤色の結晶性粉末。赤色ガラスの着色剤や半導体として整流器、光電池の材料に用いられる。

　　6．クラフト紙は、クラフトパルプからつくった包装用紙。強度があるため、紙袋として広く使われる。マイカは雲母で、古くから電気の絶縁材料として主に使われている。ガラス繊維は、溶融したガラスを糸状にしたもので、グラスファイバーともいう。

　　8．銀は反磁性体であるが、ニッケルは鉄とともに強磁性体である。

　　9．セラミックスは、窯業で生産される製品の総称。陶磁器やガラスなど。電気の絶縁体である。軟銅は、硬銅を加熱処理して軟らかくしたもの。硬銅は銅を圧延または線引加工したもので、いずれも電気の導体である。

　　　磁性体とは、磁性を帯びることが可能な物質であり、すべての物質が磁性体であるといえる。しかし、通常は強磁性体のみを磁性体と呼ぶ。セラミックスのうちフェライトと呼ばれるものは、強い磁性を示す。しかし、銅は銀とともに反磁性体である。

【5】正解4

　　3．絶縁体は、不導体ともいう。

　　4．強磁性体として、鉄、コバルト、ニッケルがある。銀と銅はいずれも反磁性体である。

■1．抵抗率

◎導線は、断面積が一定とすると、長くなるほど電流が流れにくくなり、抵抗が大きくなる。

◎また、導線の長さを一定にすると、断面積が大きくなるほど電流が流れやすくなり、抵抗が小さくなる。

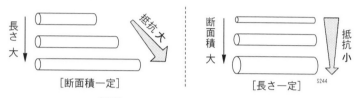

【導線の長さと断面積による抵抗の関係】

◎このように、導線の抵抗 R〔Ω〕は長さ l〔m〕に比例し、断面積 A〔m²〕に反比例する。この関係を式で表すと次のとおりとなる。

$$R = \rho \frac{l}{A}$$

◎ここで、ρ（ロー）は物質固有の値であり、**抵抗率**という。抵抗率は、その物質の断面積1 m²あたり、長さ1 mあたりの抵抗値となる。抵抗率の単位は、オームメートル（単位記号：Ω·m）を用いる。

◎その導線の抵抗率がわかると、長さ及び断面積から、導線の抵抗を算出することができる。銅やアルミニウムは抵抗率が小さく、かつ、安価なため電線材料によく使われている。

◎抵抗率の逆数（$1／\rho$）は、導体材料の電流の流れやすさを比較する際に、よく用いられる。$1／\rho$ は**導電率**と呼ばれる。

【例題】断面積が1 mm²、長さ1 kmの銅線の抵抗は何Ωか。ただし、銅の抵抗率は 1.69×10^{-8}〔Ω·m〕とする。

断面積1 mm² $= 0.001m \times 0.001m = 10^{-6}m²$、 1 km $= 1000m = 10³m$。

$R = \rho \dfrac{l}{A} = 1.69 \times 10^{-8}\ Ω \cdot m \times \dfrac{10³m}{10^{-6}m²} = 1.69 \times 10^{-8}\ Ω \times 10⁹ = 16.9\ Ω$

■2．抵抗の温度変化

◎物質の抵抗率は、温度によって変化する。

〔温度と抵抗率〕

物質	温度（℃）	抵抗率 ($10^{-8}\Omega\cdot m$)
銅	0	1.55
	100	2.23
タングステン	0	4.9
	100	7.3
鉄	0	8.9
	100	14.7

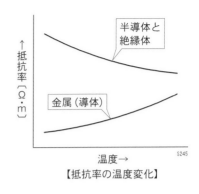

【抵抗率の温度変化】

◎金属（導体）は、温度の上昇とともに抵抗率が**大きく**なる。また、半導体と絶縁体は、温度の上昇とともに抵抗率が**小さく**なる。

▶▶過去問題◀◀

【1】電気抵抗に関する次の記述のうち、適切なものの組合せはどれか。

ア．電気の流れをさまたげる働きは、物質によって異なり、その程度を表すのに抵抗率を使う。

イ．電線の抵抗 R を、長さ l、断面積 A、抵抗率 ρ で表すと、$R = \rho\, \dfrac{l}{A}$ となる。

ウ．一般に、絶縁体の抵抗率は、温度が高くなると、大きくなる。

□　1．ア、イのみ　　　2．ア、ウのみ
　　3．イ、ウのみ　　　4．ア、イ、ウすべて

【2】電気抵抗と抵抗率に関する説明として、誤っているものは次のうちどれか。

□　1．電気抵抗は、抵抗線の長さが2倍になると、2倍になる。
　　2．電気抵抗は、抵抗線の直径が半分になると、2倍になる。
　　3．抵抗率は、一般に量記号に ρ を用い、単位は〔$\Omega\cdot m$〕が使われる。
　　4．抵抗率の逆数を導電率といい、電気の流れやすさを示す。

【3】電気の抵抗率と温度に関する次の記述のうち、適切なものはどれか。

□　1．金属導体は、温度が上昇すると抵抗率が減少する。
　　2．半導体は、温度が上昇すると抵抗率が減少する。
　　3．絶縁体は、温度が上昇すると抵抗率が増加する。
　　4．物質の抵抗率は、温度によって変化せず一定である。

【4】直径1.6mmの銅線の抵抗値は、直径3.2mmの場合の抵抗値の何倍となるか。ただし、銅線の材質と長さは同一のものとする。

□ 1. $\dfrac{1}{4}$ 倍　　　　2. $\dfrac{1}{2}$ 倍

　3. 2 倍　　　　　4. 4 倍

【5】直径 1.6mm、長さ 100m、抵抗率 1.72×10^{-8} Ω・m の軟鋼線の抵抗として、最も近い値は次のうちどれか。

□ 1. 0.21 Ω　　2. 0.34 Ω

　3. 0.86 Ω　　4. 8.64 Ω

▶▶正解&解説 ···

【1】正解1

　ア. 抵抗率は、電流の流れにくさを表す。一方、導電率は電流の流れやすさを表す。

　ウ. 絶縁体と半導体の抵抗率は、温度が高くなると、小さくなる。

【2】正解2

　2. 抵抗線の直径が半分になると、断面積が1／4となるため、抵抗線の電気抵抗は4倍となる。

【3】正解2

　1. 金属導体は温度が上昇すると、抵抗率が増加する。次の理由による。導体は、温度が上昇すると金属原子の格子振動が増大し、自由電子の移動が阻害される。この結果、電流が流れにくくなり、抵抗率が増加する。

　2＆3. 半導体及び絶縁体は、温度が上昇すると抵抗率が減少する。

　4. 物質の抵抗率は、温度によって変化する。

【4】正解4

　銅線の抵抗 R〔Ω〕は長さ l〔m〕に比例し、断面積 A〔m²〕に反比例する。直径1.6mmの銅線の抵抗値は、直径3.2mmの銅線の4倍となる。

【5】正解3

　断面積 $A = \pi r^2 = 3.14 \times 0.8\text{mm} \times 0.8\text{mm}$

　　　　　　$= 3.14 \times (0.8 \times 10^{-3}\text{m}) \times (0.8 \times 10^{-3}\text{m}) = 3.14 \times 0.64 \times 10^{-6}\text{m}^2$

　　　　　　$\fallingdotseq 2.0 \times 10^{-6}\text{m}^2$

　$R = \rho \dfrac{l}{A} \fallingdotseq 1.72 \times 10^{-8} \Omega \cdot \text{m} \times \dfrac{100\text{m}}{2.0 \times 10^{-6}\text{m}^2} = 1.72 \times 10^{-8} \Omega \times 50 \times 10^6$

　$= 86 \times 10^{-2} \Omega = 0.86 \Omega$

8. 電力と電力量

◎私たちは電気エネルギーをさまざまな形に変換して利用している。モーターは電気エネルギーを運動エネルギーに、アイロンは電気エネルギーを熱エネルギーにそれぞれ変換している。

◎一般に、電気エネルギーを消費するものを**負荷**という。

◎負荷が単位時間（1秒間）に消費する電気エネルギーを**電力**という。電力を表す量記号に P、電力の単位にワット（単位記号：W）を用いる。

◎負荷に加わる電圧を V〔V〕、流れる電流を I〔A〕とすると、電力 P〔W〕は、次の式となる。

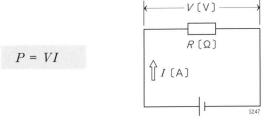

$$P = VI$$

◎この式にオームの法則 $[I = V / R]$ 及び $[V = RI]$ を代入すると、次の式となる。

$$P = VI = V \times \frac{V}{R} = \frac{V^2}{R}$$

$$P = VI = RI \times I = RI^2$$

◎負荷に電流がある時間流れたときなされた仕事の総量、すなわち電気エネルギーの総量を**電力量**という。P〔W〕の電力を t〔s〕時間使用したときの電力量 W は、次の式となる。すなわち、電力と時間の積となる。

$$W = Pt \ \text{〔W·s〕} \quad \text{または} \quad W = Pt \ \text{〔J〕}$$

◎電力量の単位は、ワット秒（単位記号：W·s）を用いる。また 1〔W·s〕= 1〔J〕の関係にあるため、$W = Pt$〔J〕と表すこともできる。

◎一般に電力量を表す単位としては、**キロワット時**（単位記号：kW·h）が使われている。1〔kW·h〕は、1kWの電力を1時間使用したときの電力量である。1時間＝60分×60s＝3600sであるため、1〔kW·h〕は次のように表すこともできる。

1〔kW·h〕＝1000W×3600s＝3.6×10⁶〔W·s〕

【例題】 電気ドライヤーに100Vの電圧を加えたら、6Aの電流が流れた。この電気ドライヤーの電力は何Wか。また、10分間使用したときの電力量はいくつになるか。電力量の単位はワット秒（W·s）とキロワット時（kW·h）を用いるものとする。

電力 P ＝電圧 V ×電流 I ＝100V×6A＝600W
時間の10分を秒（s）と時間（h）に変換する。
10分＝10×60s＝600s
10分＝（10／60）h＝（1／6）h
電力量 W ＝電力 P ×時間 t ＝600W×600s＝360000W·s
電力量 W ＝600W×（1／6）h＝100W·h＝0.1kW·h
なお、3600W·s＝1W·hとなる。

▶▶ 過去問題 ◀◀

【1】 R〔Ω〕の抵抗に V〔V〕の直流電圧を加えたときの消費電力 P〔W〕を表す式として、正しいものは次のうちどれか。[★]

☐　1．$P = \dfrac{V^2}{R}$

　　2．$P = \dfrac{R^2}{V}$

　　3．$P = RV^2$

　　4．$P = R^2V$

【2】 下図の回路で消費する全電力として、正しいものは次のうちどれか。

☐　1．100W
　　2．150W
　　3．250W
　　4．300W

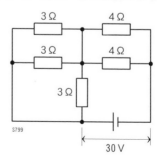

【3】下図の回路で消費する全電力として、正しいものは次のうちどれか。

☐　1. 100 W
　　2. 200 W
　　3. 300 W
　　4. 400 W

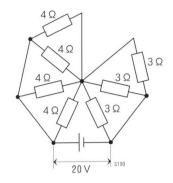

【4】下図の直流回路において、電流計が2Aを指示しているとき、抵抗Rで消費する電力として、正しいものは次のうちどれか。

☐　1. 12W
　　2. 24W
　　3. 36W
　　4. 48W

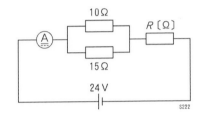

【5】抵抗値が10kΩの抵抗器がある。許容電流が10mAであるとき、許容電力の値として、正しいものは次のうちどれか。

☐　1. 1.0mW
　　2. 10.0mW
　　3. 0.1W
　　4. 1.0W

【6】5Ωの抵抗に2Aの電流を3分間流したときに発生する熱エネルギーQ〔J〕として、正しいものは次のうちどれか。

☐　1. 1,800 J　　2. 3,600 J
　　3. 5,400 J　　4. 9,000 J

【7】20Ωの抵抗に5Aの電流を30分間流したときに発生する熱エネルギーとして、正しいものは次のうちどれか。

☐　1. 15kJ　　2. 180kJ
　　3. 900kJ　　4. 3,600kJ

【8】コンセントとプラグの接触部分の接触状態によって生じる接触抵抗について、誤っているものは次のちどれか。[★]

☐ 1．接触部分がほこりで汚れていると、接触抵抗は大きくなる。

2．接触部分の表面に凹凸があると、接触する面積が小さくなり、接触抵抗は小さくなる。

3．接触抵抗が大きいと、その部分に発生するジュール熱は大きくなる。

4．過熱や腐食のために接触部分に絶縁性の酸化被膜ができると、接触抵抗は大きくなる。

▶▶正解＆解説···

【1】正解1

【2】正解4

回路図を右のように、並列回路と直列回路がわかるように変形する。3Ω3個の並列回路と4Ω2個の並列回路が、直列に接続した回路となる。

3Ω3個の並列回路の合成抵抗R1を求める。

$$\frac{1}{R_1} = \frac{1}{3} + \frac{1}{3} + \frac{1}{3} = \frac{3}{3} = \frac{1}{1}$$

⇒ $R_1 = 1\,Ω$

4Ω2個の並列回路の合成抵抗R2を求める。

$$\frac{1}{R_2} = \frac{1}{4} + \frac{1}{4} + \frac{2}{4} = \frac{1}{2} \quad ⇒ \quad R_2 = 2\,Ω$$

回路に流れる電流 $I = \dfrac{電圧\ V}{抵抗\ R} = \dfrac{30V}{3\,Ω} = 10A$

全電力＝電圧 V ×電流 I ＝ 30V × 10 A ＝ 300W

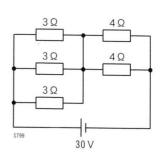

S799

30 V

【3】正解2

回路図を右のように、並列回路と直列回路がわかるように変形する。4Ω4個の並列回路と3Ω3個の並列回路が、直列に接続した回路となる。

4Ω4個の並列回路の合成抵抗R1を求める。

$$\frac{1}{R_1} = \frac{1}{4} + \frac{1}{4} + \frac{1}{4} + \frac{1}{4} = \frac{4}{4} = \frac{1}{1}$$

⇒ $R_1 = 1\,Ω$

3Ω3個の並列回路の合成抵抗R2を求める。

$$\frac{1}{R_2} = \frac{1}{3} + \frac{1}{3} + \frac{1}{3} = \frac{3}{3} = \frac{1}{1}$$

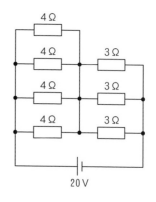

20 V

$\Rightarrow$　$R_2 = 1\,\Omega$

　ここでは合成抵抗を計算で求めたが、単純に４Ωの抵抗を４個並列に接続すれば、４分の１の１Ωになる。また、３Ωの抵抗を３個並列に接続すれば、３分の１の１Ωになる。

$$回路に流れる電流\,I = \frac{電圧\,V}{抵抗\,R} = \frac{20\text{V}}{2\,\Omega} = 10\text{A}$$

全電力＝電圧 V ×電流 I ＝ 20V × 10 A ＝ 200W

【4】正解２

　10Ωと15Ωの並列接続部分の合成抵抗を求める。

$$\frac{1}{R} = \frac{1}{10} + \frac{1}{15} = \frac{3+2}{30} = \frac{5}{30} = \frac{1}{6} \quad \Rightarrow \quad R = 6\,\Omega$$

回路の合成抵抗は（６Ω＋ R Ω）となる。これをオームの法則 $V = RI$ に代入する。

24V ＝（６Ω＋ R Ω）× ２A

12 ＝（6 + R）　$\Rightarrow$　$R = 6\,\Omega$

抵抗 R の両端の電圧＝ RI ＝ 6Ω × 2A ＝ 12V

抵抗 R の消費電力＝ VI ＝ 12V × 2A ＝ 24W

【5】正解４

　10kΩの抵抗に 10mA の電流を流すとき、抵抗に加わる電圧はオームの法則 $V = RI$ より次のとおり。

　V ＝ 10kΩ × 10mA ＝ 10,000 Ω × 0.01A ＝ 100V

　抵抗が消費する電力は、$P = VI$ より次のとおり。

　P ＝ 100V × 10mA ＝ 100V × 0.01A ＝ 1 W

【6】正解２

　５Ωの抵抗に２Aの電流を流すとき、抵抗に加わる電圧はオームの法則 $V = RI$ より、５Ω × ２A ＝ 10V となる。抵抗が消費する電力は、$P = VI$ より 10V × 2A ＝ 20W となる。電流を流す時間は 180 秒（３分）間であることから、電力量は $W = Pt$ より次のとおりとなる。

　W ＝ 20W × 180s ＝ 3,600W・s ＝ 3,600J

【7】正解３

　20 Ωの抵抗に５Aの電流を流すとき、抵抗に加わる電圧はオームの法則 $V = RI$ より、20 Ω × ５A ＝ 100V となる。抵抗が消費する電力は、$P = VI$ より 100V × ５A ＝ 500W となる。電流を流す時間は、30 分＝ 30 × 60 秒＝ 1,800 秒であることから、電力量は $W = Pt$ より、次のとおりとなる。

　W ＝ 500W × 1,800s ＝ 900,000W・s ＝ 900,000J ＝ 900kJ

【8】 正解2

2．接触する面積が小さくなると、接触抵抗は大きくなる。反対に、接触する面積が大きくなると、接触抵抗は小さくなる。

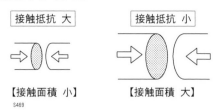

3．下図の回路で、接触抵抗が1Ωの場合と2Ωの場合で発生するジュール熱を比較してみる。接触抵抗が0Ωの状態では、負荷に流れる電流は100V／100Ω＝1Aとなり、負荷の電力は100Wとなる。

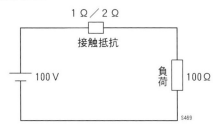

◎1Ωの接触抵抗が発生している状態で、流れる電流 I、接触抵抗部分で降下する電圧V、接触抵抗の電力Pは、それぞれ次のとおりとなる。

$$I = \frac{100V}{101\ \Omega} = \frac{100}{101}\ A \qquad V = \frac{1\ \Omega}{(100\ \Omega + 1\ \Omega)} \times 100V = \frac{100}{101}\ V$$

$$P = \frac{100}{101}\ V \times \frac{100}{101}\ A = \frac{10000}{10201}\ W = 0.980\cdots W$$

◎2Ωの接触抵抗が発生している状態では、それぞれ次のとおりとなる。

$$I = \frac{100V}{102\ \Omega} = \frac{100}{102}\ A \qquad V = \frac{2\ \Omega}{(100\ \Omega + 2\ \Omega)} \times 100V = \frac{200}{102}\ V$$

$$P = \frac{200}{102}\ V \times \frac{100}{102}\ A = \frac{20000}{10404}\ W = 1.922\cdots W$$

ジュール熱は、抵抗に電流を流したときに発生する熱量で、単位は〔J〕を使う。電流がすべて熱になるとき、単位時間あたりのジュール熱は電力と同じになる。

■1. 磁気量

◎磁石は互いに引きつけ合ったり、反発し合ったりする。これは、磁石の両端にある磁極間で磁力（磁気力）が働いているためである。

◎磁気量の単位には、ウェーバ〔Wb〕を用いる。

◎磁気量がそれぞれm_1〔Wb〕、m_2〔Wb〕の磁極間に働く磁力F〔N〕は、電荷に関するクーロンの法則と同様に、磁極間の距離の2乗に反比例し、磁気量の積（$m_1 m_2$）に比例する。

■2. 磁界

◎磁力は、磁極によって周りの空間が変化し、その変化した空間から他の磁極が力を受けることによって働くと考えることができる。磁力を及ぼす空間では、磁界が生じているという。

◎ある点に磁石のN極を置いたとき、そのN極が1Wbあたりに受ける力の大きさを磁界の強さと定義し、記号Hで表す。磁界の強さの単位は、ニュートン毎ウェーバ〔N/Wb〕となる。

■3. 磁力線

◎磁界のようすは、磁石の周りに鉄粉を置くことによって観測することができる。

◎磁界のようすを表すため、磁界の向きに沿って描いた線を磁力線という。磁力線は、磁石のN極から出てS極に入る。また、磁力線は交差したり分岐することがない。磁力線が密集している場所では、磁界が強い。

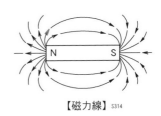

【磁力線】 S314

■4. 直流電流がつくる磁界

◎十分に長い導線を流れる直流電流のまわりには、同心円状の磁界ができる。その向きは、ねじの進む向きを電流の向きに合わせたとき、ねじを回す向きとなる。これを右ねじの法則という。

磁力線
の方向

電流

S248

【右ねじの法則】

179

■5．ドットとクロス

◎電磁力の向きや誘導起電力の向き
を説明する際、必要となるのがドッ
トとクロスである。ドットは紙面
から手前に向かう方向を表し、ク
ロスは紙面から奥に向かう方向を
表す。矢の先端と尾からデザイン
されている。

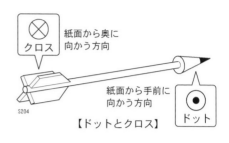

【ドットとクロス】

■6．電流が磁界から受ける力

◎電流は周囲に磁界を生じ、磁石に力を及ぼす。このとき、作用・反作用の法則に
より、電流は逆向きの力を受ける。見方を変えると、磁石のつくる磁界が電流に
力を及ぼすと考えることができる。

◎電流の流れる導線と磁界との間で働く力を**電磁力**という。

◎磁界の中に導線を配置し電流を流すと、導体に働く力（電磁力）は、電流の方
向にも磁界の方向にも直角な方向となる。磁界と電流と電磁力の向きの関係は、
ちょうど左手の中指を電流の向き、人差し指を磁界の向きに合わせると、親指が
力の向きとなる。これを**フレミングの左手の法則**という。

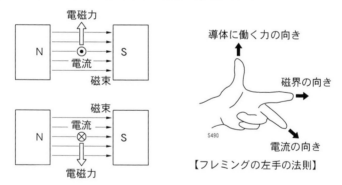

【フレミングの左手の法則】

■7. 磁束密度

◎磁界の強さ H〔N/Wb〕は、磁極が単位磁気量（1Wb）あたりに受ける力の大きさと定義した。これに対し、単位電流（1A）が流れる導線が単位長さ（1m）あたりに受ける力によって、磁気の強さを定義したもの**磁束密度**という。記号 B を用いる。

◎磁束密度の単位は、〔N/A·m〕となるが、これをテスラ〔T〕と表す。1Aが流れる導線1mあたりに受ける力が1Nであるとき、磁束密度の大きさはちょうど1〔T〕となる。

◎磁束密度の大きさ B を用いて、導線に働く力 F を表すと、次のとおりとなる。

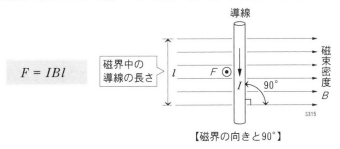

$$F = IBl$$

【磁界の向きと90°】

■8. 平行電流が及ぼし合う力

◎十分に長い導線A、Bを間隔 r〔m〕で平行に並べ、**同じ向きに**それぞれ電流 I_A〔A〕、I_B〔A〕を流したとき、導線Aが導線Bに及ぼす力の向きを考えてみる。

◎導線Bには、電流 I_A により手前から奥に向かう磁界が作用する。また、電流 I_B は上方向に流れる。従って、フレミングの左手の法則により、導線Bに働く力は内向きとなる。同様にして、導線Bが導線Aに及ぼす力の向きを考えてみると、導線Aに働く力は内向きとなる。この結果、同じ向きで平行電流を流すと、互いに引力（**吸引力**）が働く。

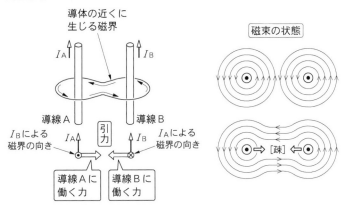

【導線AとBに同じ向きの電流を流したとき】

◎平行電流が磁界から受ける力の向きは、フレミングの左手の法則によるほか、電流がつくる磁束の疎密からも知ることができる。同じ向きの電流の場合、右ねじの法則により導線Aと導線Bの中間付近では、磁界が弱め合うため、疎の状態となる。一方、導線Aと導線Bの外側の磁界は、弱め合うことなくそのまま存在する。この結果、2本の平行な導線には引力が生じる。

◎次に、異なる向きにそれぞれ電流 I_A〔A〕、I_B〔A〕を流したとき、導線Aが導線Bに及ぼす力の向きを考えてみる。

◎導線Bには、電流 I_A により手前から奥に向かう磁界が作用する。また、電流 I_B は下方に流れる。従って、フレミングの左手の法則により、導線Bに働く力は外向きとなる。同様にして、導線Bが導線Aに及ぼす力の向きを考えてみると、導線Aに働く力は外向きとなる。この結果、異なる向きの平行電流を流すと、互いに斥力（反発力）が働く。

◎**異なる向き**に平行な電流が流れるとき、右ねじの法則により導線Aと導線Bの中間付近では、磁束が強め合うため、密の状態となる。一方、導線Aと導線Bの外側の磁界は、強め合うことなくそのまま存在する。この結果、2本の平行な導線には斥力（**反発力**）が生じる。

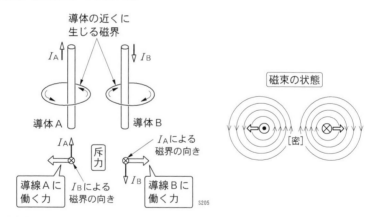

【導線AとBに反対向きの電流を流したとき】

【1】右図のように2つの直線状導体A、Bを平行
になるように近づけて置き、矢印の方向に電流
を流した場合の両導体付近における磁束と働く
力について、正しいものは次のうちどれか。

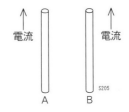

□　1．両導体間では、両導体の外側に比べ、磁束が密になり、吸引力が働く。
　　2．両導体間では、両導体の外側に比べ、磁束が密になり、反発力が働く。
　　3．両導体間では、両導体の外側に比べ、磁束が疎になり、吸引力が働く。
　　4．両導体間では、両導体の外側に比べ、磁束が疎になり、反発力が働く。

【2】平等磁界中に置かれた導線に、図のように電流を流した場合、導線に働く力の
方向として正しいものは次のうちどれか。

□　1．左の方向
　　2．右の方向
　　3．上の方向
　　4．下の方向

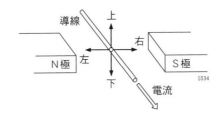

▶▶正解&解説⋯⋯⋯⋯⋯⋯⋯⋯⋯⋯⋯⋯⋯⋯⋯⋯⋯⋯⋯⋯⋯⋯⋯⋯⋯⋯⋯⋯⋯⋯⋯⋯⋯⋯

【1】正解3

【2】正解3

　　平等磁界とは、すべての点で、磁界の強さやその向きが一定な磁界をいう。フレミン
グの左手の法則より、磁界中に導線を置き電流を流すと、導線に働く力は電流の方向に
も磁界の方向にも直角な方向となる。

10. 電気力線

◎電荷に静電気力を及ぼす空間には、電界（または電場）が生じているという。

◎電界中に正の試験電荷を置き、これを電界から受ける静電気力の向きに少しずつ動かすと、1つの曲線が得られる。この曲線を**電気力線**といい、正の電荷が動いた向きを電気力線の向きとする。

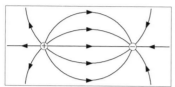

[正・負電荷のまわりの電気力線]　　　[正・正電荷のまわりの電気力線]

【電気力線を用いて電界を表した図】S604

◎電気力線は、次の特性がある。

①電気力線は正の電荷から出て、負の電荷で終わる。

②電気力線の各点において電気力線の向きに引いた接線は、定義から、その点の電界の向きになる。

③電界の向きは各点で定まっているので、電気力線は交差したり枝分かれしない。

④電気力線の密度は、電界の強さを表す。

⑤電気力線は導体表面に垂直となる。ただし、導体内部の電界は0であるため、電気力線は導体の**内部に入り込まない。**

▶▶ 過去問題 ◀◀

【1】 電気力線の性質として、誤っているものは次のうちどれか。

□　1．電気力線は、正の電荷から出て、負の電荷に入る。

　　2．任意の点における電界の向きは、その点を通る電気力線の接線の向きとなる。

　　3．任意の点における電気力線の密度は、その点における電界の強さを表す。

　　4．電気力線は、導体に垂直に出入りし、導体内にも存在する。

▶▶正解＆解説……………………………………………………………………………………

【1】正解4

　　4．電気力線は導体表面に垂直となるが、導体の内部には入り込まないため、導体内には存在しない。導体内部の電界は0となる。

◎図1のように、磁石をコイルに近づけたり遠ざけたりすると、コイルに電流が流れる。また、磁石を固定してコイルの方を動かしても、コイルに電流が流れる。

◎流れる電流の向きは、磁石を近づけるときと遠ざけるときで逆向きとなる。

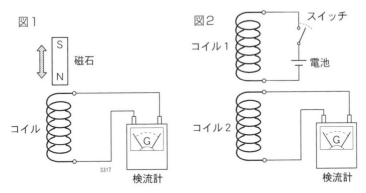

◎更に、図2のように2つのコイルを近くに置いて、コイル1に流す電流をスイッチで断続すると、コイル2に電流が流れる。

◎流れる電流の向きは、スイッチを入れたときと切ったときで逆向きとなる。

◎これらの現象は、コイルを貫く磁束が時間的に変化すると、コイルに起電力が発生し、電流が流れることを示している。このような現象を**電磁誘導**という。そして、電磁誘導によって生じる起電力を**誘導起電力**、流れる電流を**誘導電流**という。

▶誘導起電力の向き

◎コイルに発生する誘導起電力の向きは、誘導電流のつくる磁束が、もとのコイルを貫く磁束の変化を**妨げる向き**となっている。

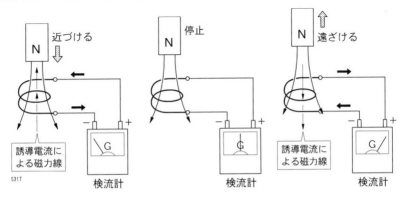

◎一般に、誘導起電力は、コイルを貫く磁束の変化を妨げる向きに生じる。これを**レンツの法則**という。

185

▶誘導起電力の大きさ

◎誘導起電力の大きさは、コイルを貫く磁束の単位時間あたりの変化に比例する。これをファラデーの電磁誘導の法則という。

◎コイルを貫く磁束が時間Δt〔s〕の間に$\Delta \Phi$〔Wb〕だけ変化したとき、1巻のコイルに生じる誘導起電力V〔V〕は、次のとおりとなる。

$$V = -\frac{\Delta \Phi}{\Delta t}$$

〔参考〕Δはギリシャ語のデルタで、微少な増加分を表す。また、Φはギリシャ語のファイで、磁束を表す。

◎右辺の負の符号は、磁束の変化を妨げる向きに誘導起電力が生じるというレンツの法則を表している。N回巻きのコイルの場合、1巻あたりに生じる誘導起電力が、直列につながれた電池のようになるため、コイル全体の誘導起電力は次のとおりとなる。

$$V = -N\frac{\Delta \Phi}{\Delta t}$$

【例題】30回巻のコイルにおいて、コイルを貫く磁束が0.10秒間に、1.0×10^{-3}〔Wb〕変化した。コイルの両端に生じる誘導起電力V〔V〕の大きさを求めよ。

$$V = 30 \times \frac{1.0 \times 10^{-3}\text{Wb}}{0.10\text{s}} = 30 \times 10^{-2}\text{V} = 0.3\text{V}$$

▶磁界中を動く導体に生じる起電力

◎ファラデーの電磁誘導の法則は、コイルの形状が変化し、その結果としてコイルを貫く磁束が時間的に変化する場合にも同様に成り立つ。

◎すなわち、磁束を切るように導体を動かした場合でも、導体に誘導起電力が生じる。例えば、一様な磁束密度B〔T〕の磁界に対して垂直に置かれたレールの上を、一定の速度v〔m/s〕で滑りながら移動する長さl〔m〕の導体棒を考えてみる。レールの左端は抵抗につながっており、コイルのように閉回路を形成している。

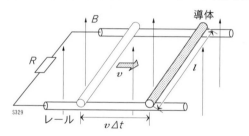

◎時間 Δt〔s〕あたり導体が移動する面積は、$l \times v \Delta t$〔m²〕となり、回路を貫く磁束は、$\Delta \Phi = Blv \Delta t$〔Wb〕だけ増加する。この回路に発生する誘導起電力は、次のとおりとなる。

$$V = -\frac{\Delta \Phi}{\Delta t} = Blv$$

▶フレミングの右手の法則

◎誘導起電力の向きは、磁界・導体の動く向きを、それぞれ互いに垂直方向に開いた右手の人差し指、親指に対応させると、中指の向きとなる。

◎この関係を、フレミングの右手の法則という。

〔フレミングの法則のまとめ〕

	左手の法則	右手の法則
中指	電流の向き	誘導起電力
人差指	磁界の向き	磁界の向き
親指	導体に働く力	導体の動く向き

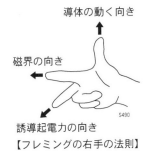

【フレミングの右手の法則】

〔参考〕左手の法則の覚え方例：中指（**電**流の向き）⇒ 人差指（**磁**界の向き）⇒ 親指（導体に働く**力**の向き）…「**電磁力**」と覚える。

〔参考〕右手の法則の覚え方例：右手（み**ぎ**て）の「**ぎ**」と起電力（**き**でんりょく）の「**き**」を関連づけて覚える。

▶検流計

◎検流計は、微小な電流をはかる計器である。可動コイル形のものは電流計と同じ構造である。ただし、電流計と大きく異なるのは、ゼロ値の指針の位置である。電流計は左端に指針があるのに対し、検流計は中央に指針がある。

◎検流計は、プラス（＋）端子から電流が入り込むと、指針が右方向に振れる。逆に、（－）端子から電流が入り込むと、指針が左方向に振れる。

▲ 検流計

【1】 導体 a、b、c を下図のように平面上に配置し、磁束密度 B が 1.5〔T〕の
平等磁界中においた。磁界と直角方向に磁束を切る長さ 0.4〔m〕の導体 c を、
20〔m/s〕の速度で矢印の方向へ移動させたとき、発生する誘導起電力の大き
さとして、正しいものは次のうちどれか。[★]

□　1．10V
　　2．12V
　　3．24V
　　4．32V

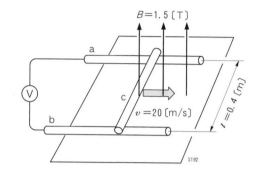

【2】 下図のように磁束密度 B が 0.3〔T〕の平等磁界中に長さ 40〔cm〕の導体を
置き、これを磁界と導体のそれぞれに垂直な向きに 50〔cm/s〕の速度で矢印の
方向へ動かしたとき、導体の両端 a − b 間に発生する誘導起電力の大きさとし
て、正しいものは次のうちどれか。[★]

□　1．20mV
　　2．40mV
　　3．60mV
　　4．80mV

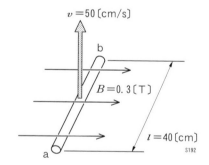

【3】下図のように、コイルと棒磁石を用いて行った実験結果の説明で、誤っているものは次のうちどれか。

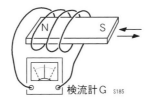

検流計 G S185

☐　1．磁石をコイルの中に入れたときと出したときでは、検流計 G の針の振れは逆になった。
　　2．磁石を動かす速度を変えたら、検流計 G の針の振れの大きさが変わった。
　　3．磁石を動かしてコイルの中に出し入れすると、検流計 G の針は振れたが、磁石を静止させると針は振れなくなった。
　　4．磁石を静止させたままでコイルを動かすと検流計 G の針は振れ、コイルを磁石の中央で静止させると針は振れたところで静止した。

【4】下図のように、コイルと棒磁石を用いた実験を行った結果の説明として、誤っているものは次のうちどれか。

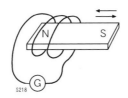

S218

☐　1．磁石を動かしてコイルの中に入れたり出したりすると、検流計 G の針は振れたが、磁石を静止させると針は零を示した。
　　2．磁石を動かす速度を変えたら、検流計 G の針の振れの大きさが変わった。
　　3．磁石を静止させたままでコイルを磁石に近づけると、検流計 G の針は振れ、コイルを静止させると針は零を示した。
　　4．磁石をコイルの中に入れたときと、出したときの検流計 G の針の振れは同一方向であった。

【5】下図（【4】と同じ）のように、コイルと棒磁石を用いて行った実験結果の説明で、誤っているものは次のうちどれか。

☐ 1. 磁石を静止させたままでコイルを動かすと、検流計Gの針は振れ、コイルを静止させると針は振れなくなった。

2. 磁石を動かす速度を変えたが、検流計Gの針の振れの大きさは変わらなかった。

3. 磁石を動かしてコイルの中に出し入れすると、検流計Gの針は振れ、磁石を静止させると針は振れなくなった。

4. 磁石をコイルの中に入れたときと出したときでは、検流計Gの針の振れは逆になった。

【6】電流と磁界の相互作用について、次のうち誤っているものはどれか。

☐ 1. コイルに磁石を近づけたり遠ざけたりすると、コイルに起電力が生じる。

2. 磁界中でコイルを回転させると、コイルに起電力が生じる。

3. 2つのコイルを近接して置き、一方のコイルに一定の直流電流を流すと、他のコイルに起電力が生じる。

4. 磁界中に導体を磁束と錯交するように置き、導体に直流電流を流すと、導体を移動させようとする力がはたらく。

【7】下の図は、コイルAとBを近接して置いたものである。スイッチSの操作で生じる誘導起電力について、次のうち誤っているものはどれか。

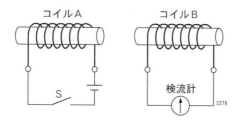

☐ 1. コイルBに生じる誘導起電力の向きは、誘導起電力によって流れる電流のつくる磁束が、もとの磁束の増減を妨げない向きに生じる。

2. コイルAとBを近づけると、誘導起電力の大きさが変化する。

3. コイルBの巻数を一定にして、コイルAの巻数を多くすると、誘導起電力の大きさが変化する。

4. コイルAとBに鉄芯を入れると、入れないときに比べ、誘導起電力の大きさが変化する。

【8】 下図のように2つのコイルA、Bを近接して巻いたとき、スイッチの操作に
伴う検流計の指針の振れについて、正しいものは次のうちどれか。

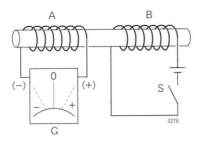

□ 1．スイッチSを閉じた瞬間に（-）側に振れ、すぐに0に戻り、スイッチS
　　　を開いた瞬間に（+）側に振れ、すぐに0に戻る。

　 2．スイッチSを閉じた瞬間に（-）側に振れ、すぐに0に戻り、スイッチS
　　　を開いた瞬間に（-）側に振れ、すぐに0に戻る。

　 3．スイッチSを閉じた瞬間に（+）側に振れ、すぐに0に戻り、スイッチS
　　　を開いた瞬間に（+）側に振れ、すぐに0に戻る。

　 4．スイッチSを閉じた瞬間に（+）側に振れ、すぐに0に戻り、スイッチS
　　　を開いた瞬間に（-）側に振れ、すぐに0に戻る。

【9】 次の関係を示す法則として、正しいものはどれか。

　　「誘導起電力の大きさは、コイルを貫く磁束の単位時間あたりの変化に比例す
る。」

□ 1．クーロンの法則　　　　　 2．レンツの法則
　 3．ファラデーの法則　　　　 4．アンペアの右ねじの法則

【10】 フレミングの右手の法則に関する次の記述のうち、文中の（ ）に当てはま
る語句の組合せとして、正しいものはどれか。

　　「右手の親指・人差し指・中指をそれぞれ直交するように開き、親指を導体が
移動する向き、人差し指を（ア）の向きに向けると、中指の向きは（イ）の向き
と一致する。」

　　　　（ア）　　　（イ）
□ 1．磁界　　　誘導起電力
　 2．磁界　　　電磁力
　 3．電流　　　電磁力
　 4．電流　　　誘導起電力

【1】 正解2

誘導起電力 $V = Blv$ = 1.5T × 0.4m × 20m/s = 12V

平等磁界とは、すべての点で、磁界の強さやその向きが一定な磁界をいう。

【2】 正解3

単位の cm を m に変換して、公式に代入する。

誘導起電力 $V = Blv$ = 0.3T × 0.4m × 0.5m/s = 0.06V = 60mV

【3】 正解4

4．コイルを磁石の中央で静止させると、検流計の針は中央のゼロ値の位置で静止する。

【4】 正解4

4．磁石をコイルの中に入れたときと、出したときの検流計Gの針の振れは、逆方向となる。

【5】 正解2

2．磁石を動かす速度を変えると、針の振れの大きさが変わる。

【6】 正解3

3．一方のコイルに一定の直流電流を流している状態では、他のコイルに起電力は生じない。直流電流を断続すると、他のコイルに起電力が生じる。

4．「9．電流と磁界 ■6．電流が磁界から受ける力」180P参照。

【7】 正解1

1．コイルBに生じる誘導起電力の向きは、誘導起電力によって流れる電流のつくる磁束が、もとの磁束の増減を妨げる向きに生じる。

【8】 正解4

コイルBのスイッチSを閉じると、コイルAに誘導起電力が生じる。誘導起電力の向きは、検流計の（＋）端子⇒検流計内部⇒検流計の（－）端子、となる。この向きは、コイルBに流れる電流の向きと逆となる。また、検流計の指針は（＋）側に振れる。

コイルBのスイッチSを閉じている状態から開くと、コイルAに誘導起電力が生じる。誘導起電力の向きは、検流計の（－）端子⇒検流計内部⇒検流計の（＋）端子、となる。この向きは、コイルBに流れていた電流の向きと同じとなる。また、検流計の指針は（－）側に振れる。

【9】 正解3

1．クーロンの法則…2つの点電荷に働く静電力は、両電荷の積に比例し、両電荷の距離の2乗に反比例する。「12．クーロンの法則」193P参照。

2．レンツの法則…誘導起電力は、コイルを貫く磁束の変化を妨げる向きに生じる。

4．アンペアの右ねじの法則…電流の向きに右ねじの進む方向を合わせると、ねじを回す向きと磁界の向きが一致する。

【10】 正解1

12. クーロンの法則

▶静電気に関するクーロンの法則

◎2つの帯電体が及ぼし合う静電気力の大きさは、帯電体の電気量の大きさと、帯電体間の距離によって変化する。

◎帯電体の間の距離に比べて帯電体の大きさが無視できるほど小さい場合、その帯電体を点電荷という。

◎静電気力 F〔N〕は、2つの点電荷の電気量 q_1〔C〕、q_2〔C〕の積に比例し、距離 r〔m〕の2乗に反比例する。これを静電気に関するクーロンの法則という。

$$F = k \frac{q_1 q_2}{r^2}$$

k：比例定数

【同符号の場合】S330

【異符号の場合】

▶磁気に関するクーロンの法則

◎磁力 F〔N〕は、2つの点磁極の磁気量 m_1〔Wb〕、m_2〔Wb〕の積に比例し、距離 r〔m〕の2乗に反比例する。これを磁気に関するクーロンの法則という。

$$F = k_m \frac{m_1 m_2}{r^2}$$

k_m：比例定数

◎磁気量（磁極の強さ）の単位は、ウェーバ〔Wb〕を用いる。

▶ ▶ 過去問題 ◀ ◀

【1】次の関係を示す法則の名称として、正しいものはどれか。

「2つの点電荷に働く静電力は、両電荷の積に比例し、両電荷の距離の2乗に反比例する。」

□ 1．レンツの法則
2．クーロンの法則
3．ファラデーの法則
4．ビオ・サバールの法則

【2】 磁気に関するクーロンの法則について、正しいものは次のうちどれか。

☐ 　1．2つの点磁極の間に働く力の大きさは、2つの点磁極の磁極の強さの和に
　　　 比例し、2つの点磁極間の距離に反比例する。

　　 2．2つの点磁極の間に働く力の大きさは、2つの点磁極の磁極の強さの和に
　　　 比例し、2つの点磁極間の距離の2乗に反比例する。

　　 3．2つの点磁極の間に働く力の大きさは、2つの点磁極の磁極の強さの積に
　　　 比例し、2つの点磁極間の距離に反比例する。

　　 4．2つの点磁極の間に働く力の大きさは、2つの点磁極の磁極の強さの積に
　　　 比例し、2つの点磁極間の距離の2乗に反比例する。

▶▶正解＆解説‥‥‥‥‥‥‥‥‥‥‥‥‥‥‥‥‥‥‥‥‥‥‥‥‥‥‥‥‥‥‥‥‥‥‥‥‥‥‥

【1】正解2

　　静電気力＝静電力である。「静電力」は、主に工学の分野で使われる。

　 1．レンツの法則…誘導起電力は、コイルを貫く磁束の変化を妨げる向きに生じる。

　 3．ファラデーの電磁誘導の法則…誘導起電力の大きさは、コイルを貫く磁束の単位時
　　 間あたりの変化に比例する。

　 4．ビオ・サバールの法則では、さまざまな形状の電線に電流が流れているとき、任意
　　 の点に作られる磁界の強さを求めることができる。詳細は省略。

【2】正解4

13. コンデンサ

◎2つの導体を向かい合わせることによって、多量の電気を蓄える装置を**コンデンサ**という。

◎コンデンサの2つの極板に蓄えられる電気量 Q〔クーロンC〕は、極板間の電位差 V〔V〕に比例し、次の式で表される。

$$Q = CV$$

◎比例定数 C は、極板の大きさや距離などによって決まる定数で、**電気容量**と呼ばれる。電気容量の単位には、ファラド〔F〕を用いる。1Fは、1Vの電位差を与えたときに1Cの電荷を蓄えられる静電容量である。

◎1Fは非常に大きな静電容量であるため、多くの場合、μF が使われる。

1 μF = 1.0×10^{-6}F

〔用語〕μ〔マイクロ〕：10^{-6} を表す接頭語。

◎3個のコンデンサ（$C_1 \cdot C_2 \cdot C_3$）を**並列接続**したとき、回路全体の合成静電容量 C は、**各静電容量の和**となる。

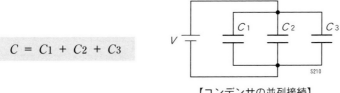

$$C = C_1 + C_2 + C_3$$

【コンデンサの並列接続】

◎3個のコンデンサ（$C_1 \cdot C_2 \cdot C_3$）を**直列接続**したとき、回路全体の合成静電容量 C の逆数は、**各静電容量の逆数の和**となる。

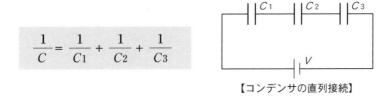

$$\frac{1}{C} = \frac{1}{C_1} + \frac{1}{C_2} + \frac{1}{C_3}$$

【コンデンサの直列接続】

▶**コンデンサに蓄えられるエネルギー**

◎静電容量 C〔F〕のコンデンサに電圧 V〔V〕を加えると、電荷 Q（$= CV$）〔C〕が蓄えられる。

◎電源を外してコンデンサの端子間を導体で接続すると、電荷が放出して仕事をする。すなわち、充電されたコンデンサは、エネルギーを蓄えている。

195

◎電圧を0から V 〔V〕まで増加したとき、コンデンサに蓄えられるエネルギー W 〔J〕は、図の斜線部分の面積で表され、次のようになる。

$$W = \frac{1}{2}VQ = \frac{1}{2}CV^2$$

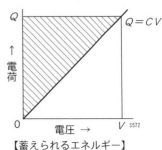

【蓄えられるエネルギー】

▶電界の強さ

◎距離 l 〔m〕の平行な2枚の金属板に、電圧 V 〔V〕を加えたとき、金属板に電荷が生じる。このとき平行金属板の電界の強さはどこも同じとなり、これを平等電界という。

◎平等電界の大きさ E 〔V/m〕は、次の式で表される。

$$E = \frac{V}{l}$$

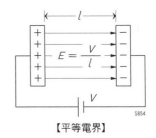

【平等電界】

▶▶過去問題◀◀

【1】 20μFと30μFのコンデンサを直列に接続したときの合成静電容量として、正しいものは次のうちどれか。

☐　1．6 μF　　　　2．12 μF

　　3．24 μF　　　　4．50 μF

【2】 2μFと3μFのコンデンサを並列に接続したときの合成静電容量として、正しいものは次のうちどれか。

☐　1．$\frac{5}{6}$ μF　　　　2．$\frac{6}{5}$ μF

　　3．5 μF　　　　　4．6 μF

【3】 下図のAB間の合成静電容量として、正しいものは次のうちどれか。

☐　1．6.4 μF

　　2．7.6 μF

　　3．8.4 μF

　　4．9.6 μF

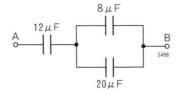

【4】下図のＡＢ間の合成静電容量として、正しいものは次のうちどれか。

☐ 1．0.75μF

2．2.25μF

3．4 μF

4．6 μF

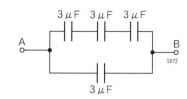

【5】下図のＡＢ間の合成静電容量として、正しいものは次のうちどれか。[★]

☐ 1．9.0μF

2．10.0μF

3．10.8μF

4．15.0μF

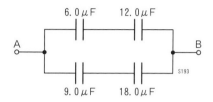

【6】静電容量が C_1、C_2 の２つのコンデンサを直列に接続した場合、その合成静電容量 C を示す式は次のうちどれか。

☐ 1．$C = C_1 + C_2$

2．$C = \dfrac{C_1 + C_2}{C_1 C_2}$

3．$C = \dfrac{C_1 C_2}{C_1 + C_2}$

4．$C = \dfrac{(C_1 + C_2)^2}{(C_1 C_2)^2}$

【7】静電容量が C_1、C_2 の２つのコンデンサを直列に接続した場合、その合成静電容量 C の値について、正しいものは次のうちどれか。

☐ 1．C は、C_1 と C_2 の和となる。

2．C は、C_1 と C_2 の和の逆数となる。

3．C は、C_1 と C_2 の逆数の和となる。

4．C は、C_1 と C_2 の逆数の和の逆数となる。

【8】 下図のように、起電力が 6 V の電池、抵抗及びコンデンサを接続したとき、0.1 μF のコンデンサに蓄えられる電気量として、正しいものは次のうちどれか。

□ 1. 0.1 μC
　 2. 0.2 μC
　 3. 0.3 μC
　 4. 0.4 μC

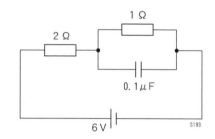

【9】 下図の回路において、スイッチ S を入れた瞬間と、十分に時間が経過した後の 2.0 Ω の抵抗に流れる電流値の組合せとして、正しいものは次のうちどれか。ただし、初めはコンデンサに電荷がないものとする。

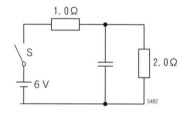

〔スイッチを入れた瞬間〕　〔十分に時間が経過した後〕

□ 1.　0 A　　　　　　　　　2.0 A
　 2.　0 A　　　　　　　　　3.0 A
　 3.　2.0 A　　　　　　　　2.0 A
　 4.　2.0 A　　　　　　　　3.0 A

【10】 静電容量 C〔F〕のコンデンサに、直流電圧 V〔V〕を加えたとき、コンデンサに蓄えられるエネルギー W〔J〕を表す式として、正しいものは次のうちどれか。

□ 1. $W = CV$
　 2. $W = CV^2$
　 3. $W = \dfrac{1}{2}CV$
　 4. $W = \dfrac{1}{2}CV^2$

【11】静電容量とコンデンサに関する次の記述において、文中の（　）に当てはまる数式の組み合わせとして、正しいものはどれか。

「電極間の距離が l、静電容量が C の平行板コンデンサ間に、起電力 V〔V〕の電池を接続すると、コンデンサに充電される電気量は（ア）となる。このとき、電極間には一様な電界が生じ、その電界の強さは（イ）となり、コンデンサに蓄えられるエネルギーは（ウ）となる。」

	（ア）	（イ）	（ウ）
□　1.	CV	$\dfrac{V}{l}$	$\dfrac{1}{2}CV^2$
2.	$\dfrac{1}{2}CV^2$	$\dfrac{V}{l}$	CV
3.	$\dfrac{1}{2}CV^2$	$\dfrac{l}{V}$	CV
4.	CV	$\dfrac{l}{V}$	$\dfrac{1}{2}CV^2$

▶▶正解&解説··

【1】正解2

合成静電容量を C とする。

$$\frac{1}{C} = \frac{1}{20} + \frac{1}{30} = \frac{3}{60} + \frac{2}{60} = \frac{5}{60} = \frac{1}{12}$$

⇒　$C = 12\,\mu\mathrm{F}$

【2】正解3

合成静電容量 $C = 2\,\mu\mathrm{F} + 3\,\mu\mathrm{F} = 5\,\mu\mathrm{F}$

【3】正解3

右の並列部分の合成静電容量は、$8\,\mu\mathrm{F} + 20\,\mu\mathrm{F} = 28\,\mu\mathrm{F}$ となる。

合成静電容量 C は次のとおりとなる。

$$\frac{1}{C} = \frac{1}{12} + \frac{1}{28} = \frac{7}{84} + \frac{3}{84} = \frac{10}{84} = \frac{5}{42} \quad ⇒ \quad C = 8.4\,\mu\mathrm{F}$$

【4】正解3

上段の合成静電容量 C は次のとおりとなる。

$$\frac{1}{C} = \frac{1}{3} + \frac{1}{3} + \frac{1}{3} = \frac{3}{3} = \frac{1}{1} \quad ⇒ \quad C = 1\,\mu\mathrm{F}$$

ＡＢ間の合成静電容量は、$1\,\mu\mathrm{F} + 3\,\mu\mathrm{F} = 4\,\mu\mathrm{F}$ となる。

【5】正解2

上段の合成静電容量を $C_上$ とする。

$$\frac{1}{C_{上}} = \frac{1}{6} + \frac{1}{12} = \frac{2}{12} + \frac{1}{12} = \frac{3}{12} = \frac{1}{4} \quad \Rightarrow \quad C_{上} = 4\,\mu F$$

下段の合成静電容量を $C_{下}$ とする。

$$\frac{1}{C_{下}} = \frac{1}{9} + \frac{1}{18} = \frac{2}{18} + \frac{1}{18} = \frac{3}{18} = \frac{1}{6} \quad \Rightarrow \quad C_{下} = 6\,\mu F$$

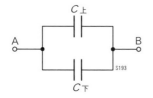 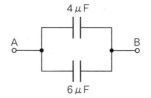

AB 間の合成静電容量を C とする。

合成静電容量 $C = C_{上} + C_{下} = 4\,\mu F + 6\,\mu F = 10\,\mu F$

【6】 正解3

$$\frac{1}{C} = \frac{1}{C_1} + \frac{1}{C_2} = \frac{C_2}{C_1 \times C_2} + \frac{C_1}{C_2 \times C_1} = \frac{C_1 + C_2}{C_1 \times C_2}$$

$$C = \frac{C_1 \times C_2}{C_1 + C_2}$$

【7】 正解4

［C_1 と C_2 の逆数の和の逆数］は、次のとおりとなる。

$$\frac{1}{\dfrac{1}{C_1} + \dfrac{1}{C_2}} = \frac{C_1 \times C_2}{\dfrac{C_1 \times C_2}{C_1} + \dfrac{C_1 \times C_2}{C_2}} = \frac{C_1 \times C_2}{C_2 + C_1} = \frac{C_1 \times C_2}{C_1 + C_2}$$

【8】 正解2

コンデンサの両側に加わる電圧 V を求める。

$$V = \frac{1\,\Omega}{2\,\Omega + 1\,\Omega} \times 6V = \frac{1}{3} \times 6V = 2V$$

コンデンサに蓄えられる電気量 Q〔C〕は、次のとおりとなる。

$Q = CV = 0.1\,\mu F \times 2V = 0.2\,\mu C$

【9】 正解1

　スイッチSを入れた瞬間、コンデンサには直流電流が流れ、静電容量に応じた電気を蓄える。従って、コンデンサと並列の2.0Ωの抵抗には電流が流れない。

　十分に時間が経過すると、コンデンサはそれ以上電気を蓄えることができないため、直流電流が流れない。従って、2.0Ωの抵抗の方に電流が流れる。直流回路の合成抵抗は、1.0Ω＋2.0Ω＝3.0Ωであり、電流は6V／3Ω＝2Aとなる。

【10】 正解4

【11】 正解1

◎指示電気計器は、電圧や電流などを指針の振れ等によって表示する計器である。

■1. 可動コイル形計器

◎直流用の電流計や電圧計には、可動コイル形計器が広く使われている。

◎可動コイル形計器は、磁界中のコイルに電流を流すと、電磁力が働きコイルを回転させようとするトルク(モーメント)が生じることを利用した計器である。

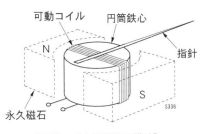

【可動コイル形計器の構造】

◎計器の指針駆動部は、強力な永久磁石、コイルを巻き付けた円筒鉄心、円筒鉄心の回転によって振れる指針、円筒鉄心をつるす金属製バンド等で構成されている。

◎円筒鉄心に巻き付けてあるコイルを**可動コイル**という。可動コイルに測定しようとする電流を流すと、磁界と電流の積に比例したトルク(駆動トルクという)が生じる。

◎一方、可動コイルの回転に伴い、金属製バンドがねじれ、コイルをもとの位置に戻そうとするトルク(制御トルクという)が働く。

◎この駆動トルクと制御トルクがつり合った位置でコイルの回転が止まり、指針を振って、電流の大きさを表示する。

◎可動コイル形計器は、計器の目盛が等間隔の**等分目盛**となる。一方、不等分目盛は等間隔とはならない目盛で、可動鉄片形計器などが該当する。

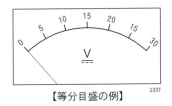

【等分目盛の例】

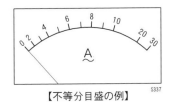

【不等分目盛の例】

▶特性と特長

◎磁界を作る強力な永久磁石を使用するため、極めて高感度である。

※永久磁石は、「6. 電気材料 ■4. 物質の磁化と磁性体 〔参考〕永久磁石とは…」167P参照。

◎永久磁石を使用しているため、磁界の方向が常に一定であり、コイルに流れる電流の向きが反対になると、指針の振れも反対となる。このため、計器にはプラスとマイナスの端子が指定してある。

◎等分目盛りであるため、精密に指針の振れを読むことができる。

◎可動部分を軽くつくるため、コイルは細い線が使われている。このため、コイルに直接流すことができる電流は数十〔mA〕が限度である。

◎微小な電流を測定できるものほど駆動トルクを強くするため、コイルは細い線を使用して数多く巻いてある。この結果、電流計の**内部抵抗**は大きくなる。

▶分流器

◎可動コイル形計器を直流電流計として使用する場合、可動コイルに直接流すことができる電流は数十〔mA〕が上限とされている。

◎これ以上の大きな電流を測定するには、電流計と並列に抵抗器を接続し、抵抗器にも電流を流すようにしている。この結果、電流計の可動コイルには測定電流の一部が分流されることになる。

◎電流計と並列に接続する抵抗器 R_S を**分流器**という。

◎分流器を接続した場合、計器は可動コイルに流れる電流の何倍の電流を測定することができるのか。この倍率を m とすると、次の式から求めることができる。ただし、計器の内部抵抗を r〔Ω〕とする。

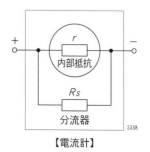

【電流計】

$$m = 1 + \frac{r}{R_S}$$

◎ m の値を**分流器の倍率**という。分流器の倍率は、分流器 R_S が小さくなるほど、分流器側に多くの電流が流れるため、大きな値となる。

【例題1】最大目盛 10〔mA〕、内部抵抗 2.45〔Ω〕の電流計に 0.05〔Ω〕の分流器を取り付けたとき、分流器の倍率 m はいくつになるか。また、どれだけの電流まで測定することができるか。

$$m = 1 + \frac{r}{R_S} = 1 + \frac{2.45}{0.05} = 50 \text{ 倍}$$

測定できる最大の電流 $I = 50 \times 10\text{mA} = 500\text{mA} = 0.5\text{A}$

▶倍率器

◎可動コイル形電流計について、内部抵抗を r〔Ω〕、加える電圧を V〔V〕とすると、$V = rI$ の関係がある。

◎この等式において、電圧と電流に注目すると、電流目盛の r 倍の値を電圧として目盛れば、電流計を電圧計として使えることになる。

◎可動コイル形電圧計では、測定できる電圧の上限を引き上げるため、可動コイルに対し直列に高抵抗を接続し、測定電圧の一部だけが可動コイルに加わるようにしている。

◎電圧計と直列に接続する高抵抗 R_m を
　倍率器という。

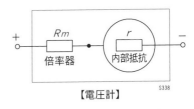

【電圧計】

S338

◎倍率器を接続した場合、計器は可動コイルに加わる電
　圧の何倍の電圧を測定することができるのか。この倍
　率を n とすると、次の式から求めることができる。
　ただし、計器の内部抵抗を r〔Ω〕とする。

$$n = 1 + \frac{R_m}{r}$$

◎ n の値を**倍率器の倍率**という。倍率器の倍率は、倍率器 R_m が大きくなるほど、
　倍率器側に加わる電圧が大きくなるため、大きな値となる。

【例題2】 最大目盛 50〔mV〕、内部抵抗 50〔Ω〕の電圧計に 99.95〔kΩ〕の倍率
　　　　　器を取り付けたとき、倍率器の倍率 n はいくつになるか。また、どれだけの電
　　　　　圧まで測定することができるか。

$$n = 1 + \frac{R_m}{r} = 1 + \frac{99.95 \times 10^3}{50} = 約 2000 倍$$

　測定できる最大の電圧
　　　$V = 2000 \times 50\text{mV} = 100000\text{mV} = 100\text{V}$

> 50〔Ω〕の単位に揃えるた
> め、99.95〔kΩ〕に
> 1000 = 10^3 を掛けている。

■2. 可動鉄片形計器

◎商用周波数（50Hz・60Hz）の**交流電流計**や**交流電圧計**には、可動鉄片形計器が
　使われている。

◎可動鉄片形計器は、磁界中に2つの鉄片を置くと、磁化されて2つの鉄片には磁
　界の強さに応じて反発力が生じることを利用した計器である。

◎計器の指針駆動部は、測定電流を流す固定コイル、固定コイル内側で位置が固定
　されてある**固定鉄片**、固定コイル内側で指針の
　回転軸と共に動く**可動鉄片**、指針などで構成さ
　れている。

◎固定コイルに測定電流が流れると、固定鉄片と
　可動鉄片は磁化され、反発力が働くことで可動
　鉄片は指針の回転軸を中心として動く。固定コ
　イルに流れる電流の向きが逆になっても、2つ
　の鉄片には反発力が働き、可動鉄片は固定鉄片
　と逆方向に動く。

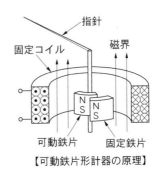

【可動鉄片形計器の原理】

◎固定コイルに流れる電流の向きに関係なく、可動鉄片にはトルクが生じ、可動鉄片と直結している指針を回転させる。指針の回転軸には渦巻きばねが取り付けてあり、ばねの弾性によるトルクとつり合った位置で指針は停止する。

◎可動鉄片形計器は一般に交流用として使われ、目盛りは不等分目盛となる。

〔参考〕直流に対しては鉄片のヒステリシス現象のため、多少の誤差を生じる。このため、普通は直流用として用いられない。また、駆動トルクは電流の２乗に比例するため、計器目盛は２乗目盛（不等分目盛）となるが、鉄片の形状を工夫して等分目盛りに近づけている。

▲可動鉄片形計器の例

■３．整流形計器

◎整流形計器は、ダイオードなどの整流器で交流を直流に変換し、これを可動コイル形計器で指示させる方式の交流用計器である。交流の電圧や電流を測定する。

◎可動コイルで生じるトルクは電流の平均値に比例するため、この計器は平均値指示計と言われる。しかし、実際の目盛は、その平均値を実効値に換算して示してある。

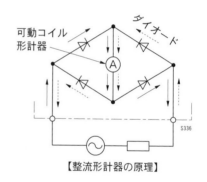

【整流形計器の原理】

■４．熱電形計器

◎熱電形計器は、熱線に測定する電流を流して加熱し、熱線の温度をa、bからなる熱電対で直流起電力に変換し、可動コイル形計器で指示させる方式の交直用計器である。

◎熱電対は、種類の異なる２つの金属を接合したもので、熱電対の一方を加熱して他端との間に温度差を生じさせると、起電力を発生する特性がある。この現象をゼーベック効果という。

◎熱電形計器は、特に高周波電流に対して誤差が少なく、高周波電流計として広く使われている。

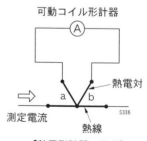

【熱電形計器の原理】

■5．代表的な指示電気計器のまとめ

計器の型名	記　号	交直の別	作動原理	計器の例
可動コイル形	⌂	直流	永久磁石の磁界と電流との間の電磁力	・電流計 ・電圧計 ・抵抗計
可動鉄片形	⚡	交流	磁界内の鉄片に働く磁力	・電流計 ・電圧計
整流形	▸|	交流	交流を直流に整流して、可動コイル形計器で指示	・電流計 ・電圧計
熱電形	⟍⟋	交直流	熱電対による起電力を可動コイル形計器で指示	・高周波電流計 ・電圧計
空心 電流力計形	⊟	交直流	固定コイルの内側に可動コイルを配置し電流を流して、可動コイルに生じるトルクで指針を振る	・電力計
静電形	⊥	交直流	2つの金属電極間に生じる静電力で指針を振る	・高電圧用電圧計
誘導形	◉	交流	電流による移動磁界と、渦電流による電磁力を利用	・電力量計

▶▶ 過去問題 ◀◀

【1】 次の指示電気計器に関する説明について、誤っているものはどれか。

☐　1．永久磁石可動コイル形計器は、磁界を作る強力な永久磁石を用いているため、高感度である。

　　2．可動鉄片形計器は、固定鉄片と可動鉄片の2つの鉄片があり、一般に直流用として使われる。

　　3．空心電流力計形計器は、固定コイルの内側に可動コイルを配置し、電力計として使われる。

　　4．整流形計器は、整流器と永久磁石可動コイル形計器を組み合わせたもので、交流の電圧や電流を測定する。

【2】 永久磁石可動コイル形計器の説明として、最も不適当なものは次のうちどれか。

☐　1．磁界を作る強力な永久磁石を用いるので、極めて高感度である。

　　2．微小な電流を測れるものは、駆動トルクを大きくするため、コイルは細い線を多く巻くので、内部抵抗は小さくなる。

3．永久磁石を使用しているため、磁界の方向が常に一定であり、コイルに流れる電流の向きが逆になると、指針の振れも逆方向になる。

4．等分目盛りである。

【3】直流回路で使用できる指示電気計器として、正しいものは次のうちどれか。

☐　1．振動片形計器

　　2．可動コイル形計器

　　3．誘導形計器

　　4．整流形計器

【4】次の指示電気計器のうち、直流及び交流両方に用いることができるものはどれか。

☐　1．整流形計器

　　2．熱電形計器

　　3．誘導形計器

　　4．可動コイル形計器

【5】交流の測定のみに用いられる計器は、次のうちどれか。

☐　1．静電形計器

　　2．可動コイル形計器

　　3．電流力計形計器

　　4．誘導形計器

【6】指示電気計器の目盛り板には、計器の型名が記号で記載されているが、記号と計器の型名の組合せとして、誤っているものは次のうちどれか。

	記号	計器の型名
☐　1.		整流形
2.		可動鉄片形
3.		静電形
4.		永久磁石可動コイル形

【7】指示電気計器の目盛り板には、計器の型名が記号で記載されているが、記号と計器の型名の組合せとして、誤っているものは次のうちどれか。

		記号	計器の型名
☐	1.	(可動コイル形記号)	可動コイル形
	2.	➤⊢	整流形
	3.	(可動鉄片形記号)	可動鉄片形
	4.	(静電形記号)	熱電形

▶▶正解＆解説‥‥‥‥‥‥‥‥‥‥‥‥‥‥‥‥‥‥‥‥‥‥‥‥‥‥‥‥‥‥‥‥‥‥‥‥

【1】正解2

　2．可動鉄片形計器は、一般に交流用として使われる。

【2】正解2

　2．微小な電流を測れるものは、駆動トルクを大きくするため、コイルは細い線を多く巻くので、内部抵抗は［大きくなる］。一般に、導線は細くするほど、また、長くするほど抵抗が大きくなる。逆に、導線を太くして短くすると、抵抗は小さくなる。

【3】正解2

　1．振動片形計器…機械的な共振作用を利用した計器で、周波数を測定するのに用いられる。

　2．可動コイル形計器…直流回路の電流・電圧計に使用できる。

　3．誘導形計器…交流回路の電力量計に使用できる。

　4．整流形計器…交流回路の電流・電圧計に使用できる。

【4】正解2

　1．整流形計器…交流

　2．熱電形計器…交直流

　3．誘導形計器…交流

　4．可動コイル形計器…直流

【5】正解4

　交流の測定のみに用いられる計器は、［可動鉄片形］［整流形］［誘導形］の３種類である。直流の測定のみに用いられるのが［可動コイル形］であり、これら以外は交直流用となる。

【6】正解1

　1．設問の記号は空心電流力計形である。整流形の記号は　➤⊢

【7】正解4

　4．設問の記号は静電形である。熱電形の記号は　⋎

15. クランプ式電流計

■ 1. 種類と分類

◎クランプ式電流計は、クランプメーターや架線電流計とも呼ばれる。

◎先端部のクランプと呼ばれる輪の部分で電線を挟み込んで使用する。このため、回路を切断することなく、電流を測定することができる。通常の電流計は、回路の一部を切断して開き、そこに電流計を通す形で接続しなければならない。

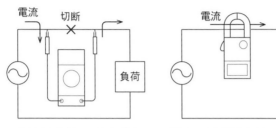

【通常の電流計による測定】　【クランプ式電流計による測定】

◎クランプ式電流計は、交流用、直流用、交流直流両用のものがある。いずれも、電流そのものを測定するのではなく、電流が流れることでその周囲に発生する磁界の強弱をセンサで検出し、それを電流に換算している。なお、センサは数種類あるが、詳細は省略する。

◎クランプ式電流計は測定できる電流の種類によるほか、測定電流の大きさの違いで、**負荷電流測定型**と**漏れ電流測定型**に分類される。

◎負荷電流測定型は、数A以上の大きな負荷電流を測定する。一方、漏れ電流測定型は、数A以下の微少な漏れ電流を測定する。

◎交流を測定できるクランプ式電流計は、直流に換算したときの実効値を算出する方式の違いにより、平均値方式と真の実効値方式に分類される。

◎平均値方式では、交流の平均値を測定し、その値に一定値を乗じて実効値を算出する。正弦波交流を前提としているため、正弦波以外の交流や歪んだ正弦波の場合、測定誤差が大きくなる。ただし、真の実効値方式に比べて安価である。

◎一方、真の実効値方式は、微少な時間ごとに電流を測定し、直接実効値を算出する。このため、正弦波以外の交流や微少な漏れ電流も正確に測定できる。一般に、漏れ電流測定型は真の実効値方式を採用しており、負荷電流測定型は、平均値方式のものと真の実効値方式のものがある。

■2．測定方法

◎負荷電流と漏れ電流を測定する場合で、それぞれ測定方法が異なる。

◎**負荷電流**を測定するときは、負荷電流が流れる**電線1本**にだけクランプを挟み込む。更に、誤差を少なくするため、電線はクランプの中心になるようにする。

◎負荷に向かう電流の電線と、負荷から戻る電流の電線の2本を挟み込んではならない。電線の周囲の磁場が打ち消し合い、正常な測定ができない。

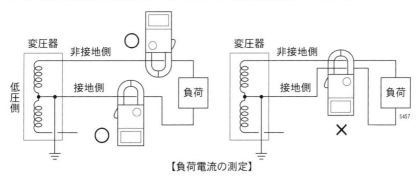

【負荷電流の測定】

◎家庭用100V交流は、送電線から送られてくる高圧交流（6600V）を変圧器で単相200Vに落とされて供給される。変圧器の低圧側では、コイルの中位部分がアースと接続してある。アースと接続している側の電線は中性線であり、接地側電線ともいう。これに対し、アースと接続していない側の電線を非接地側電線という。

◎単相2線式（100V）の家電品を運転している状態で、**負荷電流**を測定する場合、クランプで挟み込む電線1本は、非接地側であっても接地側であっても、どちらでも良い。

◎一方、単相2線式で**漏れ電流**を測定するときは、非接地側と接地側の電線2本を一緒に挟み込む。負荷などからアースに流れる漏れ電流がない状態では、2本線に流れる電流は等しく、向きが異なるため、磁場が打ち消し合ってゼロ表示となる。

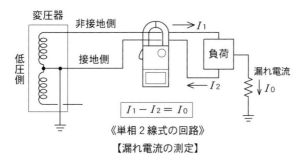

$$I_1 - I_2 = I_0$$

《単相2線式の回路》

【漏れ電流の測定】

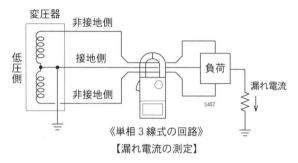

変圧器 非接地側

低圧側 接地側

非接地側

負荷

漏れ電流

S457

《単相３線式の回路》

【漏れ電流の測定】

◎負荷などから漏れ電流が生じると、接地側の電線に流れる電流は、漏れ電流の分だけ減る。このため、電線の周囲に生じる磁界は完全に打ち消し合わず、漏れ電流に応じた磁界が生じ、それをクランプ式電流計のセンサが検出する。

◎単相３線式（200V）回路で漏れ電流を測定する場合は、３本の電線を一緒に挟み込む。

▶▶過去問題◀◀

【1】電流計（クランプ式）に関する次の記述のうち、誤っているものはどれか。

□ 1．電線を挟み込むことで、電気回路を遮断することなく、導通状態のまま電流を測定することができる。

2．測定できる電流によって、交流用、直流用、交流直流両用のものがある。

3．電線に流れる電流による磁界を測ることで電流が測定できる。

4．単相２線式で負荷電流を測定する場合には、非接地側電線と接地側電線の２本の電線を一緒に挟み込んで測定する。

▶▶正解＆解説‥‥‥‥‥‥‥‥‥‥‥‥‥‥‥‥‥‥‥‥‥‥‥‥‥‥‥‥‥‥‥‥‥

【1】正解４

4．非接地側電線と接地側電線の２本の電線を一緒に挟み込んで測定するのは、漏れ電流を測定する場合である。負荷電流を測定する場合は、２本の電線のうちいずれか１本のみを挟み込んで測定する。

16. 正弦波交流の各種数値

◎交流には、正弦波交流の他、方形波交流や三角波交流などがある。

◎正弦波交流は、波形が正弦波形であるもので、家庭用100V交流など最も広く使われている。

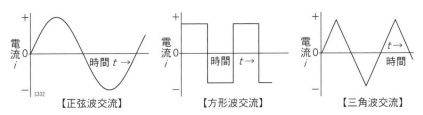

【正弦波交流】　　　　　【方形波交流】　　　　　【三角波交流】

◎交流の瞬間値は絶えず変化しているため、交流の大きさを表す際、何を基準とするかが問題となる。交流の大きさは、その交流のなす仕事量の多少によって決められた**実効値**を用いて表している。

◎また、交流の大きさは時々刻々と変化する。各時刻における値を**瞬間値**といい、瞬間値のうち最大の値を**最大値**という。

◎いま、同じ抵抗の交流回路と直流回路について考えてみる。どちらも電力量が等しいとき、E〔V〕を交流電圧の実効値とする。また、I〔A〕を交流電流の実効値という。

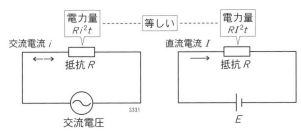

◎正弦波交流について、Em を交流電圧の最大値、E を交流電圧の実効値とすると、左の関係にある。同様に、Im を交流電流の最大値、I を交流電流の実効値とすると、右の関係にある。

$$E = \frac{Em}{\sqrt{2}} \qquad\qquad I = \frac{Im}{\sqrt{2}}$$

◎家庭用 100V 交流は、実効値 $E = 100$V、最大値 $Em = \sqrt{2} \times 100$V ≒ 141V となる。

◎また、交流の波形について1周期の平均を求めると0となるため、半周期を平均した値を交流の**平均値**（Ea）という。正弦波交流は次の関係がある。

$$Ea = \frac{2}{\pi} Em \fallingdotseq 0.637\,Em$$

◎家庭用 100V 交流は、平均値 $Ea \fallingdotseq 0.637 \times 141V = 89.8V$ となる。

◎平均値は、**半周期の波形と横軸とで囲まれる面積**を π で除した値でもある。

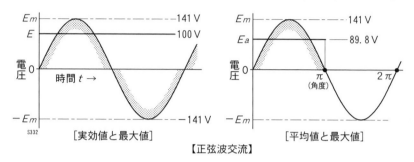

【正弦波交流】

【1】 正弦波交流起電力について、最大値が312Vである場合の実効値として、最も近い値は次のうちどれか。

□ 1．310 V　　2．220 V

　　3．200 V　　4．160 V

【2】 正弦波交流回路において、起電力の最大値が Em であるときの実効値 E を表す式として、正しいものは次のうちどれか。

□ 1．$E = \dfrac{1}{\sqrt{2}} Em$　　　　2．$E = \dfrac{\sqrt{2}}{\pi} Em$

　　3．$E = \dfrac{\sqrt{3}}{\pi} Em$　　　　4．$E = \dfrac{1}{\sqrt{3}} Em$

【3】 実効値105Vの単相交流電圧を 7 Ω の抵抗に加えたとき、この抵抗に流れる電流の実効値として、正しいものは次のうちどれか。

□ 1．7 A

　　2．$\dfrac{15}{\sqrt{2}}$ A

　　3．15 A

　　4．$\dfrac{7}{\sqrt{2}}$ A

212

【4】 交流に関する次の説明のうち、文中の（　）内にあてはまる語句として、正しいものはどれか。

「交流の電圧・電流について、同じ抵抗に対して同じ電力を消費する直流の電圧・電流の大きさに換算した値を（　）という。」

□　1．平均値　　2．実効値
　　3．瞬間値　　4．最大値

【5】 正弦波交流回路について、誤っているものは次のうちどれか。

□　1．正弦波の1周期の波形と横軸とで囲まれる面積をπで除したものを平均値という。
　　2．交流の変化の時間的なずれを表すものを位相という。
　　3．交流の電圧・電流について、同じ抵抗に対し同じ電力を消費する直流の電圧・電流の大きさに換算した値を実効値という。
　　4．交流の各時刻の大きさを瞬間値といい、瞬間値のうち最大の値を最大値という。

▶▶正解＆解説‥‥‥‥‥‥‥‥‥‥‥‥‥‥‥‥‥‥‥‥‥‥‥‥‥‥‥‥‥‥‥‥‥‥‥‥‥

【1】 正解2

正弦波交流起電力の最大値を Em、実効値を E とする。

$$E = \frac{Em}{\sqrt{2}} \fallingdotseq \frac{312}{1.41} = 221.27\cdots V$$

【2】 正解1

【3】 正解3

$V = IR$ より、電流 I ＝105V／7Ω＝15A

正弦波交流について、電圧・電流の最大値から実効値を求める場合、または実効値から最大値を求める場合に、$\sqrt{2}$ を使用する。

【4】 正解2

1．交流の波形について1周期の平均を求めると0となるため、半周期を平均した値を交流の平均値という。
3．交流の大きさの各時刻における任意の値を瞬間値という。
4．瞬間値のうち、最大の値を最大値という。
　　例として、家庭用100V交流について、各種数値（約数）は次のとおりとなる。
　　実効値100V、正の最大値＋141V・負の最大値－141V、平均値約90V

【5】 正解1

1．「1周期の波形」⇒「半周期の波形」。
2．交流の変化の時間的なずれを表すものを「位相」または「位相角」という。

17. 正弦波交流の基礎

▶周期と周波数

◎正弦波交流では、図の 0 〜 a または a 〜 b を 1 周波といい、1 周波に要する時間を**周期**という。周期が短いほど、繰り返し速度が速くなる。

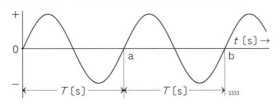

◎**周波数**は、1〔s〕あたりに繰り返される周波の数である。周期を T〔s〕、周波数を f とすると次の関係がある。周波数の単位はヘルツ〔Hz〕が用いられる。

$$T = \frac{1}{f} \text{〔s〕} \qquad \text{または} \qquad f = \frac{1}{T} \text{〔s}^{-1}\text{〕} = \frac{1}{T} \text{〔Hz〕}$$

▶正弦波形

◎図（a）のように、半径 OA の円を描き、円周上の任意の点 A から x 軸までの垂線 AB と、線分 OA がなす角 ϕ との間には、次の関係がある。なお、角度の単位はラジアン〔rad〕を用いる。π〔rad〕= 180° となる。

$$\sin \phi = \frac{\text{AB}}{\text{OA}}$$

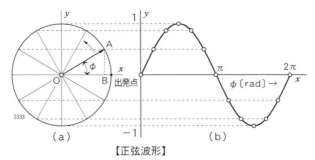

【正弦波形】

◎ OA = 1 とすると、関係式は AB = $\sin \phi$（ファイ） となる。

◎線分 OA を反時計方向に回し、角 ϕ に対して AB の値をグラフで表すと、図（b）のような正弦曲線が得られる。正弦曲線に従って変化する波形を**正弦波形**という。

▶角速度

◎半径 OA の円周上を出発点から移動して、1〔s〕後に A 点に達したとする。このとき、1〔s〕あたりに線分 OA が回転する角度 ω（オメガ）〔rad〕を、点 O に対する点 A の**角速度**という。

◎図の場合、角速度は ω〔rad/s〕と表される。

◎円周上を角速度 ω〔rad/s〕で t〔s〕時間回転移動した場合、回転角度は ωt〔rad〕となる。

◎角速度 ω と周波数 f〔Hz〕との間には、次の関係がある。

$$\omega = 2\pi f$$

---

18. 正弦波交流の位相差

■1. 抵抗 R だけの回路

◎抵抗だけの回路に正弦波交流を流した場合、電流 i と電圧 v は同位相となる。

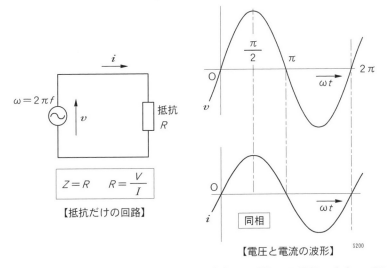

$$Z = R \qquad R = \frac{V}{I}$$

【抵抗だけの回路】

【電圧と電流の波形】

◎抵抗を R〔Ω〕とすると、電圧の実効値 V〔V〕、電流の実効値 I〔A〕の間には、オームの法則が成り立つ。

$$I = \frac{V}{R}$$

◎電圧・電流のベクトル図では、$\dot{V}$を基準として、$\dot{I}$は同じ向きとなる。

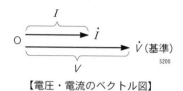

【電圧・電流のベクトル図】

◎正弦波交流回路では、インダクタンスLや静電容量Cが加わると、電圧と電流の位相に差が生じる。この差を考慮して、任意の箇所の電圧・電流を求めるためにベクトルの考えを取り入れている。ベクトルでは大きさとその方向を、1本の矢印で示す。電気の分野では、$\dot{A}$（Aドットと読む）のように表す。また、その大きさだけを表すときは、慣例としてAとする。

【ベクトルの表示】

◎インピーダンスZは、交流回路における抵抗に相当する量で、単位はオーム〔Ω〕を用いる。抵抗だけの回路では、インピーダンスZは次のとおりとなる。

$$Z = R$$

■2. インダクタンスLだけの回路

◎コイルは、電流が変化すると誘導起電力を生じるという特性がある。これをインダクタンスといい、自己インダクタンスと誘導リアクタンスがある。

▶自己インダクタンス

◎自己インダクタンスL〔H〕の回路に正弦波電圧vを加え、交流iが流れたとする。

◎コイルには、電流変化を妨げるように、加える電圧vと符号が逆の誘導起電力eが発生する。vとeは次の関係にある。

$$v = -e = L \frac{\Delta i}{\Delta t}$$

◎ただし、時間Δt〔s〕の間に電流がΔi〔Wb〕だけ変化しているものとする。ここで比例定数Lをコイルの自己インダクタンスといい、単位にヘンリー〔H〕を用いる。

◎1〔H〕とは、1秒間に1〔A〕の割合でコイルに流れる電流が変化しているとき、コイルに発生する誘導起電力が1〔V〕であるような自己インダクタンスである。

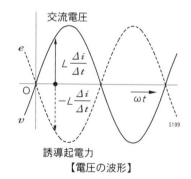

誘導起電力
【電圧の波形】

216

▶誘導リアクタンス

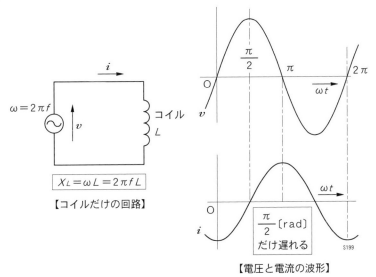

【コイルだけの回路】

$$X_L = \omega L = 2\pi f L$$

【電圧と電流の波形】

◎インダクタンスLだけの回路において、電圧の実効値V〔V〕、電流の実効値I〔A〕の間には、次の関係がある。

$$V = \omega L I \qquad I = \frac{V}{\omega L}$$

◎ωLは、抵抗Rに相当する量であることがわかる。大きくなるほど、電流の流れを妨げる。このωLを、**誘導リアクタンス**と呼び、単位に抵抗と同じオーム〔Ω〕を用いる。

◎インダクタンスがL〔H〕で、交流の角速度ω〔rad/s〕である場合、誘導リアクタンスをX_L〔Ω〕とすると、次のように表される。

$$X_L = \omega L = 2\pi f L$$

▶誘導リアクタンスの特徴

◎誘導リアクタンスと抵抗を比べると、電流の流れを妨げる点は同じであるが、異なる点もある。

◎抵抗回路では、流れる電流がこれに加える電圧と同位相であるのに対し、誘導リアクタンス回路に流れる電流は、加えた交流電圧より**位相が$\pi/2$〔rad〕遅れる**。更に、抵抗の値は交流の周波数に関係ないが、誘導リアクタンスX_LはインダクタンスLが一定であっても、周波数fが高くなるほど大きくなり、交流は流れにくくなる。

◎電流の位相が遅れることから、電圧・電流のベクトル図では、電圧ベクトル $\dot{V}$ を基準として、電流ベクトル $\dot{I}$ は O 点を中心に時計回り方向に $\pi / 2$ 〔rad〕(90°) 回転した向きとなる。

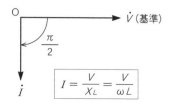

$$I = \frac{V}{X_L} = \frac{V}{\omega L}$$

$\dot{I}$ は $\dot{V}$ より $\frac{\pi}{2}$ 〔rad〕位相が遅れる

S199

【電圧・電流のベクトル図】

■3．静電容量 C だけの回路

▶静電容量と交流

◎静電容量 C 〔F〕のコンデンサに直流電圧 V 〔V〕を加えると、コンデンサには瞬時に電荷 $Q = CV$ が蓄えられ、終わると電流は流れなくなる。

◎一方、コンデンサに交流電圧 v 〔V〕を加えた場合は、その大きさと向きが時間と共に変化するため、コンデンサに蓄えられる電荷の量は電圧の変化と共に変化する。電荷が電源とコンデンサ間を絶えず移動するようになり、この電荷の変化により、回路には交流が流れる。

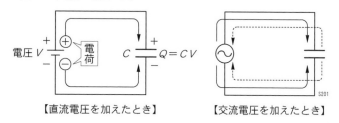

【直流電圧を加えたとき】　　【交流電圧を加えたとき】

▶容量リアクタンス

◎静電容量 C だけの回路において、電圧の実効値 V 〔V〕、電流の実効値 I 〔A〕の間には、次の関係がある。

$$I = \omega C V \qquad V = \frac{I}{\omega C}$$

◎ $(1 / \omega C)$ は、抵抗 R に相当する量であることがわかる（オームの法則 $V = RI$ より）。大きくなるほど、電流の流れを妨げる。この $(1 / \omega C)$ を、**容量リアクタンス**と呼び、単位に抵抗と同じオーム〔Ω〕を用いる。

◎静電容量が C 〔F〕で、交流の角速度 ω 〔rad/s〕である場合、容量リアクタンスを X_C 〔Ω〕とすると、次のように表される。

$$X_C = \frac{1}{\omega C} = \frac{1}{2\pi f C}$$

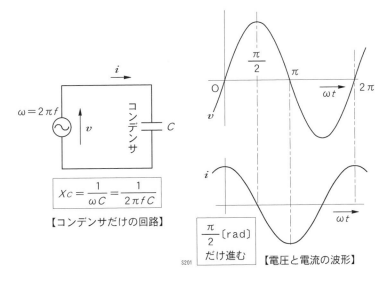

$$X_C = \frac{1}{\omega C} = \frac{1}{2\pi f C}$$

【コンデンサだけの回路】

S201

$\frac{\pi}{2}$〔rad〕
だけ進む

【電圧と電流の波形】

▶**容量リアクタンスの特徴**

◎容量リアクタンスと抵抗を比べると、電流の流れを妨げる点は同じであるが、異なる点もある。

◎抵抗回路では、流れる電流がこれに加える電圧と同相であるのに対し、容量リアクタンス回路に流れる電流は、加えた交流電圧より**位相が**π／2〔rad〕**進む**。更に、抵抗の値は交流の周波数に関係ないが、容量リアクタンスX_Cは静電容量Cが一定であっても、周波数fが高くなるほど小さくなり、交流は流れやすくなる。

◎このため、電圧・電流のベクトル図では、電圧ベクトル$\dot{V}$を基準として、電流ベクトル$\dot{I}$はO点を中心に反時計回り方向にπ／2〔rad〕（90°）回転した向きとなる。

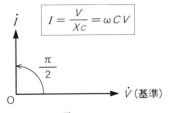

$$I = \frac{V}{X_C} = \omega C V$$

$\dot{I}$ は $\dot{V}$ より $\frac{\pi}{2}$〔rad〕位相が進む S199

【電圧・電流のベクトル図】

【1】 負荷が誘導リアクタンスだけの回路に単相交流電圧を加えた場合、回路に流れる電流と電圧の位相差について、正しいものは次のうちどれか。[★]

☐　1．電流は電圧より位相が $\dfrac{\pi}{2}$〔rad〕だけ進む。

　　2．電流は電圧より位相が $\dfrac{\pi}{2}$〔rad〕だけ遅れる。

　　3．電流は電圧より位相が π〔rad〕だけ進む。

　　4．電流は電圧より位相が π〔rad〕だけ遅れる。

【2】 下図のように、負荷がコンデンサだけの回路に交流電圧を加えた場合、基準を電圧ベクトル $\dot{V}$ とすると、流れる電流ベクトル $\dot{I}$ は、図の A～D のどれか。

☐　1．A
　　2．B
　　3．C
　　4．D

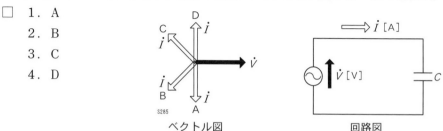

ベクトル図　　　　　　回路図

【3】 静電容量の異なるC_1及びC_2の2つのコンデンサがある。これらを直列又は並列に接続して正弦波交流電圧を印加した場合、電源に流れる電流が最も大きいものは次のうちどれか。ただし、電圧はすべて等しいものとする。

☐　1．C_1とC_2とを直列に接続し、50Hzの電源を接続したとき。

　　2．C_1とC_2とを直列に接続し、60Hzの電源を接続したとき。

　　3．C_1とC_2とを並列に接続し、50Hzの電源を接続したとき。

　　4．C_1とC_2とを並列に接続し、60Hzの電源を接続したとき。

▶▶正解＆解説‥‥‥‥‥‥‥‥‥‥‥‥‥‥‥‥‥‥‥‥‥‥‥‥‥‥‥‥‥‥‥‥‥

【1】 正解2

【2】 正解4（D）

【3】 正解4

　　静電容量 C だけの回路では、次の関係がある。

　　$I = \omega C V$　（ω：角速度）

　　流れる電流は、周波数が大きいほど、また静電容量が大きいほど、大きな数値となる。なお、インダクタンスだけの回路では、周波数が大きいほど流れる電流が小さくなる。

◎ *RLC* 直列回路とは、抵抗 R〔Ω〕、インダクタンス L〔H〕、静電容量 C〔F〕が直列に接続されている回路をいう。

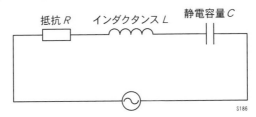

抵抗 *R*　インダクタンス *L*　静電容量 *C*

S186

◎ *RLC* 直列回路では、回路全体のインピーダンス Z が次のとおりとなる。

$$Z = \sqrt{R^2 + (X_L - X_C)^2} = \sqrt{R^2 + \left(\omega L - \frac{1}{\omega C}\right)^2}$$

◎誘導リアクタンス X_L と容量リアクタンス X_C の差の大きさを（合成）リアクタンス X という。計算式で表すと次のとおりとなる。

$X = |X_L - X_C|$ 　　※|　|は絶対値を表す記号。

【例題】25〔Ω〕の抵抗、0.2〔H〕のコイル、150〔μF〕のコンデンサの直列回路に、100〔V〕、50〔Hz〕の正弦波交流電圧を加えたとき、回路に流れる電流 I〔A〕及び抵抗、コイル、コンデンサそれぞれの両端の電圧 V_R、V_L、V_C〔V〕を求めよ。

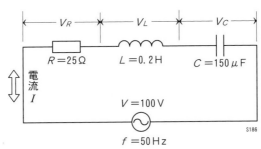

V_R　V_L　V_C

$R = 25\,\Omega$　$L = 0.2\,H$　$C = 150\,\mu F$

電流 I

$V = 100\,V$

S186

$f = 50\,Hz$

　回路全体のインピーダンス Z を求める公式を使う。ただし、円周率の取扱い等いずれも近似値とする。

$R^2 = 25 \times 25 = 625$

$X_L = \omega L = 2\pi fL = 2 \times 3.14 \times 50 \times 0.2 = 62.8$

$X_C = 1 / \omega C = 1 / 2\pi fC = 1 / (2 \times 3.14 \times 50 \times 150 \times 10^{-6})$

　　$= 1 / 0.0471 \fallingdotseq 21.23$

$(X_L - X_C)^2 = (\omega L - 1 / \omega C)^2 = (62.8 - 21.23)^2 \fallingdotseq 1728$

$$Z = \sqrt{625 + 1728} = \sqrt{2353} \fallingdotseq 48.5 \ [\Omega]$$

電流 $I = \dfrac{V}{Z} = \dfrac{100}{48.5} \fallingdotseq 2.06 \ [A]$

それぞれの両端の電圧は次のとおり。

$V_R = RI = 25 \times 2.06 = 51.5 \ [V]$

$V_L = X_L I = \omega L I = 62.8 \times 2.06 \fallingdotseq 129.4 \ [V]$

$V_C = X_C I = (1 / \omega C) I = 21.23 \times 2.06 \fallingdotseq 43.7 \ [V]$

▶編集部より

　直流回路は、電圧・電流・抵抗の3要素で構成されている。しかし、交流回路はプラス周波数という要素が加わる。この周波数が加わることで、コイルとコンデンサは、電流を妨げる働きが異なってくる。

　一方で、次の等式が成り立つ（2番目は RLC 直列回路）。

　電圧＝（誘導リアクタンス X_L または容量リアクタンス X_C）×電流

　電圧＝インピーダンス Z ×電流

　交流回路では、直列回路における電圧・電流・抵抗の考え方がそのまま使える部分と、交流特有の考え方が混在しているため、このことが理解を妨げている。これをクリアーするためには、やはり問題を繰り返し解いて、「慣れる」ことが必要となる。

▶▶過去問題◀◀

【1】下図の回路で、端子ＡＢ間の合成インピーダンスの値として、正しいものは次のうちどれか。

□　1．2Ω
　　2．5Ω
　　3．7Ω
　　4．10Ω

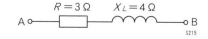

【2】下図の RLC 直列回路におけるインピーダンス Z の値として、正しいものは次のうちどれか。[★]

□　1．16Ω
　　2．20Ω
　　3．28Ω
　　4．44Ω

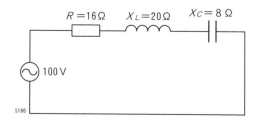

222

【3】 下図の交流回路に流れる電流として、正しいものは次のうちどれか。

☐ 1．1.2A
　　2．2.0A
　　3．3.6A
　　4．4.5A

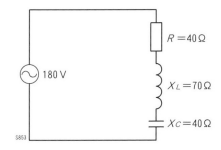

【4】 下図の交流回路の電源電圧 V〔V〕の値として、正しいものは次のうちどれか。

☐ 1．132V
　　2．176V
　　3．220V
　　4．308V

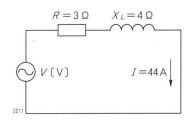

【5】 下図のような RL 直列回路に電源として直流90Vを加えると電流30Aが流れた。この回路に、交流120Vを加えた場合に流れる電流として、正しいものは次のうちどれか。

☐ 1．12 A
　　2．18 A
　　3．24 A
　　4．48 A

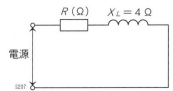

【6】 下図の回路において、20Ωの抵抗の端子間電圧が80Vであったとき、この回路のインピーダンスの値として、正しいものは次のうちどれか。[★]

☐ 1．25 Ω
　　2．35 Ω
　　3．45 Ω
　　4．55 Ω

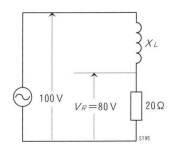

【7】下図の抵抗 R と誘導リアクタンス X_L の並列回路において、抵抗 R の値として、正しいものは次のうちどれか。

□　1．10 Ω
　　2．20 Ω
　　3．40 Ω
　　4．60 Ω

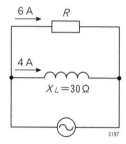

S197

▶▶正解＆解説···

【1】正解2
　　回路全体のインピーダンス Z を求める公式を使う。ただし、コンデンサは使われていないため、容量リアクタンス（$X_C = 1 / \omega C$）はゼロとして取り扱う。
　　$R^2 = 3 \times 3 = 9$
　　$X_L = \omega L = 4$〔Ω〕　　$X_L^2 = 16$
　　$Z = \sqrt{9 + 16} = \sqrt{25} = 5$〔Ω〕

【2】正解2
　　回路全体のインピーダンス Z を求める公式を使う。
　　$R^2 = 16 \times 16 = 256$
　　$X_L = \omega L = 20$〔Ω〕
　　$X_C = 1 / \omega C = 8$〔Ω〕
　　$(X_L - X_C)^2 = (\omega L - 1 / \omega C)^2 = (20 - 8)^2 = 144$
　　$Z = \sqrt{256 + 144} = \sqrt{400} = 20$〔Ω〕

【3】正解3
　　回路全体のインピーダンス Z を求める公式を使う。
　　$R^2 = 40 \times 40 = 1600$
　　$(X_L - X_C)^2 = 30 \times 30 = 900$
　　$Z = \sqrt{1600 + 900} = \sqrt{2500} = 50$〔Ω〕
　　電圧 V ＝インピーダンス Z ×電流 I を変形して電流を求める。
　　$I = \dfrac{V}{Z} = \dfrac{180}{50} = 3.6$〔A〕

【4】正解3
　　回路全体のインピーダンス Z を求める公式を使う。ただし、コンデンサは使われていないため、容量リアクタンス（$X_C = 1 / \omega C$）はゼロとして取り扱う。

$R^2 = 3 \times 3 = 9$

$X_L = \omega L = 4 \,\text{〔Ω〕} \quad X_L{}^2 = 16$

$Z = \sqrt{9 + 16} = \sqrt{25} = 5 \,\text{〔Ω〕}$

$V = ZI = 5 \times 44 = 220 \,\text{〔V〕}$

【5】正解3

　　直流を加えている状態では、コイルのインピーダンスはゼロとなる。従って、直流90V を加えている状態で 30A が流れる場合、抵抗 R は、$V \,/\, I = 90 \,/\, 30 = 3 \,\text{〔Ω〕}$ ということになる。

　　交流を流している状態で、回路全体のインピーダンス Z を公式から求める。ただし、コンデンサは使われていないため、容量リアクタンス（$X_C = 1 \,/\, \omega C$）はゼロとして取り扱う。

$R^2 = 3 \times 3 = 9$

$X_L = \omega L = 4 \,\text{〔Ω〕} \quad X_L{}^2 = 16$

$Z = \sqrt{9 + 16} = \sqrt{25} = 5 \,\text{〔Ω〕}$

$I = \dfrac{V}{Z} = \dfrac{120}{5} = 24 \,\text{〔A〕}$

【6】正解1

　　20 Ω の抵抗の端子間電圧が 80V であることから、抵抗に流れる電流は、$I = 80 \,/\, 20 = 4 \,\text{〔A〕}$ となる。この電流が誘導リアクタンス X_L にも流れる。

　　この回路全体のインピーダンス Z は、次のとおりとなる。

$Z = \dfrac{V}{I} = \dfrac{100}{4} = 25 \,\text{〔Ω〕}$

　　参考までに、コイルの誘導リアクタンス（$X_L = \omega L$）を求めてみる。

　　回路全体のインピーダンス Z を求める公式を使う。ただし、コンデンサは使われていないため、容量リアクタンス（$X_C = 1 \,/\, \omega C$）はゼロとして取り扱う。

$25 = \sqrt{400 + (X_L)^2}$

$625 = 400 + (X_L)^2 \;\Rightarrow\; (X_L)^2 = 225 \;\Rightarrow\; X_L = 15 \,\text{〔Ω〕}$

【7】正解2

　　交流の並列回路では、直流と同様に電源電圧がそのまま加わる。図の回路において、抵抗両端の電圧 V_R とコイル両端の電圧 V_L は等しい。

　　コイルに加わる交流電圧を求める。

$V_L = X_L I = 30 \times 4 = 120 \,\text{〔V〕}$

$V_R = RI$　より、抵抗 R を求める。

$R = \dfrac{V_R}{I} = \dfrac{120}{6} = 20 \,\text{〔Ω〕}$

■1. 過渡現象

◎コイルやコンデンサは、それぞれ電磁エネルギー、静電エネルギーを蓄えることができる。

◎これらの素子を含む回路は、スイッチ操作により電圧や電流が急激に変化しても、回路が新たな安定した状態になるまで、ある時間を要する。

◎次の回路図でスイッチSを閉じると、電流 i は変化しながら一定の安定した値になる。右の図はその例を示す。t＝0でスイッチSを閉じると、電流は初期値 $i＝0$ からしだいに大きくなり、一定の値となる。この安定したときの値を**定常値**、その状態を**定常状態**という。

◎また、定常値になるまでの変化している状態を**過渡状態**といい、その期間を**過渡期間**という。過渡期間中に電圧や電流が変化する現象を、**過渡現象**という。

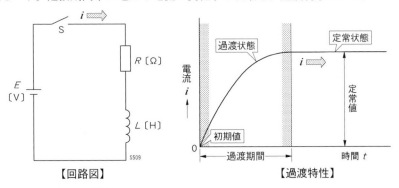

【回路図】　　　　　　　　　　【過渡特性】

■2. *RL* 回路の過渡現象

◎図のような *RL* 回路では、次のような過渡現象が起きる。

◎スイッチSを閉じると、コイルに自己誘導起電力が *E* とは逆向きに生じ、電流 i は増加が妨げられる。このため、すぐには定常値 $i＝(E／R)$ にならず、ある時間を要する。

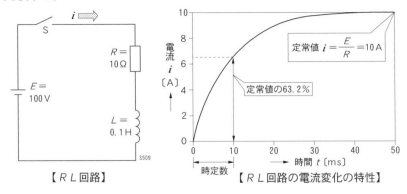

【RL回路】　　　　　　【RL回路の電流変化の特性】

226

◎RL回路では、電流が定常値の63.2％に達するまでの時間を時定数 τ（タウ）という。
◎時定数 τ は次の式で表すことができる。

$$\tau = \frac{L}{R} \ [\text{s}]$$

◎上のRL回路では、時定数 τ ＝0.1H／10Ω＝0.01s＝10msとなる。

■3.RC 回路の過渡現象

◎図のような RC 回路では、次のような過渡現象が起きる。
◎スイッチ S を閉じると、コンデンサ C に充電電流が流れ、コンデンサは図のような極性で充電される。
◎充電電流 i は、充電が進み、電源電圧 E とコンデンサの端子電圧との電位差がなくなるに従い、減少していく。最終的に端子電圧＝E となったところで、充電は終了してi＝0となる。

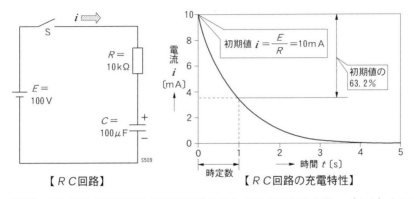

【RC回路】　　　　　　　【RC回路の充電特性】

◎RC回路では、電流が初期値の63.2％に達するまでの時間を時定数 τ（タウ）という。
◎時定数 τ は次の式で表すことができる。

$$\tau = RC \ [\text{s}]$$

◎上のRC回路では、時定数 τ ＝10kΩ×100μF＝10×10³Ω×100×10⁻⁶F＝10×100×10⁻³s＝1sとなる。

【1】 下図Aの直流回路のスイッチSを閉じたとき、回路に流れる電流の時間の変化を表したものが下図Bである。（ア）に当てはまるものとして、正しいものは次のうちどれか。

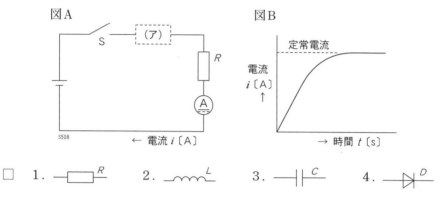

図A　　　　　　　　　　　図B

1. ─▭─ R　　2. ─◠◠◠─ L　　3. ─┤├─ C　　4. ─▷|─ D

▶▶正解＆解説‥‥‥‥‥‥‥‥‥‥‥‥‥‥‥‥‥‥‥‥‥‥‥‥‥‥‥‥‥
【1】 正解2

21. 交流の電力と力率

◎交流回路の電力について、簡単に説明する。

◎交流回路における電動機などの負荷は、一般に抵抗の他にリアクタンスを含んでいる。このため、供給する電圧と電力の間には、位相差 θ が生じる。この位相差により、直流の電力のように $P = VI$ とはならない。

◎正弦波交流において、電圧・電流の実効値を V 〔V〕、I 〔A〕とし、位相差を θ 〔rad〕とすると、交流電力 P は次のとおりとなる。

$$P = VI\cos\theta$$

◎この公式に従うと、負荷が抵抗だけの場合は、位相差 $\theta = 0$ であるため $\cos\theta = 1$ となり、$P = VI$ となる。位相差が小さくなるほど、$P = VI$ に近づく。

◎また、負荷に抵抗分がなくリアクタンスだけの場合、位相差 $\theta = \pi / 2$ 〔rad〕（90°）＝0となり、電力 P は全く消費されない。

◎交流回路で VI は消費電力を表さないが、この VI を皮相電力という。記号 S で表し、単位はボルトアンペア〔V・A〕を用いる。

$$S = VI \; \text{〔V・A〕}$$

〔用語〕皮相（ひそう）：物事の表面。うわべ。

◎電力 P 〔W〕は、電源から送り込まれる皮相電力 VI 〔V・A〕のうち、負荷で有効に使われる電力であるため、これを有効電力と呼ぶ。単に電力といった場合は、有効電力を指す。

◎皮相電力のうち、どれだけ有効電力に使われているかの割合を力率（りきりつ）という。

$$\text{力率} = \frac{\text{有効電力}\, P \,\text{〔W〕}}{\text{皮相電力}\, S \,\text{〔V・A〕}}$$

◎正弦波交流では、電力 $P = VI\cos\theta$ となるため、力率 $= \cos\theta$ となる。

◎力率が悪い（低い）負荷を使用すると、一定の電力 P が必要な場合、VI をより大きくする必要がある。電圧を一定とすれば大きな電流を流す必要があり、それだけ電線を太くしたり、電源設備の容量を大きくしなければならない。

◎例えば、電力が 100〔W〕で力率が 0.8 の負荷を使用する場合、125〔V・A〕の皮相電力を電源から送り込む必要がある。

▶各電力の関係

◎無効電力は、負荷で有効に仕事をしない電力である。記号 Q で表し、単位はバール〔var〕を用いる。

〔用語〕バール〔var〕：volt ampere reactive（無効の）の頭文字をとったもの。

◎正弦波交流において、電圧・電流の実効値を V〔V〕、I〔A〕とし、位相差を θ とすると、無効電力 Q は次のとおりとなる。

$$Q = VI\sin\theta$$

◎無効電力 Q は、電気エネルギーが電源⇔負荷間で往復し、充放電を繰り返しているだけである。

◎電圧が V〔V〕、電流が I〔A〕、位相差が θ〔rad〕である交流回路において、皮相電力 VI、有効電力 $VI\cos\theta$、無効電力 $VI\sin\theta$ の間には、次の関係がある。

$$(VI\cos\theta)^2 + (VI\sin\theta)^2 = (VI)^2$$
$$(\text{有効電力}\, P)^2 + (\text{無効電力}\, Q)^2 = (\text{皮相電力}\, S)^2$$

◎電力三角形は、3つの電力の大きさを各辺の長さに、電圧と電流の位相差を1つの角に割り当てた直角三角形である。それぞれの関係を表している。

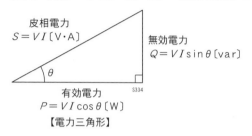

【電力三角形】

▶三角関数

$$\odot \sin\theta = \frac{b}{c} \qquad \odot \cos\theta = \frac{a}{c} \qquad \odot \tan\theta = \frac{b}{a}$$

$$a = c\cos\theta \qquad b = c\sin\theta$$

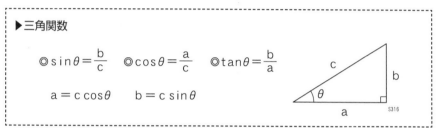

【例題】図の交流回路において、皮相電力S〔V・A〕、有効電力P〔W〕及び無効電力Q〔var〕を求めよ。

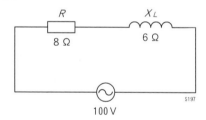

回路全体のインピーダンスZを求める公式を使う。

$R^2 = 8 \times 8 = 64$

$X_L{}^2 = 6 \times 6 = 36$

$Z = \sqrt{64 + 36} = \sqrt{100} = 10$〔Ω〕

容量リアクタンスX_Cはゼロであるため、リアクタンスX＝誘導リアクタンスX_Lとなる。

交流回路において、インピーダンスZ、抵抗R、リアクタンスXの値の関係を表しているものをインピーダンス三角形という。直角三角形で、3辺の長さがそれぞれ次の値に相当する。

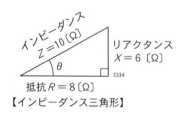

【インピーダンス三角形】

斜辺…インピーダンスZ＝10 Ω

底辺…抵抗R＝8 Ω

高さ…リアクタンスX＝6 Ω

インピーダンス三角形と電力三角形は、同じ角度の直角三角形となる。すなわち、それぞれ3辺の長さの比が等しくなる。インピーダンス三角形の各辺に相当する各種電力は次のとおりとなる。

斜辺…インピーダンス Z ⇒皮相電力
底辺…抵抗 R 　　　⇒有効電力
高さ…リアクタンス X ⇒無効電力

皮相電力 $S = 1000$〔V・A〕
無効電力 $Q = 600$〔var〕
θ
$P = 800$〔W〕
有効電力
【電力三角形】

回路に流れる電流 I は次のとおりとなる。

$$I = \frac{V}{Z} = \frac{100}{10} = 10 \text{〔A〕}$$

従って、各種電力は次のとおり。

皮相電力 $S = VI = 100 \times 10 = 1000$〔V・A〕
有効電力 $P = VI\cos\theta = 100 \times 10 \times 0.8 = 800$〔W〕
無効電力 $Q = VI\sin\theta = 100 \times 10 \times 0.6 = 600$〔var〕

なお、負荷の力率は、皮相電力と有効電力を求めなくても、インピーダンス三角形から求めることができる。

$$\text{〔力率〕} = \cos\theta = \frac{R}{Z} = \frac{8}{10} = 0.8$$

▶▶ 過去問題 ◀◀

【1】下図に示した有効電力、無効電力と皮相電力の説明で、誤っているものは次のうちどれか。[★]

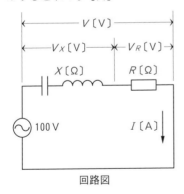

回路図

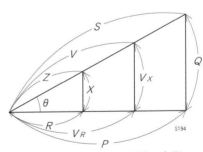

インピーダンス・電圧・電力三角形

☐ 　1．有効電力 $P = VI\cos\theta$ は、負荷で実際に消費された電力を表す。

　2．無効電力 $Q = VI\sin\theta$ は、実際に消費されない電力である。

　3．皮相電力 $S = VI$ は、有効電力が一定の場合、無効電力 Q が増えると皮相電力 S も増えるため、電線の太さや電気設備を大きくしなければならない。

　4．皮相電力 S、有効電力 P、無効電力 Q の間には $S^2 = P^2 - Q^2$ が成り立つ。

【2】 下図の正弦波単相交流回路において、実効値 100V の電圧を加えた場合、力率の値として、正しいものは次のうちどれか。

☐ 1. 0.9
  2. 0.8
  3. 0.7
  4. 0.6

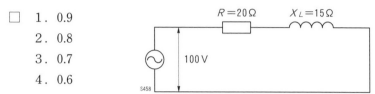

【3】 下の図のような回路のＡＢ間に直流 120V を加えたとき 20A の電流が流れた。次に、交流 200V を加えた場合にも同じく 20A の電流が流れた。ＡＢ間の力率として、正しいものは次のうちどれか。

☐ 1. 0.6
  2. 0.7
  3. 0.8
  4. 0.85

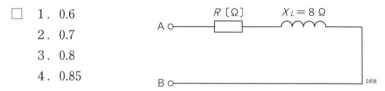

▶▶正解＆解説···

【1】 正解4

　4. 皮相電力 S、有効電力 P、無効電力 Q の間には $S^2 = P^2 + Q^2$ が成り立つ。

【2】 正解2

　力率は、インピーダンス三角形を用いると、簡単に解くことができる。

　リアクタンス X は、容量リアクタンスがないことから、次のとおりとなる。

　$X = |X_L - X_C| = X_L = 15$ 〔Ω〕　　また、抵抗 $R = 20$ 〔Ω〕

　インピーダンス Z は、三平方の定理からも算出できる。

　$Z^2 = R^2 + X_L^2 = 15^2 + 20^2 = 225 + 400 = 625 \Rightarrow Z = 25$ 〔Ω〕

　力率 $= \cos\theta = \dfrac{20}{25} = 0.8$

【3】 正解1

　直流 120V を加えたとき 20A の電流が流れたことから、抵抗は次のとおり。

　$R = V / I = 120V / 20A = 6Ω$

　$Z^2 = R^2 + X^2 = 36 + 64 = 100$ より、$Z = 10$ Ωとなる。

　力率＝抵抗 R ／インピーダンス Z ＝ 6Ω／ 10 Ω＝ 0.6

22. 放電現象

◎平板電極の間に絶縁物を挟んで電圧を加えると、絶縁物の内部は平等電界となる。**平等電界**では、電界の強さ及びその方向が、いずれの点でも同一となる。

◎平等電界において、加える電圧を増やして電界を強くしていくと、材料が絶縁性を失い、急に電極間で電流が流れるようになる。この現象を**絶縁破壊**という。また、気体の絶縁破壊を**放電**という。

◎放電の種類として、火花放電、コロナ放電、グロー放電、アーク放電がある。

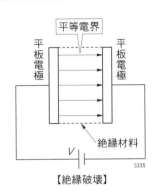

【絶縁破壊】

▶火花放電

◎平等電界において、電圧を増やして電界を強くしていくと、突然電極間の気体の絶縁が破れて、電極間に火花がはしり、激しい音を発して放電する。これを**火花放電**という。

◎火花放電は短時間で消滅する放電現象で、自然界の雷もこの例である。

▶コロナ放電

◎平板電極と針状電極との間に電圧を加えると、針状電極の先端付近では電界が大きくなり、平板電極付近では電界が小さくなる。このように、電極間の電界の大きさが異なって分布するのを**不平等電界**という。

◎平板電極と針状電極で不平等電界をつくり、電圧を増やして電界を強くしていくと、針状電極の先端付近で空気の絶縁を破壊して、局部的に微光を伴う気中放電が始まる。これを**コロナ放電**といい、一定の状態で安定して放電し続ける。

【コロナ放電】

◎針状電極の先端付近に認められる発光部をコロナと呼ぶ。名称は放電で生じる発光が太陽のコロナと似ていることによる。

◎コロナ放電は高電圧送電線路の電線表面で生じやすく、電磁波を発生する。

〔用語〕コロナ [corona]：太陽の外方に広がる高温のガス体。

▶グロー放電

◎電極の付いたガラス管にネオン、アルゴンなどの気体を封入し、これを放電管とする。この放電管に加える電圧を増していくと、放電管内部に微光を伴う放電を生じる。これを**グロー放電**という。

◎グロー放電による発光は、封入気体の種類によって色が異なる。ネオンサインはこの光を利用している。

◎放電管内部の気圧は、数百 Pa 程度の低圧にしてあり、放電による電流は少ない。

〔用語〕グロー［glow〕：白熱（光）、赤熱（光）。

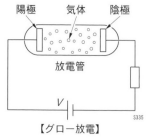

【グロー放電】

▶アーク放電

◎グロー放電の状態から更に電圧を高め、放電電流を増やすと、強い光と熱を伴った放電が生じる。これをアーク放電という。

◎アーク放電は、蛍光管や溶接に応用されている。

〔用語〕アーク［arc〕：電弧（アーク放電で生じる弧状の発光部分）。弧形。

▶▶過去問題◀◀

【1】 放電現象に関する次の記述のうち、適当なものの組合せはどれか。

ア．平板電極の間に電圧を加え、電圧を上昇させて電界の大きさを増していくと、突然電極間の気体の絶縁が破れて火花と音を発して放電が生じる。これを火花放電という。

イ．平板電極と針状電極との間に電圧を加えると、針状電極の先端付近では電界が大きくなり、空気の絶縁を破壊して局部的に微光を伴う気中放電が発生する。これをコロナ放電という。

ウ．ガラス管内にネオン、アルゴンなどの気体を封入し、電極を接続した放電管の電圧を増していくと、放電管内部に微光を伴う放電を生じる。これをグロー放電という。

☐ 1．ア、イのみ
2．ア、ウのみ
3．イ、ウのみ
4．ア、イ、ウすべて

▶▶正解&解説……………………………………………………………………

【1】正解4

◎電池には、一度電気エネルギーを放出（放電）すると、再生できない一次電池と、放電しても外部から電気エネルギーをあたえる（充電する）と再生できる二次電池がある。

◎二次電池は、**蓄電池**ともいう。

◎鉛蓄電池は、二次電池として広く利用されている。鉛蓄電池は、負極に鉛（Pb）、正極に二酸化鉛（PbO2）、電解液に希硫酸（H2SO4 ＋ H2O）が用いられ、その起電力は約 2.0V である。

◎鉛蓄電池は、放電と充電で次のように化学変化が起こる。

$$
\underset{\text{Pb}}{\overset{\text{［負極］}}{}} + \underset{\text{2H}_2\text{SO}_4}{\overset{\text{［電解液］}}{}} + \underset{\text{PbO}_2}{\overset{\text{［正極］}}{}} \underset{\text{充電}}{\overset{\text{放電}}{\rightleftarrows}} \underset{\text{PbSO}_4}{\overset{\text{［負極］}}{}} + \underset{\text{2H}_2\text{O}}{\overset{\text{［電解液］}}{}} + \underset{\text{PbSO}_4}{\overset{\text{［正極］}}{}}
$$

S700

【放電と充電による化学変化】

◎鉛蓄電池の容量は、放電終止電圧になるまで電池から取り出すことのできる電気量を［放電電流］×［放電時間］の形で表す。単位は、**アンペア時 [Ah]** を使う。

◎自動車用の鉛蓄電池は、一般に 5 時間で放電終止電圧（1.75V）に達する 5 時間率放電電流で計算される 5 時間率容量で表される。例えば、5 時間率容量が 40Ah の鉛蓄電池は、5 時間率放電電流が 8 A となり、この電流で放電終止電圧になるまで 5 時間放電することができる。

▶**自己放電**

◎充電された鉛蓄電池は、放置状態にあるときでも種々の原因で自然に容量が減少する。この現象を**自己放電**という。

◎自己放電を起こす原因として、次のことが考えられる。

①電池中の電極で、鉛以外の金属との間で局部電池が形成される。
②鉛蓄電池の表面の湿気で電気回路が形成され、電流が漏れる（この現象をリークという）。

▶▶過去問題◀◀

【1】蓄電池の説明として、誤っているものは次のうちどれか。

☐　1．蓄電池は、二次電池ともいい、充電することで繰り返し使用できる。

　　2．蓄電池は、アンペア時〔Ah〕でその容量を表す。

　　3．鉛蓄電池は、正極に鉛、負極に二酸化鉛を使用し、電解液を蒸留水とする。

　　4．蓄電池は、使用しないでいると、残存容量が低下する。

【1】正解3

24. 変圧器

■1．変圧器の原理

◎変圧器は、**電磁誘導**を利用して交流電圧を低くしたり、高くする装置である。

◎1つの鉄心に一次巻線と二次巻線をそれぞれ N_1、N_2 回巻にして、一次巻線に交流電圧 V_1 を加えると、鉄心中に磁束が生じ、二次巻線に相互誘導による交流電圧 V_2 が生じる。

◎一次巻線と二次巻線の比（N_1 / N_2）を a とすると、次の関係がある。

$$a = \frac{N_1}{N_2} \fallingdotseq \frac{V_1}{V_2}$$

◎a を**巻数比**、V_1 / V_2 を**変圧比**と呼び、これらはほぼ同じ値となる。

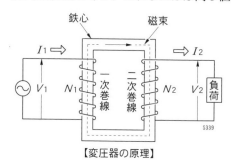

【変圧器の原理】

◎二次巻線に負荷をつないだとき、二次側に電流 I_2、一次側に電流 I_1 が流れたとする。鉄心や巻線での損失がないとすると、電力 $V_1 I_1 = V_2 I_2$ から次の関係がある（一次巻線で供給する電力と二次巻線側の負荷で消費される電力は等しい）。

$$\frac{I_1}{I_2} = \frac{V_2}{V_1} = \frac{N_2}{N_1} = \frac{1}{a}$$

◎I_1 / I_2 を**変流比**といい、巻数比の逆数と等しくなる。

◎なお、**理想変圧器**とは、磁気回路に漏れ磁束がなく、巻線の抵抗や鉄損（ヒステリシス損と渦電流損など）及び励磁電流も無視することができる変圧器をいう。

■2．変圧器の損失

◎変圧器は負荷が接続されていない場合でも、一次側に電圧が加わっていると、**無負荷電流**による損失が生じる。

◎このため、変圧器の損失は無負荷損と負荷損に分けて考える。

◎**無負荷損**は、二次巻線の開閉器が開いてる状態で一次端子に定格電圧を加えたときに生じる損失で、大部分は鉄損である。鉄損は磁性体が磁束により生じる損失であり、ヒステリシス損と渦電流損から成る。

◎**ヒステリシス損**は、鉄心に加わる磁界が向きを変えるときに起きる損失である。

◎**渦電流**は、磁束が増減するとそれに反発するように磁束を中心として円周状に生じる電流である。渦電流損は、鉄心に渦電流が生じることによる損失である。この損失を防ぐため、鉄心は層間を絶縁した積層構造にして、渦電流が積層方向に流れにくくしている。

◎**負荷損**は、主に一次、二次の負荷電流による巻線の銅損等から成る。銅損は、電線の抵抗により生じ、ジュール熱となって放熱する。

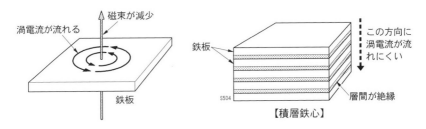

【積層鉄心】

■３．変圧器の並行運転

◎負荷が増大して変圧器容量を増加するとき、２台以上の単相変圧器の一次側及び二次側を、それぞれ並列に結線して使用することがある。これを変圧器の**並行運転**という。

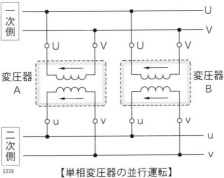

【単相変圧器の並行運転】

◎単相変圧器の並行運転を行う場合、次に掲げる一定の条件を満たす必要がある。

〔並行運転に必要な条件〕

▷各変圧器の**極性が一致**していること。仮に、変圧器Ａの二次側端子ｕとｖが逆に接続されていると、ＡとＢの二次側電圧が同相となって加わる。この結果、非常に大きな循環電流が流れて、巻線を焼損する。

▷各変圧器の**巻線比が等しいこと**。これが異なると A と B の二次電圧に差が生じ、循環電流が流れることになる。

▷各変圧器のインピーダンス電圧が等しいこと。これが異なると、電流に位相差が生じ、銅損（抵抗成分による熱損失）が生まれる。

▷各変圧器の巻線抵抗と漏れリアクタンスの比が等しいこと。これが異なると、電流に位相差が生じ、銅損が生まれる。

◇**編集部より**…「巻線抵抗と漏れリアクタンスの比」については、詳細を省略します。過去問題の内容で暗記して下さい。

■4．絶縁油

◎変圧器の絶縁油は、変圧器油ともいう。

◎絶縁油は、変圧器本体を浸し、巻線の絶縁耐力を高めるとともに、冷却によって変圧器本体の温度上昇を防ぐために用いられる。次の条件が求められる。

1．絶縁耐力が大きく、引火点が高く、凝固点が低い。
2．化学的に安定であって、高温においても反応しない。
3．冷却作用が大きい。

〔解説〕絶縁材料に電圧を印加すると、電圧がある値を超えると急激に大きな電流が流れ、やがては絶縁性能の消失（絶縁破壊）に至る。絶縁破壊が生じる電圧を、**絶縁耐力**という。

引火点は、点火源（火気や静電気など）を液面に近づけたときに、燃焼が始まる物質の最低温度をいう。引火点に達していなければ、点火源を物質に近づけても点火しない。

凝固点は、一定の圧力のもとで液体を徐々に冷却したとき、固体に変化する温度をいう。絶縁油は凝固点が高いと、固体に変化しやすくなり、絶縁耐力が低下する。

▶▶過去問題◀◀

【1】変圧器の一次側の電圧が 500V、コイルの巻数が 20 回のとき、二次側の端子から 100V の電圧を取り出す場合、二次側のコイルの巻数として、正しいものは次のうちどれか。ただし、この変圧器は理想変圧器とする。

□　1．4
　　2．8
　　3．25
　　4．100

【2】 一次巻線と二次巻線の巻数の比が1：10の理想変圧器について、正しいもの
は次のうちどれか。

☐ 　1．二次側の電流は、一次側の電流の10倍になる。
　　　2．二次側の容量は、一次側の容量の10倍になる。
　　　3．二次側の電圧は、一次側の電圧の10倍になる。
　　　4．二次側の電力は、一次側の電力の10倍になる。

【3】 変圧器に関する説明として、誤っているものは次のうちどれか。

☐ 　1．変圧器は、電磁誘導を利用し、交流の電圧を変える装置である。
　　　2．一定の電力を送電する場合、変圧器で電圧を上げることによって、電流を
　　　　小さくすれば、送電線での電力損失を小さく抑えることができる。
　　　3．電力損失が無視できる変圧器では、一次側コイルに流れ込む電力と二次側
　　　　コイルから流れ出る電力が等しく、エネルギーが保存される。
　　　4．鉄心は絶縁した薄い鉄板を何枚も重ねてつくられているが、これは渦電流
　　　　を鉄心に流しやすくするためである。

【4】単相変圧器の並行運転の条件で、一般的に必要としないものは次のうちどれか。

☐ 　1．各変圧器の極性が一致していること。
　　　2．各変圧器の巻数比が等しいこと。
　　　3．各変圧器の巻線抵抗と漏れリアクタンスの比が等しいこと。
　　　4．各変圧器の相回転が一致していること。

【5】 変圧器に関する説明として、誤っているものは次のうちどれか。

☐ 　1．電源に接続される巻線を一次巻線、負荷に接続される巻線を二次巻線とい
　　　　う。
　　　2．変圧器本体の絶縁と冷却のために用いる絶縁油は、絶縁耐力が大きく引火
　　　　点が高く、凝固点が低いものが使われる。
　　　3．変圧器の損失は無負荷損と負荷損に区分され、無負荷損はほとんどが銅損
　　　　であり、負荷損はほとんどが鉄損である。
　　　4．単相変圧器を並行運転するときは、各変圧器の起電力の向きが同一となる
　　　　ようにつなぐ。

【1】 正解1

$$a = \frac{N_1}{N_2} = \frac{V_1}{V_2} \quad \Rightarrow \quad \frac{20\,\text{回巻}}{N_2} = \frac{500V}{100V}$$

$N_2 = 20$ 回巻／5 ＝ 4 回巻

【2】 正解3

1．二次側の電流は、一次側の電流の1／10になる。

2．変圧器の容量は、二次側から得られる定格容量で表す。単相で二次定格電圧が200
V、二次定格電流が50Aの場合、定格容量は10kVAとなる。ただし、この10kVAは
皮相電力となる。

4．理想変圧器であれば、エネルギー保存の法則により一次巻線に供給する電力と、二
次巻線側の負荷で消費される電力は等しい。電力は、電圧×電流で表されるが、次の
関係式から一次側と二次側の電力は等しくなる。

$$\frac{I_1}{I_2} = \frac{V_2}{V_1} \quad \Rightarrow \quad I_1 V_1 = I_2 V_2$$

【3】 正解4

2．例えば、10,000Wを送電する場合、[10,000V×1A] と [100V×100A] につい
て考える。どちらも電力は10,000Wとなる。一方、電力損失Pは次の式で表される。

$$P = RI^2$$

電力損失は、配線の抵抗成分が同じであっても、電流の2乗に比例することから、
[10,000V×1A] の方がはるかに損失は小さくなる。

4．絶縁した薄い鉄板を何枚も重ねることで、渦電流の発生を抑えている。

【4】 正解4

1～3．単相変圧器を並行運転する場合の必要な条件となる。

3．変圧器のコイルに使用する巻線は、微少な抵抗があり、その抵抗を巻線抵抗という。
　一次巻線と二次巻線の間に発生する磁束は、ほとんどが巻線をつらぬく。しかし、
実際には途中で漏れてしまう磁束もある。この漏れ磁束は、交流回路の誘導リアクタ
ンスと同じように作用し、電圧降下をもたらす。漏れ磁束により生じる誘導リアクタ
ンスを漏れリアクタンスという。
　巻線抵抗と漏れリアクタンスは、いずれも変圧器の損失となる。

4．相回転の方向が一致していること、及び電圧の角変位が等しいことは、三相変圧器
を並行運転する際の必要な条件となる。角変位は、一次側の線間電圧と二次側の線間
電圧の位相差を指す。これが異なると、循環電流が発生する。三相変圧器は、単相変
圧器に必要な条件も満たす必要がある。

【5】 正解3

3．無負荷損はほとんどが [鉄損] であり、負荷損はほとんどが [銅損] である。

■1. 構造と回転速度

◎三相誘導電動機は、三相交流による回転磁界を利用したものである。回転子の構造によってかご形と巻線形がある。

◎かご形の回転子は、回転子鉄心の周りに太い導線（バー）をかご形に配置したもので、極めて簡単な構造となっている。固定子側の巻線に電流を流すと、回転磁界が発生し、かご形に配置された太い導線（バー）に誘導電流が流れて、回転子が回転する。

◎回転磁界の回転速度 Ns は、交流の周波数を f〔Hz〕、固定子巻線の極数を P とすると、次の式で表される。

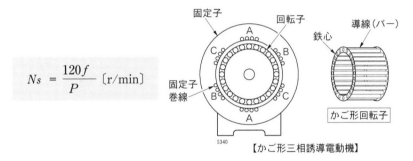

$$Ns = \frac{120f}{P} \ \text{〔r/min〕}$$

【かご形三相誘導電動機】

◎回転磁界の回転速度 Ns は、同期速度とも呼ばれる。

◎三相誘導電動機の回転子は、同期速度 Ns よりも、いくらか遅い速度で回転する。同期速度と回転子速度の差を滑りという。全負荷における滑りの大きさは、小容量のもので5〜10％、中容量以上のもので2.5〜5％程度である。

【例題】 4極の三相誘導電動機を周波数 60〔Hz〕で使用するときの回転速度は、何〔r/min〕になるか。

$$Ns = \frac{120f}{P} = \frac{120 \times 60}{4} = 1800 \ \text{〔r/min〕}$$

回転子の実際の回転速度は、滑りが生じるため、これよりいくらか遅い値となる。

■2. 固定子巻線の極数

◎固定子巻線の極数は、回転磁界を造る際に生じるN極及びS極の合計数をいう。

◎固定子巻線が a 相コイル（a1a2）、b 相コイル（b1b2）、c 相コイル（c1c2）で構成されているものは、各コイルを120°ずつずらして配置し、そこに三相交流（$ia \cdot ib \cdot ic$）を流す。

◎例えば60°の位置では、コイルa1a2とc1c2に正の向きの電流が流れ、コイルb1b2には負の最大電流が流れる。

◎右ねじの法則により、各コイルに生じる磁束は、コイルa1・b2・c1が図の右回転方向、コイルa2・b1・c2が図の左回転方向となる。右回転方向の磁束は、合成されることでコイルa1・b2・c1の周囲に右回転の1つの磁束を造る。左回転方向の磁束についても、合成されることでコイルa2・b1・c2の周囲に左回転の1つの磁束を造る。

◎この結果、固定子巻線の周囲には、図の右上方向にN極が、図の左下方向にS極が生じる。このように2つの極が生じるものを「極数2」といい、この巻線の配置のしかたを採用している誘導電動機を、三相2極誘導電動機と呼ぶ。

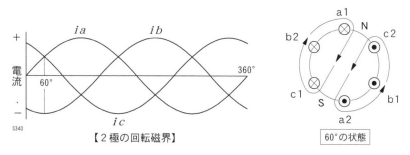

【2極の回転磁界】 　　60°の状態

◎固定子鉄心にコイルa1a2・a3a4、コイルb1b2・b3b4、コイルc1c2・c3c4を図のように配置する。これらを三相結線して三相交流電流を流す。

◎例えば60°の位置では、コイルa1a2・a3a4及びコイルc1c2・c3c4には正の向きの電流が流れる。コイルb1b2・b3b4には負の最大電流が流れる。

◎右ねじの法則により、各コイルに生じる磁束は、[a1b4c3] [a2b1c4] [a3b2c1] [a4b3c2] でそれぞれ1つの磁束を造る。

◎この結果、固定子巻線の周囲には、2つのN極と2つのS極の合計4極が生じ、「極数4」となる。

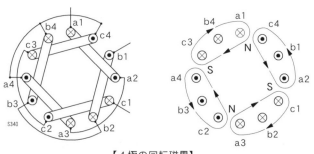

【4極の回転磁界】

242

◎極数は、電動機の用途に応じて選択される。極数が少ない方が高速回転する。一般に、２極、４極のものを高速機、６極以上のものを低速機という。極数が多くなるほど、回転速度は遅くなり、トルクが大きくなる一方で、力率が低下する傾向がある。

◎「極対数p」は、Ｎ極とＳ極の２つを１対とした数を表す。例えば、６極のものは極対数が３となる。極数Pと極対数pは、［$P=2p$］の関係にある。

■３．電源の周波数と同期速度

◎50Hz用の三相誘導電動機に60Hzの同電圧の三相交流電流を供給した場合の同期速度は、単純に60Hz／50Hz＝1.2倍となる。

◎実際に回転速度がどのように変化するかは、滑りを考慮する必要がある。

■４．回転方向と逆転

◎電動機の回転方向は、電動機を一方向にだけ回転させて使用する場合、一般に負荷と連結されている反対側から見て、時計方向が標準とされている。

◎三相誘導電動機の回転方向は、電動機に加わる三相交流の相回転の方向によって決まる。

◎三相誘導電動機では電源線が３本あり、２本を入れ換えると、固定子巻線がつくる回転磁界の向きが逆となる。

▶▶過去問題◀◀

【１】下図のように、三相交流の電源の各相Ｒ、Ｓ、Ｔに対する三相誘導電動機の端子Ｕ、Ｖ、Ｗの接続をそれぞれＲ相とＵ端子、Ｓ相とＶ端子、Ｔ相とＷ端子とし、三相誘導電動機が正回転する場合、これを逆回転させる接続として、誤っているものは図のア～エのうちどれか。[★]

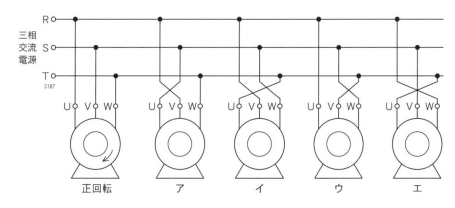

□　１．ア　　２．イ　　３．ウ　　４．エ

【2】三相誘導電動機の回転数 Ns〔rpm〕、極対数 p〔極数 $P=2p$〕、周期 f〔Hz〕の
関係を表す式として、正しいものは次のうちどれか。

☐　1．$Ns = \dfrac{30f}{p}$

　　2．$Ns = \dfrac{50f}{p}$

　　3．$Ns = \dfrac{60f}{p}$

　　4．$Ns = \dfrac{100f}{p}$

【3】50Hz 用の三相誘導電動機に 60Hz の同電圧の三相交流電流を供給した場合の
同期速度について、正しいものは次のうちどれか。

☐　1．同期速度は、速くなる。

　　2．同期速度は、遅くなる。

　　3．同期速度は、時間と共に変動する。

　　4．同期速度は、変わらない。

▶▶正解＆解説‥‥‥‥‥‥‥‥‥‥‥‥‥‥‥‥‥‥‥‥‥‥‥‥‥‥‥‥‥‥‥‥‥

【1】正解2（イ）

　　イ．三相誘導電動機では、電源線3本のうち2本を入れ換えると、逆回転する。ただし、
　　　3本全てを入れ換えた場合は、正回転のまま変化しない。

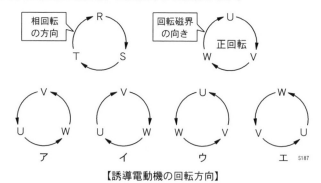

【誘導電動機の回転方向】

【2】正解3

　　この問題は、「極対数」と「極数」の関係を理解していれば、解くことができる。

$$Ns = \frac{120f}{P} = \frac{120f}{2p} = \frac{60f}{p}$$

【3】正解1

第4章　設備等の構造・機能

第4章

■1．用語の定義

◎**火災信号**とは、火災が発生した旨の信号をいう（感知器規格第2条27号）。

◎**火災情報信号**とは、火災によって生ずる熱又は煙の程度その他火災の程度に係る信号をいう（感知器規格第2条28号）。

◎**火災表示信号**とは、火災情報信号の程度に応じて、火災表示を行う温度又は濃度を固定する装置（感度固定装置）により処理される火災表示をする程度に達した旨の信号をいう（中継器規格第2条9号）。

◎**ガス漏れ信号**とは、ガス漏れが発生した旨の信号をいう（中継器規格第2条10号）。

◎**設備作動信号**とは、消火設備等が作動した旨の信号をいう（中継器規格第2条11号）。

◎**消火設備等**とは、消火設備、排煙設備、警報装置その他これらに類する防災のための設備をいう（感知器規格第2条26号）。

■2．受信機の種類

◎**受信機**は、火災やガス漏れが発生したとき、感知器・検知器などから自動的に送られてくる火災信号、火災表示信号、火災情報信号、ガス漏れ信号または設備作動信号を受信し、火災の発生若しくはガス漏れの発生又は消火設備等の作動を防火対象物の関係者又は消防機関に報知するものである（以下、受信機規格第2条）。

◎**P型受信機**は、火災信号若しくは火災表示信号を**共通**の信号として、または設備作動信号を共通若しくは固有の信号として受信し、火災の発生を防火対象物の関係者に報知するものである。火災発生場所を表示する地区表示装置は、防火対象物の規模によって多数となる。

◎P型はProprietary（私設の）の略である。

〔解説〕「共通の信号」とは、感知器のON・OFF信号と理解する。感知器は火災を温度や煙で感知すると、内部回路をONにする。受信機はその信号を受信して、各種の作動を行う。

◎**R型受信機**は、火災信号、火災表示信号若しくは火災情報信号を**固有**の信号として、または設備作動信号を固有の信号として受信し、火災の発生を防火対象物の関係者に報知するものである。火災発生場所を表示する地区表示装置は、記号数字化され、中継器と受信機間の**配線を省線化**することができる。

◎R型はRecord（記録）の略である。

〔解説〕「固有の信号」とは、中継器により変換された0と1のデジタル信号と理解する。

◎G型受信機は、ガス漏れ信号を受信し、ガス漏れ火災の発生を防火対象物の関係者に報知するものである。

◎GP型受信機は、P型受信機の機能とG型受信機の機能を併せもつものである。

◎GR型受信機は、R型受信機の機能とG型受信機の機能を併せもつものである。

◎M型受信機は、M型発信機から発せられた火災信号を受信し、火災の発生を消防機関に報知するものである。

◎アナログ式受信機は、火災情報信号を受信し、火災の発生を防火対象物の関係者に報知するものである。受信機の受信方式は、R型と同じである。

◎2信号式受信機は、同一の警戒区域から異なる2の火災信号を受信すると、火災表示を行う機能を有するものである。

◎無線式受信機は、無線によって火災信号、火災表示信号、火災情報信号又は設備作動信号を受信すると、火災の発生を報知するものである。

■3．受信機の構造・機能

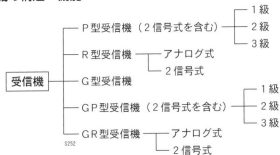

◎受信機には、電源部、連動作動に必要な各種リレー及び各種の試験装置を備えており、必要に応じて消火設備、非常警報設備、火災諸表示のための装置、エレベーターの強制帰着装置、空調設備の運転停止のための装置等の附属装置を接続し、これらの装置を監視し又は制御することもできる。

247

▶P型受信機

◎P型受信機は、その機能に応じ1級・2級・3級に区分される。接続できる回線がそれぞれ異なっている。P型1級受信機は回線数に制限がないが、P型2級受信機は5回線以下となっている。

◎P1級及び2級受信機は、主音響装置の音圧が**85dB以上**であること。

◎P型受信機（多回線）は、火災信号又は火災表示信号を受信すると、受信機にある赤色の火災灯を点灯するとともに、主音響装置により火災の発生を受信機付近にいる関係者に報知する。同時に、火災の発生した警戒区域を地区表示装置により自動的に表示する。更に、地区音響装置を自動的に鳴動させる。

◎P型3級受信機は、最も簡単な小型のもので、共同住宅等に最も多く設置されていることから、通称「住宅情報盤」などといわれている。次の特徴がある。

① 火災表示の保持機能を設けないことができる。P型1級受信機及びP型2級受信機は、**保持機能**（火災表示を手動で復旧しない限り保持する機能）を設けなければならない。

② 主音響装置の音圧は**70dB以上**であること。

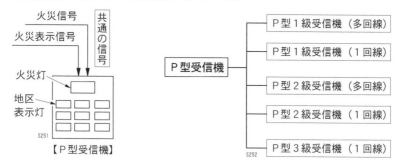

【P型受信機】

▶R型受信機

◎R型受信機は、中継器から固有の信号に変換されたものを、共通の電路にのせて受信することから、**信号線が少なくてすむ特徴**がある。感知器ごとに「固有の信号」を割り振っていることから、作動した感知器を容易に特定することができる。

◎R型受信機は、火災表示試験装置並びに終端器に至る外部配線の断線及び受信機から中継器（感知器から火災信号を直接受信するものにあっては、感知器）に至る短絡を検出できる装置を備えているほかは、P型1級受信機と同様な機能を有している。

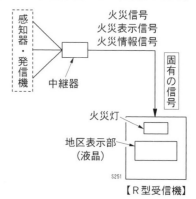

【R型受信機】

▶R型受信機（アナログ式）

◎R型受信機（アナログ式）は、アナログ式受信機ともいう。

◎アナログ式受信機は、R型受信機の機能とほぼ同様である。その機能等は、R型受信機又はGR型受信機に、感度設定装置や表示温度等を表示するための表示装置を付加した構造となっている。

◎P型受信機及び従来のR型受信機では、感知器の周囲が一定の温度、一定の煙濃度等の値になったときに火災表示をするのに対し、アナログ式はアナログ式感知器からの現状の温度、煙濃度を受信し、感度設定装置により環境状態に応じて一定の範囲内で注意表示、火災表示を行う温度値、煙濃度値（表示温度等）を感知器ごとに設定することができる。

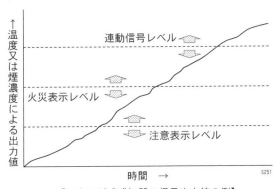

【アナログ式感知器の信号出力値の例】

◇注意表示レベル：火災表示をするまでの間に補助的に異常発生を注意する表示及び発生場所等の表示を行うための出力値
◇火災表示レベル：火災の発生及び火災発生場所等の表示を行うための出力値
◇連動信号レベル：防火戸・防火シャッター等の防火設備の起動を行うための出力値

◎アナログ式受信機は、次の機能（一部）を有している。

①感知器からの火災情報信号のうち、注意表示をする程度に達したものを受信したときは、注意灯及び注意音響装置により異常の発生を、地区表示装置により当該異常の発生した警戒区域をそれぞれ自動的に表示する。なお、注意表示とは、火災表示をするまでの間に補助的に異常発生を注意する表示をするものである。

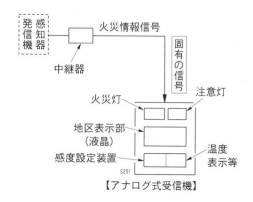

【アナログ式受信機】

②発信機等からの火災信号又は感知器からの火災情報信号のうち火災表示をする程度に達したものを受信したときは、赤色の火災灯及び主音響装置により火災の発生を自動的に表示し、かつ、地区音響装置を鳴動させる。

▶蓄積式

◎蓄積式及び2信号式の機能をもつ受信機は、**非火災報対策**を考慮したものである。

◎蓄積式の機能をもつ受信機は、感知器からの火災信号又は火災情報信号を受信した場合、直ちに受信を開始せず、一定時間継続して感知器から火災信号又は火災情報信号を受けていることを確認してから、初めて受信を開始し、自動的に火災の発生を防火対象物の全域に報知する。

◎発信機から火災信号を受信したときは、蓄積機能を自動的に解除して、火災警報を発する機能を有する。

◎蓄積時間は5秒を超え60秒以内とする。

▶2信号式

◎2信号式の機能をもつ受信機は、感知器からの火災信号の第一報目を受信して主音響装置（又は副音響装置）及び地区表示装置を作動させ、受信機設置場所の関係者のみに報知する。その後、同一の警報区域の異なる感知器から火災信号の第二報目を受信した時点で、火災表示し、地区音響装置を鳴動させる。

◎第一報目では地区音響装置が鳴動せず、受信機の近くにいる防災要員に報知して初動対応をうながす。2信号式は、非火災報による防火対象物内の混乱を防止する目的で設けられたものである。

◎この機能等は、P型又はR型の機能を有する受信機に2信号式に係る機能を付加した構造となっている。

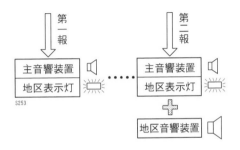

◎発信機から火災信号を受信したときは、2信号式の機能を自動的に解除して、火災警報を発する機能を有する。

▶地区音響停止スイッチ

◎地区音響装置の鳴動を停止するスイッチ（地区音響停止スイッチ）を設けるものにあっては、次によること（受信機規格第3条18号）。

◎地区音響停止スイッチが地区音響装置の鳴動を停止する状態（停止状態）にある間に、受信機が火災信号、火災表示信号又は火災情報信号のうち火災表示をする程度に達したものを受信したときは、当該スイッチが一定時間以内に自動的に地区音響装置を鳴動させる状態（鳴動状態）に移行すること。

◎ただし、受信機が火災表示（地区音響装置の鳴動を含む）をしている間に当該スイッチを停止状態とした場合において、当該停止状態の間に、受信機が火災信号、火災表示信号又は火災情報信号のうち火災表示をする程度に達したものを受信したときは、当該スイッチが自動的に鳴動状態に移行すること。

▶▶ 過去問題 ◀◀

【1】R型受信機の特徴に関する次の記述のうち、文中の（　）に当てはまる語句の組合せとして、正しいものは次のうちどれか。[★]

　「R型受信機は、火災信号等を（ア）の信号として受信することから（イ）特徴がある。火災表示試験装置並びに終端器に至る外部配線の断線及び受信機から中継器（（ウ）から火災信号を直接受信するものにあっては（ウ））に至る短絡を検出できる装置を備えているほかは、P型1級受信機と同様な機能を有している。」

	（ア）	（イ）	（ウ）
□　1.	固　有	信号線が個別に必要となる	感知器
2.	共　通	信号線が少なくてすむ	発信機
3.	共　通	信号線が個別に必要となる	発信機
4.	固　有	信号線が少なくてすむ	感知器

251

【2】R型受信機の概要に関する次の記述において、文中の（　）に当てはまる語句の組合せとして正しいものはどれか。

「R型受信機は、感知器又は発信機により発せられた火災信号、火災表示信号若しくは火災情報信号を直接又は中継器を介して（ア）の信号として受信する。一の火災の情報に対して火災信号線が各1本のP型受信機と異なり（ア）信号による伝送方式なので（イ）。」

　　　　　（ア）　　　　　　　（イ）
☐　1．固有　　　　信号線が少なくなる
　　2．固有　　　　信号線が多くなる
　　3．共通　　　　信号線が少なくなる
　　4．共通　　　　信号線が多くなる

【3】受信機に関する説明として、誤っているものは次のうちどれか。
☐　1．受信機には、電源部、連動作動に必要な各種リレー及び各種の試験装置を備えており、必要に応じて消火設備、非常警報設備等の附属装置を接続している。
　　2．P型受信機、R型受信機、GP型受信機及びGR型受信機のうち、P型受信機とGP型受信機には、1級、2級及び3級がある。
　　3．非火災報対策を考慮したものとして、蓄積式受信機及び2信号式受信機がある。
　　4．P型受信機とR型受信機には、アナログ式受信機のものがある。

【4】蓄積式のP型1級受信機について、誤っているものは次のうちどれか。
☐　1．感知器からの火災信号の継続が一定時間経過後、感知器の作動を再確認して火災警報を発する機能を有する。
　　2．発信機から火災信号を受信した場合は、蓄積機能を自動的に解除して火災警報を発する機能を有する。
　　3．スピーカーからの感知器作動警報に係る音声は、男声によるものとし、感知器が作動した旨の情報又はこれに関連する内容を周知するものであること。
　　4．火災表示を手動で復旧しない限り保持する機能を有する。

【5】 P型2級受信機の構造及び機能について、不適切なものを次のうちから2つ選びなさい。[編]

□　1．主音響装置の音圧は85dB以上であること。

　　2．接続することができる回線の数は5以下であること。

　　3．火災表示は、手動で復旧しない限り、表示状態を保持するものでなければならない。

　　4．地区表示装置は、火災の発生した警戒区域とガス漏れの発生した警戒区域とを明確に識別することができるように表示するものでなければならない。

　　5．主音響装置の音圧を70dB以上とすることができる。

　　6．1回線用は予備電源を設けないことができる。

　　7．外部配線の導通試験装置を設けないことができる。

【6】 自動火災報知設備の受信機の構造及び機能として、最も不適切なものは次のうちどれか。

□　1．特定一階段等防火対象物の受信機は、地区音響停止スイッチが停止状態にある間に、受信機が火災信号を受信したときは、当該スイッチが一定時間以内に自動的に地区音響装置が鳴動する状態に移行するものであること。

　　2．特定一階段等防火対象物の受信機は、地区音響装置が鳴動している間に、地区音響停止スイッチが停止状態にされた場合で、その停止状態の間に、受信機が火災信号を受信したときは、当該スイッチが自動的に鳴動状態に移行するものであること。

　　3．受信機の操作部（いすに座って操作するものは除く。）の高さは、床面から0.8m以上1.5m以下のものとすること。

　　4．主音響装置及び副音響装置の音圧及び音色は、他の警報音又は騒音と明確に区別できるものであること。

▶▶正解＆解説‥‥

【1】 正解4

　「R型受信機は、火災信号等を（固有）の信号として受信することから（信号線が少なくてすむ）特徴がある。火災表示試験装置並びに終端器に至る外部配線の断線及び受信機から中継器（（感知器）から火災信号を直接受信するものにあっては（感知器））に至る短絡を検出できる装置を備えているほかは、P型1級受信機と同様な機能を有している。」

　R型受信機の機能については、下巻の第6章「4．R型受信機の機能（除くアナログ式）」12P参照。

【2】正解１

「Ｒ型受信機は、感知器又は発信機により発せられた火災信号、火災表示信号若しくは火災情報信号を直接又は中継器を介して（固有）の信号として受信する。一の火災の情報に対して火災信号線が各１本のＰ型受信機と異なり（固有）信号による伝送方式なので（信号線が少なくなる）。」

【3】正解４

２．GP型受信機は、Ｐ型受信機の機能を備えており、その機能により１級・２級・３級のものがある。

３．蓄積式及び２信号式の機能を受信機に付加することで、非火災報を低減することができる。

４．Ｒ型受信機にはアナログ式のものがあるが、Ｐ型受信機にアナログ式は存在しない。

【4】正解３

３．スピーカーからの感知器作動警報に係る音声は、〔女声〕によるものとする。また、火災警報に係る音声は、〔男声〕によるものとする。「10．地区音響装置の構造・機能」275P参照。

４．保持機能は、下巻の第６章「７．受信機による火災表示等」19P参照。

【5】正解４＆５

４．設問の内容は、GP型受信機及びGR型受信機の地区表示装置によるものである。第４章「11．ガス漏れ火災警報設備」283P参照。

５．主音響装置の音圧について、「70dB」以上はＰ型３級受信機の基準である。

６．Ｐ型２級受信機（１回線）及びＰ型３級受信機は、予備電源を設けないことができる。下巻の第６章「２．受信機の構造」6P参照。

７．Ｐ型２級受信機は、火災表示試験装置を設けなければならないが、導通試験装置は必要としない。下巻の第６章「３．Ｐ型受信機の機能」8P参照。

【6】正解４

１＆２．受信機規格第３条18号の内容から出題されている。ただし、「特定一階段等防火対象物」はヒッカケである。規格省令の同18号はすべての受信機を対象に規定している。

３．第５章「１．受信機の設置基準」296P参照。

４．副音響装置は、受信機規格第６条２号で定められている。

要約：２信号式受信機は、火災信号を受信したとき、主音響装置又は副音響装置により火災の発生を、地区表示装置により当該火災の発生した警戒区域をそれぞれ自動的に表示すること。

「他の警報音又は騒音と明確に区別することができること」という規定は、「10．地区音響装置の構造・機能」275Pと「11．ガス漏れ火災警報設備」283P参照。

2. 感知器の種別

◎感知器は、火災により生ずる熱、火災により生ずる燃焼生成物（煙）又は火災により生ずる炎を利用して自動的に火災の発生を感知し、火災信号又は火災情報信号を受信機若しくは中継器又は消火設備等に発信するものをいう（感知器規格第２条１号）。

◎感知器の種別ごとの構成は、次のとおりとする。

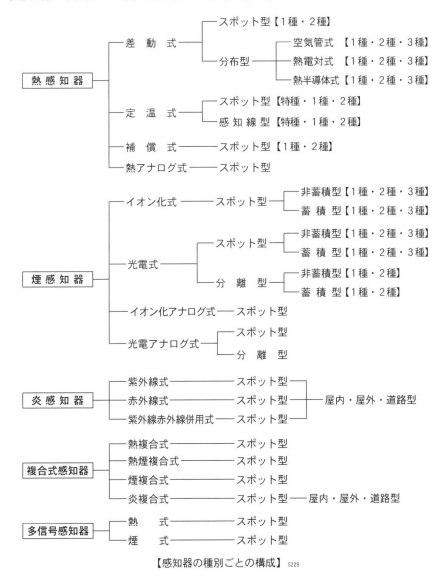

【感知器の種別ごとの構成】 S229

255

▶感度

◎感知器のうち、熱感知器と煙感知器の多くは感度に応じて、例えば1種・2種・3種に分かれている。この場合、1種が最も感度が高く、3種が最も感度が低い。また、特種・1種・2種に分かれている場合は、特種が最も感度が高く、2種が最も感度が低い。

〔感度と特性〕

1種	感度が高い	わずかな変化で作動	感知までの時間が短い。誤報が多い。
3種	感度が低い	大きな変化で作動	感知までの時間が長い。誤報が少ない。

※2種の感知器は1種と3種の中間の特性を示す。

▶蓄積型と非蓄積型

◎煙感知器の**イオン化式**と**光電式**は、蓄積機能の有無により蓄積型と非蓄積型がある。

◎**蓄積型**は、一定の濃度以上の煙が一定時間以上継続して感知器内にあるときに作動するものである。煙を感知してから感知を継続し、火災信号を発生するまでの時間を蓄積時間という。蓄積型感知器の蓄積時間は、5秒を超え60秒以内と定められている。また、感知器に表示する公称蓄積時間は、10秒以上60秒以内で10秒刻みとされている。

◎**非蓄積型**の煙感知器は、煙の瞬間的濃度が一定値以上になった場合、直ちに作動するものである。

▶作動表示装置

◎**煙感知器**と**炎感知器**には、作動表示装置（作動表示灯）を設けるよう定められている。感知器を目視することで、作動の有無が確認できるようになっている。

- ▪ 煙感知器… ・イオン化式スポット型　　・光電式
　　　　　　　　 ・イオン化アナログ式　　 ・光電アナログ式
- ▪ 炎感知器… ・紫外線式スポット型　　　・赤外線式スポット型
　　　　　　　　 ・紫外線赤外線併用式　　 ・炎複合式

3. 熱感知器の構造・機能

■ 1. 差動式スポット型感知器

◎差動式スポット型感知器は、周囲の温度の上昇率が一定の率以上になったときに火災信号を発信するもので、**一局所の熱効果**によって作動するものである。

▶空気の膨張を利用したもの

◎空気の膨張を利用したものは、空気室、ダイヤフラム、リーク孔、接点等で構成される。

◎火災で空気室の空気が急激に加熱されると、膨張してダイヤフラムを押し上げ、接点を閉じる。この接点閉の信号は火災信号として受信機に送られる。

◎暖房などの緩慢な温度上昇に対しては、加熱膨張した空気がリーク孔から逃げ、接点が閉じないようになっている。

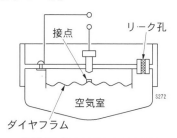

【空気の膨張を利用したもの】

▶温度検知素子を利用したもの

◎温度検知素子を利用したものは、温度により抵抗値が変化する特性のある温度検知素子、3つの各種回路から構成されている。

◎火災で急激に温度が上昇すると、温度検知素子の抵抗値が変化し、温度上昇検知回路がそれを検知する。比較回路で温度上昇が一定値を超えると、スイッチング回路が火災信号を受信機に送る。

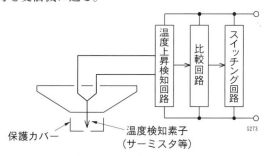

【温度検知素子を利用したもの】

◎暖房などの緩慢な温度上昇に対しては、比較回路で温度上昇が一定値以下となるため、反応しないようになっている。

■2．差動式分布型感知器
◎差動式分布型感知器は、周囲の温度の上昇率が一定の率以上になったときに火災信号を発信するもので、**広範囲の熱効果の累積によって作動するものである。**

▶空気管式
◎空気管式は、受熱部（空気管）と、ダイヤフラム、リーク孔、接点機構及び試験装置（コックスタンド）等を備えた検出部からなる。
◎火災が発生すると、天井に張られた空気管が急激に加熱され、空気管内の空気が膨張する。この結果、検出部内のダイヤフラムを押し広げて接点を閉じ、受信機に火災信号を送る。
◎暖房などの緩慢な温度上昇に対しては、リーク孔から空気を逃がして接点が閉じないようにしている。

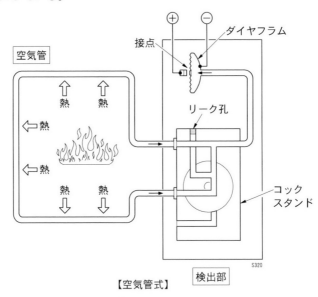

【空気管式】

〔用語〕ダイヤフラム［diaphragm］：（機械などの）仕切り板、隔板。
　　　　リーク［leak］：漏れる。漏れ出る。
　　　　コック［cook］：栓（料理長の cook と意味が異なる）。
　　　　スタンド［stand］：台。立ち止まること。

258

▶熱電対式

◎熱電対式は、熱電対の感熱部と試験用端子を備えた検出部からなる。

◎天井面に設置された熱電対部が火災により急激に加熱されると、熱起電力が発生し半導体回路ユニットの検出部で検出し、受信機に火災信号を送る。ただし、緩慢な温度上昇では熱起電力が小さいため、半導体回路ユニットは作動しない。

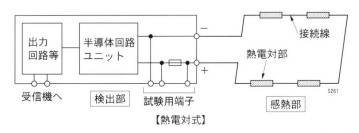

【熱電対式】

◎熱電対は、異種の金属を互いに接合し、その接合点の熱容量に差をもたせたものである。2つの接合点に温度差をつけると、閉回路に起電力（熱起電力）が発生する。熱起電力の大きさは、接点間の温度差や組み合わせる金属の種類によって異なる。

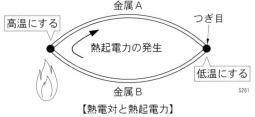

【熱電対と熱起電力】

▶熱半導体式

◎感熱部と検出部からなり、感熱部は熱半導体素子と受熱板、検出部はメーターリレーにより構成されている。

◎スポット状の感熱部が天井面に取り付けてあり、火災によって急激に加熱されると、熱半導体素子に生ずる大きな温度差によって熱起電力が発生し、メーターリレーを作動させ、受信機に火災信号を送る。

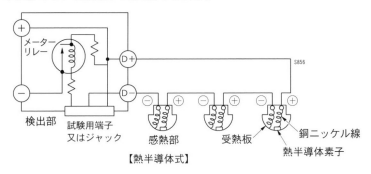

【熱半導体式】

◎平常時の緩慢な温度上昇に対しては、熱起電力が小さいので作動しない。

■３．定温式スポット型感知器

◎定温式スポット型感知器は、一局所の周囲の温度が一定の温度以上になったとき
に火災信号を発信するもので、**外観が**
電線状以外のものである。

▶バイメタルの反転を利用したもの

◎バイメタルの反転を利用したものは、
円形バイメタルが熱を受けると反転し
て接点を閉じる構造となっている。

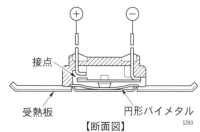

接点

受熱板　　　　　円形バイメタル

【断面図】

S263

◎バイメタルは、熱膨張係数の異なる２種の金属板を接着したものである。加熱す
ると、熱膨張係数の大きい金属が伸びるため、バイメタルは熱膨張係数の小さい
方にわん曲する。サーモスタットや温度計に利用されている。

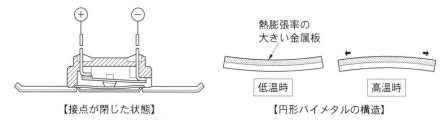

熱膨張率の
大きい金属板

低温時　　　　　　　高温時

【接点が閉じた状態】　　　　　【円形バイメタルの構造】

〔用語〕バイメタル［bimetal］：bi（２）＋ metal（金属）。

▶温度検知素子を利用したもの

◎温度検知素子を利用したものは、温度により抵抗値が変化する特性のある温度検
知素子、３つの各種回路から構成されている。

◎外観や内部構造は、差動式スポット型感知器（温度検知素子を利用したもの）と
ほぼ同じである。ただし、定温式のものは、一定の温度以上になったときに火災
信号を発信する。

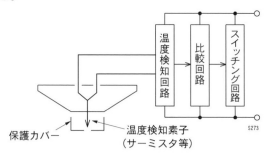

保護カバー　　　　　温度検知素子
　　　　　　　　　　（サーミスタ等）

S273

【温度検知素子を利用したもの】

260

▶金属膨張係数の差を利用したもの

◎金属膨張係数の差を利用したものは円筒形をしており、熱膨張係数の大きい金属が外筒に使われている。内部は熱膨張係数の小さい金属板、絶縁材及び接点などで構成されている。

◎外筒は熱を受けると伸びて、内部の接点が閉じる構造となっている。

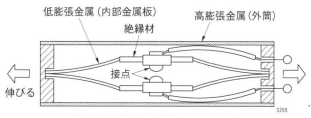

【金属膨張係数の差を利用したもの】

■４．定温式感知線型感知器

◎定温式感知線型感知器は、一局所の周囲の温度が一定の温度以上になったときに火災信号を発信するもので、**外観が電線状のものである。**

◎定温式感知線型感知器は、２本のピアノ線を可溶絶縁物で被覆して、より合わせたものである。２本のピアノ線には、感知器の配線がそれぞれ接続してある。火災により温度が上昇すると、被覆してある可溶絶縁物が溶け、２本のピアノ線が接触して、火災信号を受信機に送る。

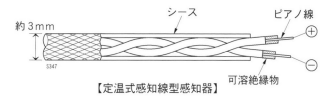

【定温式感知線型感知器】

■５．補償式スポット型感知器

◎補償式スポット型感知器は、差動式スポット型感知器（空気の膨張を利用したもの）の性能及び定温式スポット型感知器の性能を併せもち、１つの火災信号を発信するものである。

◎感知器周囲の温度の上昇率が一定値以上になったとき、または感知器の周囲の温度が一定値以上になったときに、火災信号を発する。

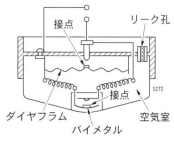

【補償式スポット型感知器】

■6．熱複合式スポット型感知器

◎熱複合式スポット型感知器は、差動式スポット型感知器の性能及び定温式スポット型感知器の性能を併せもつもので、2以上の火災信号を発するものである。

■7．熱アナログ式スポット型感知器

◎熱アナログ式スポット型感知器は、一局所の周囲の温度が一定の範囲内の温度になったときに当該温度に対応する火災情報信号を発信するもので、性能は定温式スポット型に近い。

◎熱アナログ式スポット型感知器は、温度検知素子と各種回路で構成され、火災による温度の上昇を火災情報信号として、連続的に受信機または中継器に発信する。

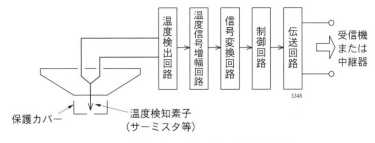

【熱アナログ式スポット型感知器】

◎感知器の公称感知温度範囲は、1℃刻みで次のとおりとなっている。

上限値	60℃以上　165℃以下
下限値	10℃以上　上限値の−10℃以下

▶▶過去問題◀◀

（差動式スポット型）

【1】差動式スポット型感知器のリーク孔にほこり等が詰まったときの作動状況として、最も適切なものは次のうちどれか。

☐　1．周囲温度の上昇率が規定値より大きくならないと作動しない。

　　2．周囲温度の上昇率が規定値より小さくても作動する。

　　3．周囲温度に関係なく作動する。

　　4．周囲温度に関係なく作動しない。

（差動式分布型）

【2】 差動式分布型感知器（空気管式）の作動原理として、正しいものは次のうち
どれか。

☐ 1．2本の空気管の熱膨張の差を利用したものである。

　　2．空気管の空気が温められ、この温度により熱電対の起電力が発生すること
　　を利用したものである。

　　3．空気管が熱せられることによってリークする空気を検知するものである。

　　4．空気管が熱せられることによって膨張する空気によりダイヤフラムの接点
　　が作動するものである。

【3】 差動式分布型感知器（空気管式）の空気管が切断した場合の現象として、最
も適当なものは次のうちどれか。

☐ 1．受信機の電源電圧計が0を示す。

　　2．地区音響装置が鳴動する。

　　3．受信機は正常な状態を持続する。

　　4．消火設備が作動する。

【4】 差動式分布型感知器（熱電対式）の機能に関する説明として、最も適当なも
のは次のうちどれか。

☐ 1．外観は電線状で、2本のピアノ線を一定温度以上で溶ける可溶絶縁物で被
　　覆してより合わせたもので、一定温度に達すると可溶絶縁物が溶けて2本の
　　ピアノ線が接触し、火災信号を送るものである。

　　2．空気管内の空気が熱膨張し、検出部内の熱電対の接点が閉じ、火災信号を
　　送るものである。

　　3．異種金属の接合点による、熱容量の差を利用して熱起電力を発生させ、半
　　導体回路ユニットの検出部で検出し、火災信号を送るものである。

　　4．熱半導体素子に生じる大きな温度差によって熱起電力が発生し、メーター
　　リレーを作動させて、火災信号を送るものである。

（補償式スポット型）

【5】 差動式スポット型感知器と、補償式スポット型感知器の構造として、誤って
いるものは次のうちどれか。ただし、温度検知素子を利用したものを除くもの
とする。[★]

□ 1．ともに空気の膨張を利用して作動する空気室をもっている。

2．ともにリーク孔をもっている。

3．ともにバイメタルが設けられている。

4．ともにダイヤフラムが設けられている。

▶▶正解＆解説‥‥‥‥‥‥‥‥‥‥‥‥‥‥‥‥‥‥‥‥‥‥‥‥‥‥‥‥‥‥‥‥‥‥

【1】 正解2

2．差動式スポット型感知器のリーク孔にほこり等が詰まっていると、緩慢な温度上昇
のとき、空気室の空気がリーク孔から逃げないため、周囲温度の上昇率が規定値より
小さくても接点が閉じて作動する。

【2】 正解4

【3】 正解3

3．空気管が切断したり詰まった状態になっても、受信機は正常な状態を持続する。受
信機は、空気管の切断や詰まりを異常検知することができない。異常を確認するため
には、作動試験などを行う必要がある。

【4】 正解3

1．設問の内容は、定温式感知線型感知器である。

2．空気管式は、空気管内の空気が膨張し、ダイヤフラムを押して接点を閉じる。

4．設問の内容は、熱半導体式である。

差動式分布型感知器は3種類あり、それぞれのキーワードは次のとおり。

空気管式…空気管内の空気が膨張、ダイヤフラムの接点が閉じる

熱電対式…熱電対の接合点により熱起電力が発生、半導体回路ユニットで検出

熱半導体式…熱半導体素子の温度差で熱起電力が発生、メーターリレーを作動

【5】 正解3

3．補償式スポット型感知器にはバイメタルが設けられているが、差動式スポット型感
知器（空気の膨張を利用）にはバイメタルが設けられていない。

	補償式スポット型	差動式スポット型（空気）
空気室	○	○
リーク孔	○	○
バイメタル	○	－
ダイヤフラム	○	○

4. 煙感知器の構造・機能

[煙感知器共通の規定]
　分離型を除く煙感知器は、目開き1mm以下の網、円孔板等により虫の侵入防止のための措置を講ずること（感知器規格第8条9号）。

■1. イオン化式スポット型感知器

◎イオン化式スポット型感知器は、周囲の空気が一定の濃度以上の煙を含むに至ったときに火災信号を発信するもので、一局所の煙による**イオン電流の変化**により作動するものである。

◎イオン化式スポット型感知器は、空気が自由に出入りするイオン室を設け、極微量の放射線源アメリシウム241が封入されている。イオン室内の空気はアメリシウム241によってイオン化され、抵抗Rを介して電圧が加えられることで常時微弱な電流が流れる。

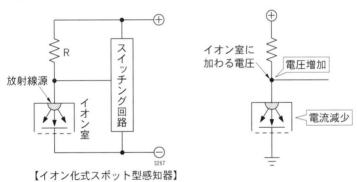

【イオン化式スポット型感知器】

◎火災によりイオン室に煙が流入すると、イオン電流が減少し、イオン室に加わる電圧は増加する。この数値が設定値を超えるとスイッチング部を作動させて、受信機に火災信号を送る。

◎イオン化式スポット型感知器は、微量ながら放射性物質が使われているため、製品には放射能標識が付されている。

【放射能標識】

■２．光電式スポット型感知器

◎光電式スポット型感知器は、周囲の空気が一定の濃度以上の煙を含むに至ったときに火災信号を発信するもので、**一局所の煙**による光電素子の**受光量の変化**により作動するものである。

◎光電式スポット型は、一般に散乱光式が用いられる。散乱光式は、周囲の光を遮断して煙だけが流入する構造の暗箱、暗箱内で光束を一方向に照射する発光素子（発光ダイオード）、暗箱内で光束の乱反射を受ける受光素子、発光素子及び受光素子に関わる各種回路などで構成されている。

◎暗箱内の空気が清浄なときは、光の乱反射が起きないため、受光素子には光がまったく照射されない。

◎暗箱内に煙が流入すると、煙粒子によって光が乱反射して、その一部が受光素子に達する。受光素子は光を受け、その強弱に応じて電気信号に変換する。

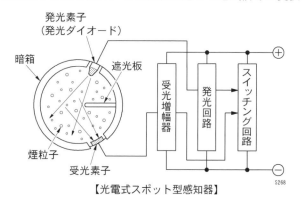

【光電式スポット型感知器】

■３．光電式分離型感知器

◎光電式分離型感知器は、周囲の空気が一定の濃度以上の煙を含むに至ったときに火災信号を発信するもので、**広範囲**の煙の累積による光電素子の受光量の変化により作動するものである。

◎光電式分離型は、光を発する**送光部**と、その光を受ける**受光部**から構成されている。送光部と受光部の設置可能な距離は公称監視距離で示され、**５ｍ以上100ｍ以下**の５ｍ刻みとされている。

◎煙が送光部と受光部間の空間に達すると、受光部の受光量が減少し、それを感知しての火災信号を発する。

◎光電式分離型は、大規模な体育館、工場、倉庫等の大空間を有する場所に設置されることが多い。

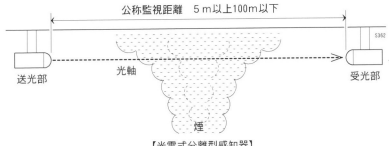

【光電式分離型感知器】

■4．イオン化アナログ式スポット型感知器

◎イオン化アナログ式スポット型感知器は、周囲の空気が一定の範囲内の濃度の煙を含むに至ったときに当該濃度に対応する火災情報信号を発信するもので、一局所の煙による**イオン電流の変化**を利用するものである。

◎イオン化アナログ式スポット型は、イオン化スポット型感知器に近い構造であり、中の回路部分が異なる。一定の範囲内の煙濃度を火災情報信号として、連続的に受信機または中継器に発信する。

■5．光電アナログ式感知器

◎光電アナログ式感知器は、スポット型と分離型がある。

◎**光電アナログ式スポット型感知器**は、周囲の空気が一定の範囲内の濃度の煙を含むに至ったときに当該濃度に対応する火災情報信号を発信するもので、一局所の煙による光電素子の受光量の変化を利用するものである。

◎光電アナログ式スポット型は、光電式スポット型感知器に近い構造であり、中の回路部分が異なる。一定の範囲内の煙濃度を火災情報信号として、連続的に受信機または中継器に発信する。

◎**光電アナログ式分離型感知器**は、周囲の空気が一定の範囲内の濃度の煙を含むに至ったときに当該濃度に対応する火災情報信号を発信するもので、広範囲の煙の累積による光電素子の受光量の変化を利用するものである。

◎光電アナログ式分離型は、光電式分離型感知器に近い構造であり、中の回路部分が異なる。煙濃度の変化を連続的に感知し、それを火災情報信号として受信機または中継器に発信する。

【1】煙感知器に関する説明で、誤っているものは次のうちどれか。[★]

□　1．煙感知器は、イオン化式、光電式、紫外線式及び赤外線式に区分され、さらに非蓄積型と蓄積型とがある。

　　2．イオン化式スポット型のものは、感知器に入った煙によるイオン室の電圧の変化を検出し、火災信号を発信するものである。

　　3．光電式スポット型のものは、感知器に入った煙による受光素子の受光量の変化を検出し、火災信号を発信するものである。

　　4．光電式分離型のものは、光を発する送光部と発せられた光を受ける受光部を離れた位置（5～100m）に設け、煙による受光量の変化を検出し、火災信号を発信するものである。

▶▶正解&解説‥‥‥‥‥‥‥‥‥‥‥‥‥‥‥‥‥‥‥‥‥‥‥‥‥‥‥‥‥‥‥‥‥‥‥‥‥‥

【1】正解 1

　1．煙感知器は、イオン化式及び光電式などがあり、イオン化式及び光電式はさらに非蓄積型と蓄積型とがある。紫外線式及び赤外線式は、炎感知器である。

5. 炎感知器の構造・機能

◎炎感知器は、火災により生じる炎を利用して自動的に火災の発生を感知して火災信号を発信機に発信するものである。

◎炎感知器は、炎から放射される紫外線又は赤外線が一定以上になったときに火災信号を発信する。

▶紫外線式スポット型

◎紫外線式スポット型感知器は、炎から放射される紫外線の変化が一定の量以上になったときに火災信号を発信するもので、一局所の紫外線による受光素子の受光量の変化により作動するものである。

◎紫外線式スポット型は、外部光電効果を利用した紫外線検出管が用いられる。外部光電効果とは、物質に光を照射すると、光のもつエネルギーが電子に与えられ、電子（光電子）が物質の表面から放出するというもの。

◎紫外線検出管では、紫外線を照射すると、陰極から陽極に向けて光電子が放射され電流が流れる。

◎紫外線式スポット型感知器は、炎中に含まれる紫外線を検出して一定時間カウントし、規定値に達すると受信機に火災信号を送る。

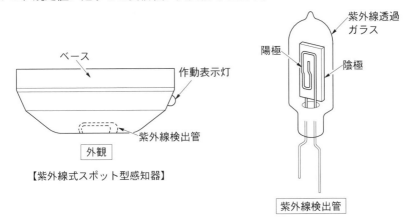

【紫外線式スポット型感知器】

▶赤外線式スポット型

◎赤外線式スポット型感知器は、炎から放射される赤外線の変化が一定の量以上になったときに火災信号を発信するもので、一局所の赤外線による受光素子の受光量の変化により作動するものである。

◎赤外線式スポット型は、いくつかの検出方式があり、一般にそれらを組み合わせて用いられている（詳細は省略）。

6. 熱煙複合式感知器の構造・機能

◎熱煙複合式スポット型感知器は、差動式スポット型感知器の性能又は定温式スポット型感知器の性能及びイオン化式スポット型感知器の性能又は光電式スポット型感知器の性能をあわせもつものである。

▶能美防災

定温式スポット型 + 光電式スポット型の例

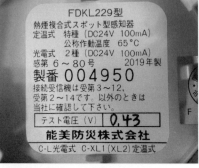

FDKL229型
熱煙複合式スポット型感知器
定温式　特種（DC24V 100mA）
　　　　公称作動温度 65℃
光電式　2種（DC24V 100mA）
感第 6～80 号　　2019年製
製番 004950
接続受信機は受第3～12，
受第2～14です。以外のときは
当社に確認して下さい。

| テスト電圧（V） | 0.43 |

能美防災株式会社
C-L光電式 C-XL1(XL2)定温式

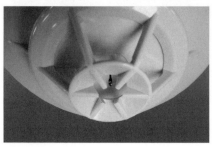

7. 非火災報の原因等

◎非火災報とは、自動火災報知設備の感知器等が火災以外の原因によって作動し、火災ではないのに警報を発することをいう。

◎設置されている感知器の種類が現場に適さなくなった場合や、暖房による温度変化を火災によるものと区別できないために発生してしまう場合などがある。

▶受信機による法令対策

◎次に掲げる事態が生じたとき、受信機において、火災が発生した旨の表示をしないこと（規則24条1項6号）。

> イ．配線の一線に地絡が生じたとき。
> ロ．開閉器の開閉等により、回路の電圧又は電流に変化が生じたとき。
> ハ．振動又は衝撃を受けたとき。

▶▶ 過去問題 ◀◀

【1】自動火災報知設備の非火災報の原因として考えられる事象について、最も不適当なものは次のうちどれか。

- □ 1．設置環境に不適応な感知器の選定
  - 2．結露による感知器回路の短絡
  - 3．差動式分布型感知器の空気管の亀裂
  - 4．終端抵抗の表面の汚れによる端子間の短絡

【2】受信機において、火災が発生した旨の表示をしてはならない事態が消防法で定められているが、定められていない事態は次のうちどれか。

- □ 1．感知器回路の配線の一線に地絡が生じたとき。
  - 2．開閉器の開閉等により、回路の電圧又は電流に変化が生じたとき。
  - 3．振動又は衝撃を受けたとき。
  - 4．感知器回路の配線の一部が短絡したとき。

▶▶正解&解説··

【1】正解3

1．設置環境に不適応な感知器の選定すると、火災時に作動不良を起こしたり、非火災報の原因となる。

2．結露により感知器回路が短絡すると、感知器の接点が開いているにもかかわらず感知器回路に電流が流れるため、非火災報の原因となる。

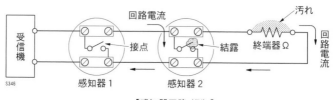

【感知器回路（例）】

3．空気管に亀裂が生じていると、火災時に管内の空気が亀裂部から漏れ出るため、空気圧が上昇せず感知器の接点は閉じない。この結果、火災を感知することができない。

4．終端抵抗の表面に汚れが付着して端子間が短絡すると、感知器回路に多くの電流が流れるため、非火災報の原因となる。

【2】正解4

4．感知器回路の配線の一部が互いに短絡すると、Ｐ型受信機には火災信号が入力される。

▶地絡と短絡

地絡は、電気が大地に流れている状態をいい、大地に流れる電流が多い。似た状態で「漏電」がある。漏電は、大地に流れる電流が少ない場合をいう。

短絡は、負荷などに接続している電線が互いにつながり、とても大きな電流が流れることをいう。

----

8. 発信機の構造・機能

◎発信機は、防火対象物の通路の壁面等、比較的人の目につき易い場所に設置されている赤色の円形器具である。火災が発生したとき、その火災を発見した近隣の人が発信機の押しボタンを手動で押すことにより、受信機に火災信号が自動的に送られ、当該受信機の主音響装置、地区表示灯等が作動し、防火対象物の関係者に火災の発生を知らせる。

◎発信機は現在、Ｐ型１級発信機とＰ型２級発信機が主流となっている。

〔参考〕他にＴ型発信機とＭ型発信機があるが、ほとんど使われていない。ただし、「規格」で試験に出題されている。下巻の第６章「15. 発信機に関する用語」38P参照。

◎Ｐ型１級発信機は、受信機との通話用電話ジャック及び応答確認灯を備えている。通話用電話ジャックに送受話器のコネクタを差し込むと、受信機側との間で相互に電話連絡をすることができる。また、応答確認灯は、押しボタンが押され受信機が火災信号を受信したとき、それを発信者が確認できるランプで、応答灯または確認灯ともいう。

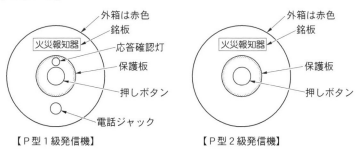

【Ｐ型１級発信機】　　【Ｐ型２級発信機】

◎Ｐ型１級発信機は、Ｐ型１級受信機、GP型１級受信機、Ｒ型受信機及びGR型受信機と接続する。

◎Ｐ型２級発信機は、受信機との通話用電話ジャック及び応答確認灯を備えておらず、Ｐ型２級受信機及びGP型２級受信機と接続する（規則第24条１項8の２号ホ）。

▶Ｐ型１級発信機の内部回路

◎Ｐ型１級発信機は、一般に押しボタンスイッチを押すと、内部で２回路の接点が同時に閉じる構造となっている。１つが表示線回路であり、もう１つが応答線＆電話線回路となっている。

◎また、電話ジャックを備えた電話線回路がついている。これらの回路の電源は、いずれも共通線が使われる。

◎図の応答確認灯には、発光ダイオードが使われており、極性をなくすため２個の発光ダイオードが互いに逆向きに取り付けられている。

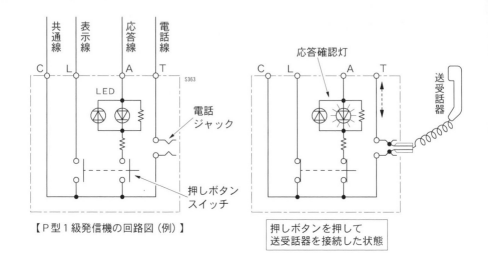

【P型1級発信機の回路図（例）】

押しボタンを押して
送受話器を接続した状態

【1】 自動火災報知設備のP型1級発信機の押しボタンを押したが、受信機は火災表示と警報鳴動をしなかった。この原因として、最も適当なものは次のうちどれか。ただし、配線及び受信機は正常であるものとする。

☐ 1．発信機内の接点が腐食している。

2．発信機内の確認LEDランプ配線がはずれている。

3．発信機内の電話線がはずれている。

4．発信機内に設けられている終端器が断線している。

▶ ▶ 正解&解説‥‥‥

【1】 正解1

1．発信機内の表示線回路側の接点が腐食して、接点が閉じないと、発信機の押しボタンを押しても受信機に火災信号を発信することができないため、受信機は火災表示と警報鳴動をしなくなる。

2．発信機内の確認LEDランプ配線（応答確認灯配線）がはずれていると、発信機の押しボタンを押しても確認LEDランプが点灯しなくなる。ただし、表示線を介して火災信号が発信されるため、受信機は火災表示と警報鳴動をする。

3．発信機内の電話線がはずれていると、電話ジャックに送受話器のコネクタを差し込んでも、受信機側と通話することができなくなる。しかし、受信機が火災表示と警報鳴動をしなくなることはない。

4．発信機内の終端器が断線していると、P型1級受信機によりその警戒区域の回路を選択して導通試験を行うと、導通不良となる。終端器が断線していても、発信機の押しボタンを押せば、回路の接点が閉じるため、受信機に信号が伝わる。

9. 中継器の構造・機能

◎中継器は、防火対象物の階段室等に設置されているもので、火災やガス漏れが発生したとき、感知器や検知器などから発せられる火災信号、火災表示信号、火災情報信号、ガス漏れ信号又は設備作動信号を受信し、これらの信号を他の中継器、受信機又は消火設備等に発信するものである。

◎中継器は、主電源装置及び予備電源装置を有し、検知器、受信機又は他の中継器から電力が供給されない方式のものと、検知器、受信機又は他の中継器から電力が供給される方式のものに区分される。

10. 地区音響装置の構造・機能

■1. 規則による基準

◎地区音響装置は、P型2級受信機で接続することができる回線の数が一のもの等を除き、次に定めるところにより設けること（規則第24条1項5号・5の2号）。

◎地区音響装置（音声により警報を発するものを除く）の音圧は、取り付けられた音響装置の中心から1m離れた位置で90dB以上であること。

◎地区音響装置（音声により警報を発するものに限る）の音圧は、取り付けられた音響装置の中心から1m離れた位置で92dB以上であること。

◎地区音響装置を、ダンスホール、カラオケボックスその他これらに類するもので、室内又は室外の音響が聞き取りにくい場所に設ける場合にあっては、当該場所において他の警報音又は騒音と明らかに区別して聞き取ることができるように措置されていること。

◎令別表第1（2）項ニ（カラオケボックス等）に掲げる防火対象物のうち、遊興のためにヘッドホン、イヤホンその他これに類する物品を客に利用させる役務の用に供する個室があるものにあっては、当該役務を提供している間においても、当該個室において警報音を確実に聞き取ることができるように措置されていること。

◎受信機から地区音響装置までの配線は、600V 2種ビニル絶縁電線又はこれと同等以上の耐熱性を有する電線を使用して、金属管工事等により設けること。

◎地区音響装置は、一の防火対象物に2以上の受信機が設けられているときは、いずれの受信機からも鳴動させることができるものであること。

◎地区音響装置は、各階ごとに、その階の各部分から一の地区音響装置までの水平距離が25m以下となるように設けること。

◎地区音響装置（音声により警報を発するものに限る）のスピーカーに至る回路は、自動火災報知設備の信号回路における信号の伝達に影響を及ぼさないように設けるとともに、他の電気回路によって誘導障害が生じないように設けること。

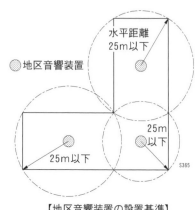

【地区音響装置の設置基準】

■2．告示による地区音響装置の基準（消防庁告示）

▶第一　趣旨

◎この告示は、自動火災報知設備の地区音響装置の基準を定めるものとする。

▶第二　用語の意義

◎この基準において、次の各号に掲げる用語の意義は、当該各号に定めるところによる。

> 1．**地区音響装置**…受信機の地区音響鳴動装置（受信機において地区音響装置を鳴動させる装置）から発せられた信号を受信して、音響又は音声により火災の発生を報知するものをいう。
> 2．**音響装置**…ベル、ブザー、スピーカー等の音響又は音声による警報を発するものをいう。
> 3．**音声切替装置**…地区音響鳴動装置から、音響により警報を発する音響装置を鳴動させるための信号を受信したときに、音声により警報を発する音響装置に信号を発信してこれを鳴動させるものをいう。
>
>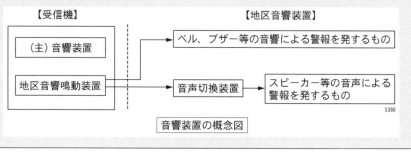
>
> 音響装置の概念図

▶第三　構造及び機能

◎地区音響装置の構造及び機能は、次に定めるところによる。

3．ほこり又は湿気により機能に異常が生じないこと。

4．腐食により機能に異常が生じるおそれがある部分には、防食のための措置が講じられていること。

5．主要部の外箱の材料は、不燃性又は難燃性のものとすること。

6．配線は、十分な電流容量を有し、かつ、的確に接続されていること。

7．誤接続のおそれのあるものにあっては、誤接続を防止するための適当な措置が講じられていること。

8．部品は、機能に異常が生じないように取り付けられていること。

9．充電部は、外部から容易に人が触れることができないように、十分に保護されていること。

10．公称音圧は、**音響**により警報を発する音響装置にあっては**90dB以上**、**音声**により警報を発する音響装置にあっては**92dB以上**とすること。

▶第四　音声切替装置の機能

◎音声切替装置を備えた地区音響装置にあっては、当該音声切替装置の機能は、第三によるほか、次に定めるところによる。

2．音声による警報の鳴動は、次によること。
（1）地区音響鳴動装置から信号を受信した場合において、感知器が作動した旨の警報（感知器作動警報）を自動的に発すること。
（2）感知器作動警報の作動中に地区音響鳴動装置から信号を受信した場合又は一定時間が経過した場合において、火災である旨の警報（火災警報）を自動的に発すること。

3．音声による警報は、警報音及び音声によることとし、その構成は次によること。
（1）感知器作動警報は、［第1警報音 ⇒ 音声（女声）⇒ 1秒間の無音状態］の順に連続するものを反復するものであること。
（2）火災警報は、［第1警報音 ⇒ 音声（男声）⇒ 1秒間の無音状態 ⇒ 第1警報音 ⇒ 音声（男声）⇒ 1秒間の無音状態 ⇒ 第2警報音 ⇒ 1秒間の無音状態］の順に連続するものを反復するものであること。

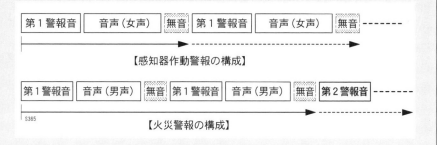

277

5．音声は、次によること。

（1）**感知器作動警報**に係る音声は、**女声**によるものとし、自動火災報知設備の感知器が作動した旨の情報又はこれに関連する内容を周知するものであること。

（2）**火災警報**に係る音声は、**男声**によるものとし、火災が発生した旨の情報又はこれに関連する内容を周知するものであること。

▶第五　スピーカーの機能

◎スピーカーの音声による警報を発する地区音響装置にあっては、当該スピーカーの機能は、第三によるほか、次に定めるところによる。

1．周波数が 300Hz 以上 8kHz 以下の範囲における入力インピーダンスは、定格インピーダンスの 80%以上であること。

▶スピーカーのインピーダンス

◎スピーカーの入力インピーダンスは、スピーカーの入力端子からみて内部回路の電気抵抗を表す。この数値が大きいほど電気抵抗が大きく、電流が流れにくくなる。逆に、入力インピーダンスが小さいと、電流が流れやすくなる。

◎スピーカーの入力インピーダンスは、音質の良し悪しと直接関係しない。スピーカーの入力インピーダンスを考える際、重要となってくるのがアンプ側のインピーダンスである。

◎スピーカーの入力インピーダンスは、周波数によって変化する特性がある。そこで定格インピーダンスは、ある周波数範囲において最も低い数値としている。

◎地区音響装置の基準で、入力インピーダンスを規定値以上となるように定めているのは、定格インピーダンスより低くなり過ぎると、アンプから電気信号を流した際、スピーカーの内部回路に大きな電流が流れ、スピーカーを破損させる危険性が生じるためである。

▶▶過去問題◀◀

【1】自動火災報知設備の地区音響装置（音声により警報を発するものを除く。）について、消防法令上、誤っているものは次のうちどれか。

□　1．受信機から地区音響装置までの配線は、600V 2種ビニル絶縁電線又はこれと同等以上の耐熱性を有する電線を使用すること。

　　2．ダンスホール、カラオケボックスその他これらに類するもので、室内又は室外の音響が聞き取りにくい場所に地区音響装置を設ける場合にあっては、当該場所において他の警報音又は騒音と明らかに区別して聞き取ることができるように措置されていること。

3．令別表第1（2）項ニに定める個室店舗等で、遊興のためにヘッドホン、イヤホンその他これに類する物品を客に利用させる役務の用に供する個室があるものにあっては、当該役務を提供している間を除き、当該個室において警報音を確実に聞き取ることができるように措置されていること。

4．地区音響装置は、一の防火対象物に2以上の受信機が設けられているときは、いずれの受信機からも鳴動させることができること。

【2】P型1級受信機に接続する地区音響装置について、誤っているものは次のうちどれか。[★]

☐　1．音響により、警報を発するものの音圧は、取り付けられた音響装置の中心から1m離れた位置で90dB以上であること。

2．音声により、警報を発するものの音圧は、取り付けられた音響装置の中心から1m離れた位置で92dB以上であること。

3．階ごとに、その階の各部分から一の地区音響装置までの水平距離が25m以下となるように設けること。

4．地区音響装置の感知器作動警報に係る音声は、男声によるものとすること。

【3】自動火災報知設備の地区音響装置の構造及び機能について、消防庁告示上、正しいものは次のうちどれか。

☐　1．音声により警報を発する音響装置の公称音圧は、90dB以上とすること。

2．音響により警報を発する音響装置の公称音圧は、87dB以上とすること。

3．音声切替装置による感知器作動警報に係る音声は、男声によるものとすること。

4．音声切替装置は、地区音響鳴動装置から信号を受信した場合において、感知器が作動した旨の警報を自動的に発すること。

【4】P型1級受信機に接続する地区音響装置（音声により警報を発するものを除く。）の音圧について、消防法令に定められているものは次のうちどれか。

☐　1．音圧は取り付けられた音響装置の中心から1m離れた位置で、60dB以上であること。

2．音圧は取り付けられた音響装置の中心から1m離れた位置で、70dB以上であること。

3．音圧は取り付けられた音響装置の中心から1m離れた位置で、80dB以上であること。

4．音圧は取り付けられた音響装置の中心から1m離れた位置で、90dB以上であること。

【5】 P型1級受信機に接続する地区音響装置の音圧について、消防法令上、正しいものは次のうちどれか。ただし、音声により警報を発するものは除くものとする。

□ 1．音圧は、取り付けられた音響装置の中心から3m離れた位置で、60dB以上であること。

2．音圧は、取り付けられた音響装置の中心から1m離れた位置で、60dB以上であること。

3．音圧は、取り付けられた音響装置の中心から3m離れた位置で、90dB以上であること。

4．音圧は、取り付けられた音響装置の中心から1m離れた位置で、90dB以上であること。

【6】 自動火災報知設備の地区音響装置（音声により警報を発するものに限る。）について、消防法令及び消防庁告示上、誤っているものは次のうちどれか。

□ 1．スピーカーに至る回路は、自動火災報知設備の信号回路における信号の伝達に影響を及ぼさないように設けるとともに、他の電気回路によって誘導障害が生じないように設けること。

2．配線は、十分な電流容量を有し、かつ、的確に接続されていること。

3．周波数が300Hz以上8kHz以下の範囲における入力インピーダンスは、定格インピーダンスの60%以上であること。

4．主要部の外箱の材料は、不燃性又は難燃性のものとすること。

【7】 自動火災報知設備の地区音響装置の構造及び機能について、消防庁告示上、正しいものは次のうちどれか。

□ 1．主要部の外箱の材料は、不燃性又は難燃性のものとすること。

2．音声により警報を発する音響装置の公称音圧は、90dB以上とすること。

3．音響により警報を発する音響装置の公称音圧は、92dB以上とすること。

4．感知器作動警報に係る音声は、男声によるものとし、自動火災報知設備の感知器が作動した旨の情報又はこれに関連する内容を周知するものであること。

【8】 自動火災報知設備に使用する地区音響装置について、誤っているものは次の
うちどれか。

☐ 1. 音響装置とは、ベル、ブザー、スピーカー等の音響又は音声により警報を
発するものをいう。

2. 音響により警報を発する音響装置の公称音圧は、90dB 以上であること。

3. 音声により警報を発する音響装置の公称音圧は、92dB 以上であること。

4. 音声切替装置を備えた地区音響装置の、感知器作動警報に係る音声は、男
声によるものであること。

【9】 地区音響装置の音声切替装置の機能のうち、音声による警報について、消防
庁告示上、誤っているものは次のうちどれか。

☐ 1. 感知器作動警報は、第1警報音、音声、1秒間の無音状態の順に連続する
ものを反復する構成のものでなければならない。

2. 火災警報は、第2警報音、音声、1秒間の無音状態の順に連続するものを
反復する構成のものでなければならない。

3. 感知器作動警報に係る音声は、女声によるものとし、自動火災報知設備の
感知器が作動した旨の情報又はこれに関連する内容を周知するものでなけれ
ばならない。

4. 火災警報に係る音声は、男声によるものとし、火災が発生した旨の情報又
はこれに関連する内容を周知するものでなければならない。

▶▶正解＆解説‥‥

【1】 正解3

3. 遊興のためにヘッドホン等を客に利用させる役務の用に供する個室は、当該役務を
提供している間においても、当該個室において警報音を確実に聞き取ることができる
ように措置されていること。

【2】 正解4

4. 感知器作動警報に係る音声は女声によるものとし、その後の火災警報に係る音声は
男声によるものとする。

【3】 正解4

1＆2. 音声による音圧は「92dB以上」、音響による音圧は「90dB以上」であること。
また、地区音響装置の基準 第三は「公称」音圧としている。

3. 感知器作動警報に係る音声は女声によるものとし、その後の火災警報に係る音声は
男声によるものとする。

4. 地区音響装置の基準 第四。

【4】 正解4

　4．音圧は取り付けられた音響装置の中心から1m離れた位置で、「90dB以上」であること。音声による音圧は「92dB以上」。

【5】 正解4

【6】 正解3

　1．規則による基準。

　2．地区音響装置の基準　第三。

　3．入力インピーダンスは、定格インピーダンスの80%以上であること。地区音響装置の基準　第五。

　4．地区音響装置の基準　第三。

【7】 正解1

　1．地区音響装置の基準　第三。

　2＆3．音声による音圧は「92dB以上」、音響による音圧は「90dB以上」であること。

　4．感知器作動警報に係る音声は女声によるものとし、その後の火災警報に係る音声は男声によるものとする。

【8】 正解4

　1．地区音響装置の基準　第二。

　2＆3．地区音響装置の基準　第三。

　4．感知器作動警報に係る音声は女声によるものとし、その後の火災警報に係る音声は男声によるものとする。

【9】 正解2

　1＆3＆4．地区音響装置の基準　第四。

　2．火災警報は、「第1警報音、音声、1秒間の無音状態、第1警報音、音声、1秒間の無音状態、第2警報音、1秒の無音状態」の順に連続するものを反復する構成のものでなければならない。

11. ガス漏れ火災警報設備

■1．設備の構成

◎ガス漏れ火災警報設備は、燃料用ガス又は自然発生する可燃性ガスの漏れを検知し、防火対象物の関係者又は利用者に警報する設備であって、ガス漏れ検知器（検知器）及び受信機又は検知器、中継器及び受信機で構成されたものに、警報装置を付加したものをいう（中継器規格第２条２号）。

◎構成図における貫通部とは、燃料用ガスを供給する導管が当該防火対象物又はその部分の外壁を貫通する場所をいう（規則第24条の２の３　１号イ）。

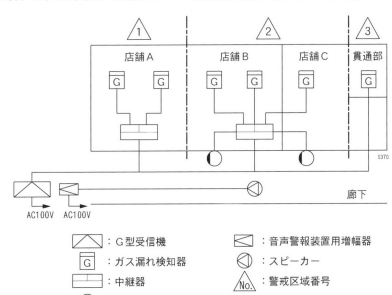

■2．受信機の構造・機能

◎G型受信機は、ガス漏れ信号を受信し、ガス漏れの発生を防火対象物の関係者に報知するものをいう（受信機規格第２条11号）。

◎G型受信機、GP型受信機及びGR型受信機は、ガス漏れ信号を受信したとき、黄色のガス漏れ灯及び主音響装置によりガス漏れの発生を、地区表示装置により当該ガス漏れの発生した警戒区域をそれぞれ自動的に表示するものでなければならない（受信機規格第６条４項）。

◎受信機の主音響装置は、音響装置の中心から前方１ｍ離れた地点で測定した音圧の値が、70dB以上であること（受信機規格第４条１号ロ）。

◎GP型受信機及びGR型受信機の地区表示装置は、火災の発生した警戒区域とガス漏れの発生した警戒区域とを明確に識別することができるように表示するものでなければならない（受信機規格第6条6項）。

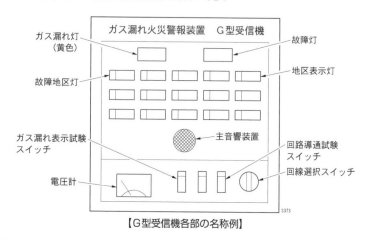

【G型受信機各部の名称例】

◎受信機の受信開始からガス漏れ表示までの所要時間は60秒以内であること。

■3．検知器の検知方式

◎検知器の検知方式は、半導体式、接触燃焼式、気体熱伝導度式の3種類がある。

▶半導体式

◎検出素子は、酸化スズなどの半導体の中にヒーターと電極を組み込んだ構造となっている。

◎半導体をヒーターで高温にした状態にして、可燃性ガスを通過させると半導体の表面に可燃性ガスが**吸着**して電気伝導度が上昇する。

◎この変化に伴い、電極間の抵抗値は減少することから、可燃性ガス濃度を検知することができる。

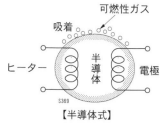

【半導体式】

▶接触燃焼式

◎検出素子は、白金線コイルの周囲に多孔質の酸化アルミナを焼結させ、表面に酸化触媒を付着させた構造となっている。

◎この素子を白金線コイルで高温にして可燃性ガスを接触させると、可燃性ガスは触媒表面で**接触燃焼**し、白金線コイルの温度は更に上昇する。温度上昇に伴い、素子端子間の電気抵抗は増大することから、可燃性ガス濃度を検知することができる。

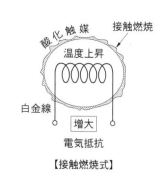

【接触燃焼式】

284

▶気体熱伝導度式

◎検出素子は、白金線コイルの周囲に酸化スズなどの半導体を塗り固めた構造となっている。

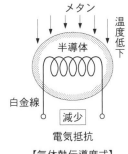

【気体熱伝導度式】

◎この素子を白金線コイルで高温にして、空気と可燃性ガスの混合ガスを吹き付けると、温度が低下する。このとき、温度低下の程度は、気体の熱伝導度に応じて変化する。

◎**熱伝導度**は熱伝導率ともいい、物質の熱伝導のしやすさの程度を表わす量である。物質ごとに異なり、空気とメタンを比較するとメタンの方が大きい。従って、メタン濃度が大きくなるほど検出素子の温度は低下し、検出素子端子間の電気抵抗は減少する。このことから、メタンガス濃度を検知することができる。

◎気体熱伝導度式は、高価な白金のかわりにサーミスタを用いたものが多い。

◎ガス漏れ検知器は、いずれもガスの濃度が爆発下限界の１／４以上のときに確実に作動し、１／200以下のときに作動してはならない。

■**４．爆発の限界**（編集部）

◎可燃性のガスは、空気との混合比率がある範囲内にあるとき、点火すると爆発する。逆に、混合比率がこの範囲外にあるときは、点火しても爆発しない。

◎**爆発下限界**は、混合ガスが爆発する下限の混合比率である。また、**爆発上限界**は、混合ガスが爆発する上限の混合比率である。混合ガスは、薄すぎても濃すぎても爆発しない。

◎爆発下限界及び爆発上限界は、混合ガス中の可燃性ガスの容積比で表す。例えば、燃焼下限界または燃焼上限界が10％という場合、混合ガス中に可燃性ガスが10％、空気が90％含まれていることを表す。

◎爆発下限界と爆発上限界は、可燃性ガスの種類により異なる。

◎都市ガスの主成分であるメタンは、爆発下限界が約５％となっていることから、都市ガス用検知器は、1.25％（５％の１／４）以上で確実に作動し、0.025％（５％の１／200）以下で作動してはならない。

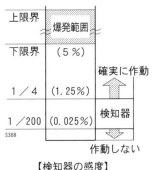

【検知器の感度】

■5．ガス検知出力信号

◎検知器がガスを検知したときの信号の出力方式は、有電圧出力方式と無電圧接点方式がある。

◎**有電圧出力方式**は、通常監視時とガス漏れ検知時に異なる電圧を出力する。監視時DC６V、ガス漏れ検知時DC12Vを出力するものが多い。また、これに加えて、不完全燃焼によるCO検知時DC18Vを出力するものがある。

◎有電圧出力方式では、電源や信号線の故障時に信号線の電圧が０Vとなることから、それぞれの電圧を判別することで、監視状態、異常検知、故障の識別が可能となる。

◎**無電圧接点方式**は、ガス漏れ検知時に内部の接点を閉じる方式である。ガス漏れ検知器の電源異常時にも接点を閉じる機構を有している。

■6．中継器の所要時間

◎自動火災報知設備及びガス漏れ火災警報設備の中継器については、受信開始から発信開始までの所要時間は、**５秒以内**でなければならない。ただし、ガス漏れ信号に係る当該所要時間にあっては、ガス漏れ信号の受信開始からガス漏れ表示までの所要時間が５秒以内である受信機に接続するものに限り、**60秒以内**とすることができる（中継器規格第4条）。

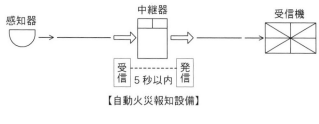

【自動火災報知設備】

【ガス漏れ火災警報設備】

■7. 警報装置

◎警報装置は、音声警報装置、ガス漏れ表示灯、検知区域警報装置から構成されている（規則第24条の2の3　4号）。

　〔注意〕ガス漏れ火災警報設備の警報装置は、自動火災報知設備の地区音響装置に相当する。

▶音声警報装置

◎音声警報装置は、音声によりガス漏れの発生を防火対象物の関係者及び利用者に警報する装置をいう。

◎音声警報装置の音圧及び音色は、他の**警報音**又は**騒音**と明らかに区別して聞き取ることができること。

◎音声警報装置のスピーカーは、各階ごとに、その階の各部分から一のスピーカーまでの水平距離が**25m以下**となるように設けること。

▶ガス漏れ表示灯

◎ガス漏れ表示灯は、検知器の作動と連動し、表示灯によりガス漏れの発生を通路にいる防火対象物の関係者に警報する装置をいう。

◎ガス漏れ表示灯は、次に定めるところによること。ただし、一の警戒区域が一の室からなる場合には、ガス漏れ表示灯を設けないことができる。

> 1．検知器を設ける室が通路に面している場合には、当該通路に面する部分の出入口付近に設けること。
> 2．前方**3m**離れた地点で点灯していることを明確に識別することができるように設けること。

▶検知区域警報装置

◎検知区域警報装置は、検知器の作動と連動し、音響によりガス漏れの発生を検知区域において防火対象物の関係者に警報する装置をいう。なお、検知区域は一の検知器が有効にガス漏れを検知することができる区域をいう。

◎検知区域警報装置は、当該装置から**1m**離れた位置で音圧が**70dB以上**となるものであること。

◎ただし、次に掲げる場合は、検知区域警報装置を設けないことができる。

> 1．**警報機能**を有する検知器を設置する場合
> 2．機械室その他常時人がいない場所及び貫通部

■8．検知器と受信機の標準遅延時間

◎検知器の標準遅延時間及び受信機の標準遅延時間の合計が60秒以内であること（規則第24条の2の3　8号）。

◎検知器の標準遅延時間とは、検知器がガス漏れ信号を発する濃度のガスを検知してから、ガス漏れ信号を発するまでの標準的な時間をいう。また、受信機の標準遅延時間は、受信機がガス漏れ信号を受信してから、ガス漏れが発生した旨の表示をするまでの標準的な時間をいう。

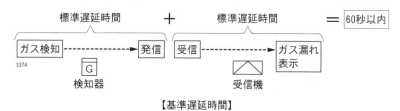

【基準遅延時間】

■9．受信機の設置基準

◎受信機は、次に定めるところにより設けること（規則第24条の2の3　3号）。

> ハ．操作スイッチは、床面からの高さが0.8m（いすに座って操作するものにあっては0.6m）以上1.5m以下の箇所に設けること。
>
> ホ．一の防火対象物に2以上の受信機を設けるときは、これらの受信機のある場所相互の間で同時に通話することができる設備を設けること。
>
> ヘ．防災センター等に設けること。

■10．検知器の設置基準（規則第24条の2の3　1号）

▶空気に対する比重が1未満のガス（軽ガス）

◎検知対象ガスの空気に対する比重が1未満のガス（軽ガス）は、次に定めるところにより設けること。なお、空気に対する比重が1未満のガス（軽ガス）は、主に都市ガスが該当する（都市ガスでも一部で空気より重いものがある）。

> 1．ガス燃焼機器又は貫通部から水平距離で8m以内の位置に設けること。
>
> 2．天井面等が0.6m以上突出したはり等によって区画されている場合は、当該はり等より燃焼機器側又は貫通部側に設けること。
>
> 3．ガス燃焼機器が使用され、又は貫通部が存する室の天井面等の付近に吸気口がある場合には、天井面等が0.6m以上突出したはり等によって区画されていない吸気口のうち、燃焼機器等又は貫通部から最も近いものの付近に設けること。
>
> 4．検知器の下端は、天井面等の下方0.3m以内の位置に設けること。

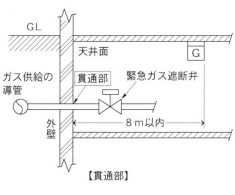

【貫通部】

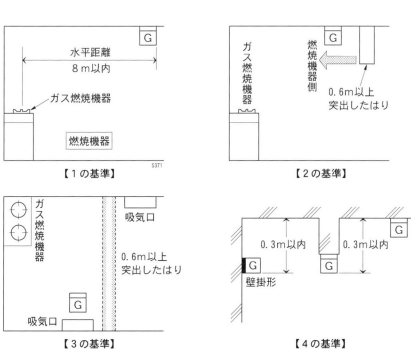

【1の基準】　S371

【2の基準】

【3の基準】

【4の基準】

※天井面等とは、天井の室内に面する部分又は天井がない場合にあっては、上階の床の下面をいう。

289

▶空気に対する比重が１を超えるガス（重ガス）

◎検知対象ガスの空気に対する比重が１を超えるガス（重ガス）は、次に定めるところにより設けること。なお、空気に対する比重が１を超えるガス（重ガス）は、プロパンガスが該当する。

1. ガス燃焼機器又は貫通部から水平距離で４m以内の位置に設けること。
2. 検知器の上端は、床面の上方0.3m以内の位置に設けること。

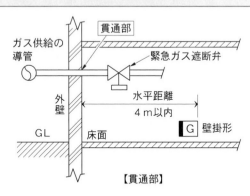

【貫通部】

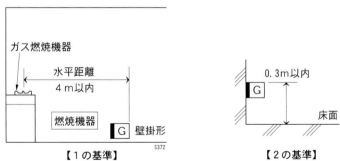

【１の基準】　　　　　　　　　　　　　【２の基準】

▶温泉の採取設備

◎温泉の採取のための設備の周囲の長さ10mにつき1個以上、当該設備の付近でガスを有効に検知できる場所に設けるとともに、ガスの濃度を指示するための装置を設けること。

◎この場合において、ガス濃度指示装置は、防災センター等に設けること。

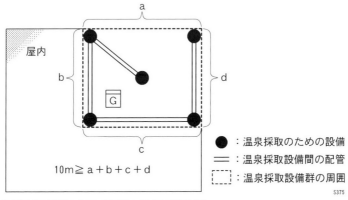

10m≧a＋b＋c＋d

● ：温泉採取のための設備
━━ ：温泉採取設備間の配管
- - - - ：温泉採取設備群の周囲

S375

【温泉採取設備における周囲の長さの計り方】

▶検知器を設置できない場所

◎ガス漏れ検知器（検知器）は、次に掲げる場所に設けてはならない。

1．出入口の付近で外部の気流がひんぱんに流通する場所
2．換気口の空気の吹き出し口から1.5m以内の場所
3．ガス燃焼機器の廃ガスに触れやすい場所
4．その他ガス漏れの発生を有効に検知することができない場所

▶▶過去問題◀◀

（検知器の検知方式）

【1】ガス漏れ検知器に用いられている代表的なガスの検知方式として、不適当なものを次のうちから2つ選びなさい。［編］

□ 1．熱電対式
   2．半導体式
   3．空気管式
   4．接触燃焼式
   5．気体熱伝導度式

【2】 ガス漏れ火災警報設備に使用されている検知器の検知方式として、正しいものは次のうちどれか。

☐ 1．可燃性ガスによるイオン電流の変化を利用して検知する方式

2．可燃性ガスによる光電素子の受光量の変化に伴う電気抵抗の変化を利用して検知する方式

3．可燃性ガスの燃焼による熱起電力の発生を利用して検知する方式

4．可燃性ガスの吸着による半導体の電気伝導度の変化を利用して検知する方式

（警報装置）

【3】 ガス漏れ火災警報設備の警報装置の設置について、誤っているものは次のうちどれか。

☐ 1．音声警報装置のスピーカーは、各階ごとに、その階の各部分から一のスピーカーまでの水平距離が35m以下となるように設けること。

2．音声警報装置の音圧及び音色は、他の警報音又は騒音と明らかに区別して聞き取ることができること。

3．検知区域警報装置の音圧は、それぞれの検知区域警報装置から1m離れた位置で70dB以上となるものであること。

4．警報機能を有する検知器を設置する場合及び機械室その他常時人がいない場所には、検知区域警報装置を設けないことができる。

（標準遅延時間）

【4】 ガス漏れ火災警報設備の検知器の標準遅延時間及び受信機の標準遅延時間の合計として、消防法令に定められているものは、次のうちどれか。

☐ 1．30秒以内

2．60秒以内

3．90秒以内

4．120秒以内

（検知器の設置基準）

【5】 ガス漏れ火災警報設備の検知器の取付け場所として、正しいものは次のうち
どれか。ただし、検知対象ガスの空気に対する比重は、1未満とする。

☐ 1．ガス燃焼機器から水平距離8m以内で、検知器の上端が床面の上方0.3m
以内となる位置

　2．ガス燃焼機器から水平距離12m以内で、検知器の上端が床面の上方0.3m
以内となる位置

　3．ガス燃焼機器から水平距離8m以内で、検知器の下端が天井面等の下方
0.3m以内となる位置

　4．ガス燃焼機器から水平距離12m以内で、検知器の下端が天井面等の下方
0.3m以内となる位置

【6】 ガス漏れ火災警報設備の検知器の取付け場所に関する次の記述において、文
中の（　）に当てはまる数値の組合せとして、消防法令に定められているもの
は次のうちどれか。ただし、検知対象ガスの空気に対する比重は、1を超える
ものとする。

　ア．「ガス燃焼機器又は貫通部から水平距離で（ア）m以内の位置に設けること。」

　イ．「温泉の採取のための設備の周囲の長さ（イ）mにつき1個以上、当該温泉
の採取のための設備付近でガスを有効に検知できる場所に設けるとともに、ガ
スの濃度を指示するための装置を設けること。この場合において、当該装置は、
防災センター等に設けること。」

	（ア）	（イ）
☐ 1.	4	10
2.	4	20
3.	8	10
4.	8	20

【7】下の図（省略）は、ガス漏れ火災警報設備の構成例を示したものである。下の説明文1〜4のうち、正しいものには「○」、誤っているものには「×」を記入しなさい。

〔説明文〕

□　1．検知器の検知方式は、半導体式、接触燃焼式、気体熱伝導度式の3種類に分類される。

　　2．有電圧出力方式とは、通常監視時とガス漏れ検知時に異なる電圧を出力する方式である。

　　3．消防法令上、受信機の受信開始からガス漏れ表示までの所要時間は、10秒以内と定められている。

　　4．消防庁告示上、中継器の受信開始から発信開始までの所要時間は、90秒以内と定められている。

注：この問題は、乙種実技の鑑別等で出題されたものである。図として、283Pの設備図が示されていたが、問題を解く上で直接的な関係がないため、ここでは省略した（編集部）。

▶▶正解&解説

【1】正解1&3

1&3．検知器のガス検知方式として、熱電対式と空気管式はない。

【2】正解4

1．イオン化式スポット型感知器は、煙がイオン室に流入したときのイオン電流の変化を利用する。

2．光電式の感知器は、煙による光電素子の受光量の変化を利用する。

3．熱電対式の差動式分布型感知器は、熱電対の一方が加熱されることにより発生する熱起電力を利用する。

4．半導体式。

【3】正解1

1．「35m以下」⇒「25m以下」。

【4】正解2

【5】正解3

【6】正解1

【7】正解　1…○：2…○：3…×：4…×

3．受信機は、ガス漏れ信号の受信開始からガス漏れ表示までの所要時間が［60秒］以内であること。

4．中継器は、受信開始から発信開始までの所要時間が［5秒］以内、又は一定条件のとき［60秒］以内であること。

第5章　設備等の工事・整備

第5章

1．受信機の設置基準

◎受信機の操作スイッチは、床面からの高さが0.8m以上、1.5m以下の箇所に設けること（規則第24条2号）。

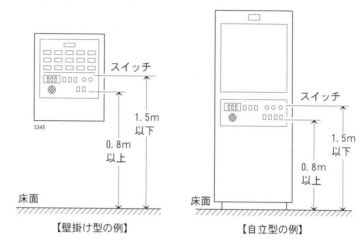

【壁掛け型の例】　　　　【自立型の例】

◎ただし、いすに座って操作するもの（デスク型）は、床面からの高さが0.6m以上、1.5m以下の箇所に設けること。

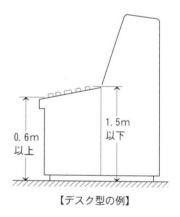

【デスク型の例】

▶▶過去問題◀◀

【1】自動火災報知設備の受信機のうち、いすに座って操作するものの操作スイッチの位置として、消防法令に定められているものは次のうちどれか。

☐ 1．床面からの高さが 0.5m 以上 1.5m 以下
　　2．床面からの高さが 0.6m 以上 1.5m 以下
　　3．床面からの高さが 0.8m 以上 1.5m 以下
　　4．床面からの高さが 1.0m 以上 1.5m 以下

【2】 自動火災報知設備の受信機の操作部に関する次の記述のうち、文中の（　）に当てはまる数値の組合せとして、消防法令上、正しいものはどれか。

「いすに座って操作する受信機の操作スイッチは、床面からの高さが（ア）m以上（イ）m以下の箇所に設けること。」

	（ア）	（イ）
□　1.	0.6	1.2
2.	0.6	1.5
3.	0.8	1.2
4.	0.8	1.5

【3】 自動火災報知設備の受信機を設置するときの操作スイッチの位置に関する次の記述のうち、文中の（　）に当てはまる数値の組合せとして、消防法令上、正しいものはどれか。

「床面からの高さが（ア）m（いすに座って操作するものにあっては（イ）m）以上（ウ）m以下の箇所に設けること。」

	（ア）	（イ）	（ウ）
□　1.	0.8	0.5	1.2
2.	0.8	0.6	1.5
3.	1.0	0.5	1.5
4.	1.0	0.6	1.2

▶▶正解＆解説‥‥‥
【1】 正解2
【2】 正解2
【3】 正解2

第5章

2. 感知区域の設定と注意事項

◎**感知区域**とは、感知器によって火災の発生が
有効に感知できる区域をいう。壁や梁等によ
って区画された部分である。

◎はり等のない平面天井の場合、1部屋がそれ
ぞれ1感知区域となる。

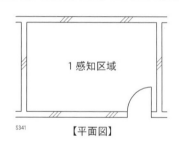

S341　　　【平面図】

◎はり等がある場合、はり等の深さが一定以上突出したはり等によって囲まれた部
分ごとが1感知区域となる。

◎差動式スポット型及び定温式スポット型は、はり等が**0.4m以上**突出している場
合に、感知区域を分ける必要がある。

◎差動式分布型及び煙感知器のスポット型は、はり等が**0.6m以上**突出している場
合に、感知区域を分ける必要がある。

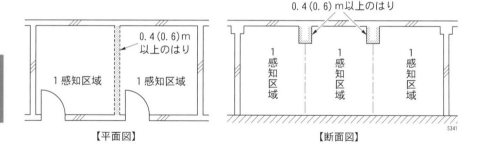

【平面図】　　　　　　　　　　　　　【断面図】　　　S341

▶感知器設置の注意事項

◎工場や倉庫等で足場が確保できない場所や**変電室・機械室**などで、設置後に機能
試験を行うのが困難な場所や危険を伴う場合は、差動式分布型、差動式スポット
型と試験器の組み合わせなどにより、試験可能な感知器を設けること。

◎**便所**、浴室、洗面所、シャワー室等は、感知器を設けないことができる。

◎**押入**は、押入の壁面及び天井が**不燃材料**の場合、感知器を設けないことができる。
ただし、押入の壁面及び天井が**不燃材料以外**の場合は、感知器を設けなければな
らない（詳細省略）。

3. 熱式スポット型感知器の設置基準

◎熱式スポット型感知器とは、差動式スポット型・定温式スポット型・補償式スポット型・**熱複合式**スポット型とする（規則第23条4項3号）。

◎感知器は、感知区域ごとに、感知器の種別及び取付け面の高さに応じて、表に定める感知面積（床面積）につき1個以上の必要個数を次式により算出し、火災を有効に感知するよう設けること。

$$一の感知区域内に必要な個数 = \frac{感知区域の面積（m^2）}{設置する感知器1個の感知面積（m^2）}$$

[小数点以下は切り上げて整数とする]

〔主な感知器ごとの感知面積 m²〕

感知器の種別	取付け面の高さ	4m 未満		4m 以上8m 未満	
		耐火	その他	耐火	その他
差動式スポット型	1種	90	50	45	30
	2種	**70**	40	**35**	25
定温式スポット型	特種	**70**	40	**35**	25
	1種	**60**	30	**30**	15

表の見方…「4m 未満」「4m 以上8m 未満」は取付け面の高さを示す。「耐火」は主構造部が耐火構造であることを示す。太字は、編集部で暗記しておく必要性が高いと判断する項目を示す。

◎例えば、差動式スポット型（2種）で取付け面が4m 未満である場合、床面積ごとの必要な感知器の数は次のとおりとなる。

・床面積　70m²……感知器1個	・床面積　71m²……感知器2個
・床面積 140m²……感知器2個	・床面積 141m²……感知器3個

◎感知器の**下端**は、取付け面（天井面）の下方 **0.3m 以内**の位置となるように設けること。

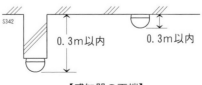

【感知器の下端】

◎感知器は、換気口等の空気吹出し口か
ら1.5m以上離れた位置に設けること
（規則第23条4項8号）。

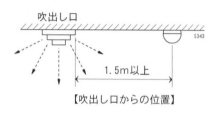

【吹出し口からの位置】

◎感知器は、45°以上傾斜させないように設けるこ
と。45°以上の傾斜面に取り付ける場合は、座板等
を用いて傾斜しないように設ける（規則第23条4
項9号）。

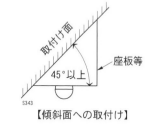

【傾斜面への取付け】

◎定温式の性能を有するスポット型感知器等は、正常時における最高周囲温度が公
称作動温度より、20℃以上低い場所に設けること（規則第23条4項6号）。
◎スポット型感知器は、一の感知区域内に極端に偏在しないように設けること（市
町村の条例等）。

▶▶ 過去問題 ◀◀

【1】差動式スポット型感知器の設置基準について、誤っているものは次のうちど
れか。[★]
□ 1．感知器は、45°以上傾斜させないように設けること。
　 2．感知器の取付け面から0.4m以上突き出した梁がある場合は、梁で区画さ
　　　れた部分ごとに別の感知区域とすること。
　 3．感知器の下端は、取付け面の下方0.6m以内の位置に設けること。
　 4．感知器は、換気口等の空気吹出し口がある場合、吹出し口から1.5m以上
　　　離れた位置に設けること。

【2】定温式スポット型感知器を設置する場合の留意事項として、誤っているもの
は次のうちどれか。[★]
□ 1．配線とリード線の接続は、圧着又はろう付けで確実に結線すること。
　 2．感知器は、45°以上傾斜させないように設けること。
　 3．感知器は、一の感知区域内に極端に偏在しないよう設けること。
　 4．感知器は、正常時における最高周囲温度が感知器の公称作動温度より
　　　10℃以上低い場所に設けること。

【3】定温式スポット型感知器の設置について、消防法令上、正しいものは次のうちどれか。

☐　1．感知器の下端は、取付け面の下方0.4m以内の位置に設けなければならない。

　　2．感知器は、45°以上傾斜させないように設けなければならない。

　　3．感知器は、換気口等の空気吹出し口から1.2m以上離れた位置に設けなければならない。

　　4．感知器は、正常時における最高周囲温度が、公称作動温度（2以上の公称作動温度を有するものにあっては、最も低い公称作動温度）より低い場所に設けなければならない。

【4】換気口等の空気吹出し口がある場合、吹出し口から1.5m以上離れた位置に設けなければならない感知器として、正しいものは次のうちどれか。

☐　1．差動式分布型感知器

　　2．光電式分離型感知器

　　3．熱複合式スポット型感知器

　　4．炎感知器

▶▶正解＆解説・・・

【1】正解3

　1．「12. 配線の基準［1］　■2．電線接続時の注意点」334P参照。

　3．差動式スポット型感知器の下端は、取付け面の下方0.3m以内の位置に設けること。0.6m以内の位置に設けなければならないのは、煙感知器である。

【2】正解4

　4．感知器は、正常時における最高周囲温度が感知器の公称作動温度より「20℃」以上低い場所に設けること。

【3】正解2

　1．「取付け面の下方0.4m以内」⇒「取付け面の下方0.3m以内」。

　3．「空気吹出し口から1.2m以上」⇒「空気吹出し口から1.5m以上」。

　4．感知器は、正常時における最高周囲温度が感知器の公称作動温度より［20℃以上］低い場所に設けること。

【4】正解3

4. 差動スポット試験器の設置

◎高圧を扱う変電室などで差動式スポット型感知器を設置した場合、設置後に感知器の機能試験を行うことは感電等の危険が伴う。また、大型の機械が設置されている機械室などで差動式スポット型感知器を設置した場合、設置後に感知器の機能試験を行うことは困難となる。あるいは、可燃性ガスが滞留している場所では、感知器設置後の作動試験が困難となる。

◎このような場合は、試験口付きの差動式スポット型感知器と差動スポット試験器をセットで設置する。

◎差動スポット試験器は、試験口が1個〜複数個のものがある。2個以上のものは、差動式スポット型感知器と対応した番号（対照番号）を付けておくこと。

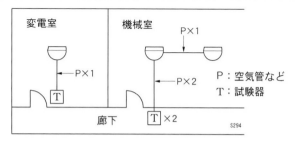

◎差動式スポット型感知器と差動スポット試験器との連絡管は、空気管または銅パイプを使用し、指定されている長さの範囲で接続する。

◎試験器の試験孔に空気注入試験器（テストポンプ）を接続し、規定量の空気を注入して感知器の作動を点検する。

◎差動スポット試験器の設置位置は、入り口付近など点検が容易な場所とし、高さを床面より0.8m以上1.5m以下とすること。

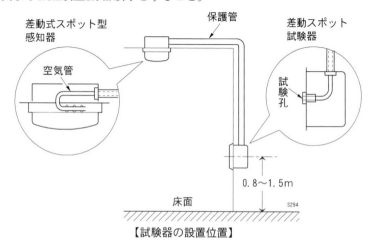

【試験器の設置位置】

302

5. 空気管式感知器の設置と施工

■1. 設置基準（規則第23条４項４号）

◎空気管の露出部分は、一の感知区域ごとに20m以上とすること。

◎小部屋などで取付け面の各辺に空気管を設置しても、露出長が20mに満たない場合は、２重巻またはコイル巻として、20m以上とすること。

◎空気管の接続長は、一の検出部につき100m以下とすること。

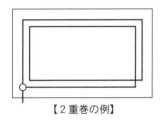
【２重巻の例】

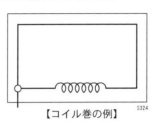
【コイル巻の例】

◎空気管は、天井など取付け面の下方 0.3m 以内の位置に設け、かつ、感知区域の取付け面の各辺から 1.5m 以内の位置とすること。

◎空気管の検出部は、5°以上傾斜させないこと。

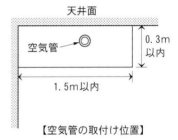
【空気管の取付け位置】

◎相対する空気管の相互間隔は、主要構造部を耐火構造とした防火対象物にあっては９m（その他の構造の防火対象物は６m）以下となるように設けること。

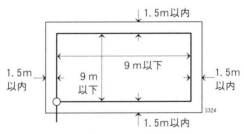
【空気管の相互間隔】

◎空気管の短い方の相互間隔を６m以下とした場合は、長い方の相互間隔を９m以上とすることができる。

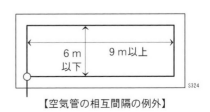
【空気管の相互間隔の例外】

■2．施工方法（試験基準）

◎空気管の直線部分を止める場合は、止め具の間隔を35cm以内とし、かつ、等間隔とする。垂れ下がるおそれのある場合は、空気管を更に短く固定する。

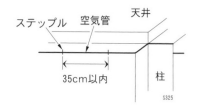

◎空気管の屈曲部は、屈曲部から5cm以内をステップルで止めること。

◎空気管屈曲部の半径（R）は、5mm以上とすること。曲げる際は、空気管がつぶれないように注意する。

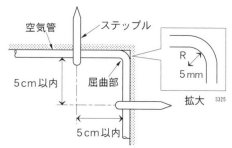

◎空気管の接続部分は、スリーブの両端から5cm以内をステップルで止めること。

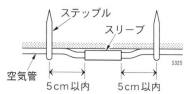

▶空気管の止め具

◎ステップル…空気管の直線空気管を止める際に多用される。造営材に直接打ち込んで使用する。コンクリート、モルタルなどの堅い天井や壁に空気管を設置する場合は、ドリルでステップルに合った穴をあらかじめ開けておき、そこに打ち込む。

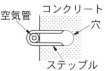

◎堅い天井や壁面等に空気管を設置する際に、**スリーブジョイントの上から**ステップル等の止め金具を打ち込んではならない。空気漏れを起こす原因となる。

◎**ステッカー**…壁面が金属材などでステップルを打ち込めない場合に用いる。裏側に接着剤が塗られており、使用する際は裏紙をはがして貼り付ける。

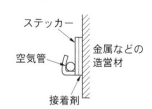

◎**特殊クリップ**…特殊な天井で、ステップルによる打ち込みやステッカーの接着ができない場合に、木ねじとクリップで空気管を止める。

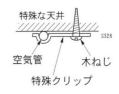

◎**特殊クリップ（アングル用）**…天井のアングル部に用いるもので、クリップとあて金ではさみ、ビスで固定する。

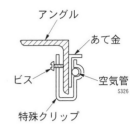

▶**空気管の接続**

◎**スリーブジョイント**（スリーブ、ジョイントとも呼ばれる）…空気管の接続は、互いの空気管端部をスリーブジョイントの中に入れ、スリーブジョイント両端部をハンダ付けすることにより行う。

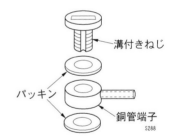

◎空気管と銅管端子の接続は、空気管の端部を銅管端子の中に入れ、銅管端子の端部をハンダ付けすることにより行う。

◎**銅管端子**は、空気管の端部を検出部のコックスタンドに接続する際に用いる。銅管端子の両面を樹脂製のパッキンで挟み、溝付きねじで締め付ける。この場合、空気管に若干の余裕をもたせること。

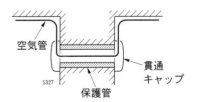

▶**貫通部**

◎空気管が壁または天井を貫通する場合は、保護管を用いて中に空気管を通す。また、保護管の口元には貫通キャップを用いて口元をふさぐ。

▶検出部の取付け

◎検出部の取り付け方法は、露出ボックスを使うものと、埋込みボックスを使うものがある。ボックスには、検出部が収納されている。

◎ブッシングは、空気管用保護管や電線管の端部をボックスに接続する際に用いる。ねじ込み継手の1種である。

〔用語〕ステップル［staple］：U字形の留め金。ホッチキスの針。

スリーブ［sleeve］：袖（そで）。袖状のもの。

ブッシング［bushing］：軸受け筒、入れ子。（bush は「低木の茂み」）

▶▶過去問題◀◀

【1】差動式分布型感知器（空気管式）の取付けについて、最も不適当なものは次のうちどれか。

☐ 1．空気管を止める場合の止め金具（ステップル等）の間隔は、直線部分は35cm以内ごととし、屈曲部は屈曲部から5cm以内ごとにする。

2．空気管の屈曲部の半径は、5mm以上とする。

3．空気管を接続する場合は、スリーブを使用するが、直接スリーブの上から止め金具により取付け面に堅固に止める。

4．検出部は、取付け面から5°以上傾斜させないように取り付ける。

【2】差動式分布型感知器（空気管式）の設置の基準について、誤っているものは次のうちどれか。

☐ 1．空気管の露出部分は、一の感知区域ごとに20m以上とすること。

2．一の検出部に接続する空気管の接続長は、100m以下とすること。

3．空気管は原則として、感知区域の取付け面の各辺から1.5m以内の位置に設けること。

4．相対する空気管の相互間隔は、原則として主要構造部を耐火構造以外の構造とした防火対象物は9m以下となるように設けること。

▶▶正解＆解説‥‥‥‥‥‥‥‥‥‥‥‥‥‥‥‥‥‥‥‥‥‥‥‥‥‥‥‥‥‥‥‥‥

【1】正解3

3．スリーブの上からステップルなどの止め金具を打ち込んではならない。空気漏れを起こす原因となる。ステップルはスリーブを避け、かつ、スリーブ両端から5cm以内の位置で打ち込む。

【2】正解4

3 & 4. 「原則として」としてあるが、法令では、「感知区域の規模又は形状により有効に火災の発生を感知することができるとき」は、この1.5mと9mの基準は適用しないとしている。

4. 主要構造部を耐火構造以外の構造とした防火対象物は、相対する空気管の相互間隔が6m以下となるように設けること。

6. スポット型煙感知器の設置基準

■1. 感知器の選択

◎煙感知器（光電式分離型を含む）、熱煙複合式スポット型感知器又は炎感知器は、次に掲げる場所ごとにそれぞれを設けなければならない（規則第23条5項）。

1. 階段及び傾斜路……………………………………………… 煙感知器
2. 廊下及び通路（学校及び図書館等は除く）……………………
   　　　　　　　　　　　　　　煙感知器又は熱煙複合式スポット型感知器
3. エレベーターの昇降路、リネンシュート、パイプダクト等 …… 煙感知器
4. 天井等の高さが15m以上20m未満の場所…………………… 煙感知器又は炎感知器
5. 天井等の高さが20m以上の場所 …………………………… 炎感知器
6. 上記1～5以外の地階、無窓階及び11階以上の部分 ………
   　　　　　　　　　　煙感知器、熱煙複合式スポット型感知器又は炎感知器

■2. 感知面積（光電式スポット型・イオン化式スポット型）

◎煙感知器（光電式分離型を除く）は、廊下、通路、階段及び傾斜路を除く感知区域ごとに、感知器の種別及び取付け面の高さに応じて次の表で定める感知面積（床面積）につき1個以上の個数を、火災を有効に感知するように設けること。

〔種別ごとの感知面積 m²〕

感知器の種別	取付け面の高さ		
	4m 未満	4m以上15m未満	15m以上20m未満
1種	150	75	75
2種			－
3種	50	－	－

■3. 設置基準（光電式分離型を除く／規則第23条4項7号&試験基準）

▶取付け位置

◎煙感知器は、廊下、通路、階段及び傾斜路を除き、一感知区域ごとに設けること。

◎煙感知器は、壁又ははりから0.6m以上離れた位置に設けること。ただし、廊下等の幅が1.2m未満の場合は、その中心部に設けること。

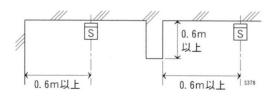

◎煙感知器の下端は、取付け面の下方0.6m以内の位置に設けること。

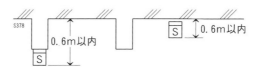

◎煙感知器は、天井付近に吸気口のある居室にあっては当該吸気口付近に、換気口
　等の空気の吹出し口のある居室にあっては当該吹出し口から1.5m以上離れた位
　置に設けること。

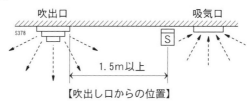

【吹出し口からの位置】

◎煙感知器は、天井が低い居室又は狭い居室にあっては出入口付近に設けること。

◎煙感知器は、45°以上傾斜させないように設けること。45°以上の傾斜面に取り
　付ける場合は、座板等を用いて傾斜しないように設ける（規則第23条4項9号）。

【傾斜面への取付け】

▶廊下及び通路の基準

◎煙感知器は、廊下及び通路にあっては**歩行距離30m（3種にあっては20m）**につき1個以上の個数を設けること。この場合、感知器は廊下及び通路の中心部に設ける。また、歩行距離は、原則として中心線に沿って測定する。

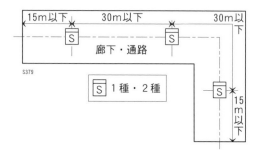 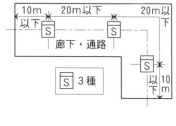

◎図の建築物における廊下では、歩行距離が40mで30mを超えているため、各階ごとに煙感知器を2個ずつ設置しなくてはならない。

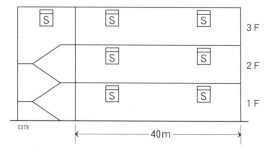

◎ただし、次に掲げる廊下又は通路にあっては、**煙感知器を設けないことができる。**

1．階段に接続していない10m以下の廊下又は通路
2．階段に至るまでの歩行距離が10m以下の廊下又は通路
3．開放式の廊下又は通路

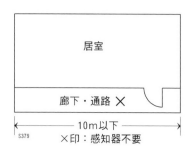

310

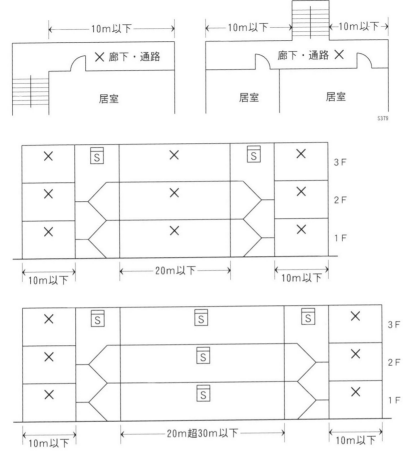

▶エレベーター昇降路、パイプダクト等

◎エレベーター昇降路、リネンシュート、
　パイプダクトその他これらに類する場
　所（水平断面積が 1 m²以上のものに限
　る）には、それぞれ最頂部に煙感知器
　を設けること。

◎ただし、エレベーター昇降路の頂部と
　エレベーター機械室との間に開口部が
　ある場合は、開口部の面積に関係なく、
　エレベーター機械室の頂部に煙感知器
　を設けることで、昇降路頂部に煙感知
　器を設けないことができる。

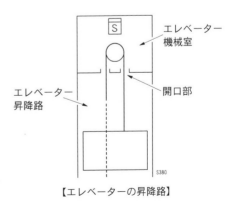

【エレベーターの昇降路】

311

◎パイプダクト等は、開口部の面積が1m²
未満であっても、床面積との合計値が
1m²以上である場合は、最頂部に煙感知
器を設けること。

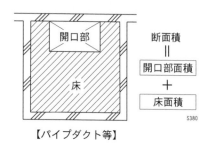

【パイプダクト等】

▶階段及び傾斜路の基準

◎煙感知器は、階段及び傾斜路にあっては、垂直
距離15m（3種にあっては10m）につき1個
以上、それぞれ室内に面する部分又は上階の床
の下面若しくは頂部に設けること。ただし、開
放式の階段には設けないことができる。

◎階段頂部が最上階の天井面と同一の場合は、で
きるだけ室内に近い部分で維持管理上支障のな
い位置に煙感知器を設ける。

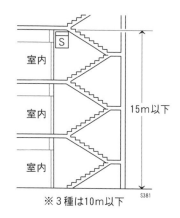

※3種は10m以下

◎地下階がある場合は、地階の階数が1の場合を除き、地上階と地下階は別の警戒
区域とするため、煙感知器は地上階と地下階に分けて設けること。

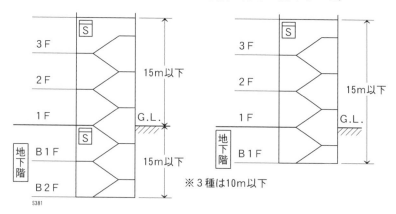

※3種は10m以下

◎特定1階段等防火対象物の場合は、1種又は2種の煙感知器を垂直距離7.5mに
つき1個以上、それぞれ室内に面する部分又は上階の床の下面若しくは頂部に設
けること。

【1】 煙感知器（光電式分離型感知器を除く。）の設置位置に関する次の文中の（　）
に当てはまる数値及び語句の組合せとして、正しいものはどれか。[★]

「煙感知器は、壁又ははりから（ア）離れた位置に設けるとともに、天井付近
に（イ）のある居室にあっては、（ウ）に設けること。」

	（ア）	（イ）	（ウ）
□ 1.	0.6m以上	吸気口	吸気口付近
2.	0.6m以上	吹出し口	吹出し口付近
3.	1.5m以上	吸気口	出入口付近
4.	1.5m以上	吹出し口	出入口付近

【2】 煙感知器（光電式分離型を除く。）を設置する場合の基準について、正しいも
のは次のうちどれか。

□ 1. 感知器は、換気口等の空気吹出し口から0.6m以上離れた位置に設けるこ
と。

　　2. 天井付近に吸気口のある居室にあっては、感知器をその吸気口付近に設け
ること。

　　3. 感知器の下端は、取付け面の下方0.7m以内の位置に設けること。

　　4. ２種及び３種の感知器は、廊下及び通路にあっては、歩行距離30mにつき
1個以上の個数を設けること。

【3】 煙感知器（光電式分離型感知器を除く。）を特定一階段等防火対象物以外の防
火対象物に設ける場合について、誤っているものは次のうちどれか。

□ 1. 1種の感知器を廊下及び通路に設ける場合にあっては、歩行距離 30m につ
き1個以上設けること。

　　2. 3種の感知器を廊下及び通路に設ける場合にあっては、歩行距離 20m につ
き1個以上設けること。

　　3. 1種の感知器を階段及び傾斜路に設ける場合にあっては、垂直距離 20m に
つき1個以上設けること。

　　4. 3種の感知器を階段及び傾斜路に設ける場合にあっては、垂直距離 10m に
つき1個以上設けること。

【4】 煙感知器（光電式分離型感知器を除く。）を特定一階段等防火対象物以外の防火対象物に設置した場合の記述として、誤っているものを2つ選びなさい。［編］

☐ 1．天井が低い居室又は狭い居室にあっては、入口付近に設けた。

2．天井付近に吸気口のある居室にあっては、当該吸気口付近に設けた。

3．感知器の下端を、取付け面の下方0.6m以内の位置となるように設けた。

4．壁又ははりから0.3m以上離れた位置に設けた。

5．1種又は2種の感知器を階段及び傾斜路に、垂直距離15mにつき1個以上となるように設けた。

6．3種の感知器を廊下及び通路に、歩行距離30mにつき1個以上となるように設けた。

【5】 煙感知器（光電式分離型感知器を除く。）の種別及び取付け面の高さに応じて感知器を1個以上設けなければならない感知区域（廊下、通路、階段及び傾斜路を除く。）の床面積の組合せとして、誤っているものは次のうちどれか。

	種別	取付け面の高さ	感知区域の床面積
☐ 1．	1種	4m未満	150m^2
2．	1種	4m以上20m未満	75m^2
3．	2種	4m未満	150m^2
4．	3種	4m未満	75m^2

▶▶正解&解説···

【1】 正解1

【2】 正解2

1．換気口等の空気吹出し口から1.5m以上離れた位置に設けること。

3．感知器の下端は、取付け面の下方0.6m以内の位置に設けること。

4．1種及び2種の感知器は、廊下及び通路にあっては、歩行距離30mにつき1個以上の個数を設けること。3種のみ、歩行距離20mにつき1個以上の個数を設ける。

【3】 正解3

3．1種の感知器を階段及び傾斜路に設ける場合にあっては、垂直距離15mにつき1個以上設けること。

【4】 正解4&6

4．感知器は、壁又ははりから0.6m以上離れた位置に設ける。

6．3種の感知器は廊下及び通路に、歩行距離20mにつき1個以上となるように設ける。

【5】 正解4

4．3種の煙感知器は、取付け面の高さが4m未満に制限され、感知区域の床面積が50m^{2}となっている。

7. 光電式分離型煙感知器の設置基準

■1. 設置基準（規則第23条4項7の3号&試験基準）

◎光電式分離型感知器は、受光面が日光を受けないように設けること。

◎光電式分離型感知器の光軸は、並行する壁から**0.6m以上**離れた位置となるように設けること。光軸とは、感知器の送光面の中心と受光面の中心とを結ぶ線をいう。

◎光電式分離型感知器の送光部及び受光部は、その背部の壁から1m以内の位置に設けること。

◎光電式分離型感知器の光軸の長さは、**公称監視距離**の範囲内となるように設けること。公称監視距離は5m以上100m以下とし、5m刻みとする。

◎光電式分離型感知器は、壁によって区画された区域ごとに、当該区域の各部分から一の光軸までの水平距離が**7m以下**となるように設けること。

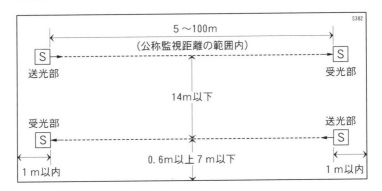

◎光電式分離型感知器は、天井等の高さが**20m未満**の場所に設けること。この場合において、天井等の高さが15m以上20m未満の場所に設ける感知器にあっては、1種のものとする。

◎光電式分離型感知器の光軸の高さは、天井等の高さの**80%以上**となるように設けること。

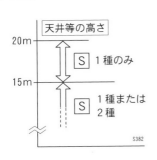

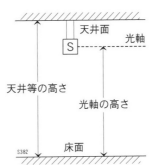

【1】煙感知器の構造及び設置基準について、誤っているものは次のうちどれか。

□ 　1．イオン化式スポット型のものは、煙が感知器に入るとイオン室にかかっている電圧が増加し、この数値が設定値を超えるとスイッチング部を作動させて受信機に発信する方式のものである。

　　2．光電式スポット型のものは、感知器に入った煙が放射光束に作用し、光電素子への入射光量を変化させる。この変化を電気的に変えて受信機に発信する方式のものである。

　　3．イオン化式スポット型のものは、極性を考えて結線する必要がある。

　　4．光電式分離型のものは、感知器の光軸の高さが天井等の高さの70％以上となるように設けること。

▶▶正解＆解説‥‥‥‥‥‥‥‥‥‥‥‥‥‥‥‥‥‥‥‥‥‥‥‥‥‥‥‥‥‥‥‥‥‥‥‥‥‥‥

【1】正解4

　　4．「70％以上」⇒「80％以上」。

■1．適応しない場所（規則第23条4項1号他）

◎炎感知器は、次に掲げる場所に適応しない。

1. 水蒸気が多量に滞留する場所…蒸気洗浄室、脱衣室、湯沸室、消毒室等
2. 腐食性ガスが発生するおそれのある場所…メッキ工場、バッテリー室等
3. 厨房その他正常時において煙が滞留する場所…厨房室、調理室、溶接作業所等
4. 著しく高温となる場所…乾燥室、ボイラー室、鋳造場、映写室、スタジオ等
5. 煙が多量に流入するおそれのある場所…配膳室、厨房の前室、食堂等
6. 結露が発生する場所…スレート又は鉄板で葺いた屋根の倉庫・工場等
7. 火を使用する設備で火炎が露出するものが設けられている場所
    …ガラス工場、溶接作業所、厨房、鋳造所等

■2．適応する場所

◎炎感知器は、次に掲げる場所に適応する。

1. じんあい、微粉等が多量に滞留する場所…ごみ集積所、荷捌所、塗装室等
2. 排気ガスが多量に滞留する場所…駐車場、車庫、荷物取扱所、車路等

（参考：煙感知器が適応しない場所）

1. じんあい、微粉又は水蒸気が多量に滞留する場所
2. 腐食性ガスが発生するおそれのある場所
3. 厨房その他正常時において煙が滞留する場所
4. 著しく高温となる場所
5. 排気ガスが多量に滞留する場所
6. 煙が多量に流入するおそれのある場所
7. 結露が発生する場所

〔解説〕法令では、煙感知器と炎感知器について、適応しない場所をそれぞれ定めている。
　　　　従って、適応しない場所以外は法令上、適応する場所となる。炎感知器と煙感知
　　　　器について、試験でよく出題される適応・不適応の場所をまとめると、次のとお
　　　　りとなる。

場　　所	炎感知器	煙感知器
じんあい、微粉等が多量に滞留する場所	○	×
水蒸気が多量に滞留する場所	×	×
排気ガスが多量に滞留する場所	○	×

■ 3．道路用以外のもの（規則第23条4項7の4号）

◎炎感知器は、道路の用に供される部分に設けられるものを除くものと、道路の用に供される部分に設けられるものの2種類がある。

◎道路用以外のものは、更に屋内型と屋外型に区分される。屋内に設けるものは屋内型を、屋外に設けるものは屋外型をそれぞれ設ける。

◎道路用以外の炎感知器は、次に定めるところにより設けること。

イ．炎感知器は、**天井等又は壁**に設けること。

ロ．炎感知器は、壁によって区画された区域ごとに、当該区域の床面から高さ1.2mまでの空間（監視空間）の各部分から当該感知器までの距離が公称監視距離の範囲内となるように設けること。

ハ．炎感知器は、障害物等により有効に火災の発生を感知できないことがないように設けること。

ニ．感知器は、日光を受けない位置に設けること。ただし、感知障害が生じないように遮光板等を設けた場合にあっては、この限りでない。

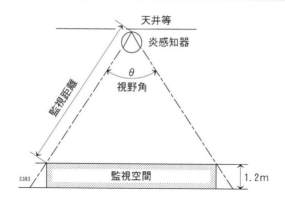

◎例えば、視野角90°、取付け高さ10m・15m・20m、いずれも公称監視距離が十分に長いものとすると、円形の監視空間のうち内接する正方形の1辺の長さは次のとおりとなる。

	取付け高さ　10m	正方形　1辺約12.5m
視野角90°	15m	1辺約19.6m
	20m	1辺約26.7m

318

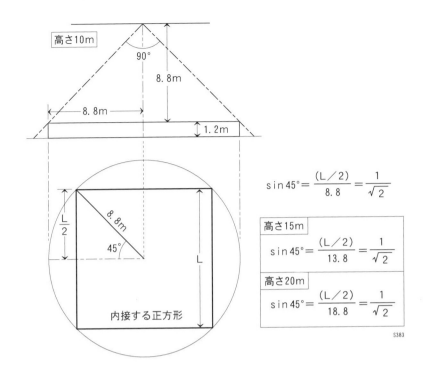

高さ10m

90°

8.8m

8.8m

1.2m

$$\sin 45° = \frac{(L／2)}{8.8} = \frac{1}{\sqrt{2}}$$

8.8m

45°

L／2

L

内接する正方形

高さ15m
$$\sin 45° = \frac{(L／2)}{13.8} = \frac{1}{\sqrt{2}}$$

高さ20m
$$\sin 45° = \frac{(L／2)}{18.8} = \frac{1}{\sqrt{2}}$$

S383

■ 4. 道路用のもの（規則第23条4項7の5号）

◎道路用の炎感知器は、次に定めるところにより設けること。

> イ．感知器は、道路の側壁部又は路端の上方に設けること。
> ロ．感知器は、道路面からの高さが1.0m以上1.5m以下の部分に設けること。ただし、監視員通路が設けられている場合にあっては、当該通路面からの高さが1.0m以上1.5m以下の部分に設けること。
> ハ．感知器は、道路の各部分から当該感知器までの距離（監視距離）が公称監視距離の範囲内となるように設けること。ただし、設置個数が1となる場合にあっては、2個設けること。
> ニ．感知器は、障害物等により有効に火災の発生を感知できないことがないように設けること。
> ホ．感知器は、日光を受けない位置に設けること。ただし、感知障害が生じないように遮光板等を設けた場合にあっては、この限りでない。

〔解説〕「ハ」の規定により、道路用の炎感知器は公称監視距離の範囲内であっても、最低で2個は必要ということになる。

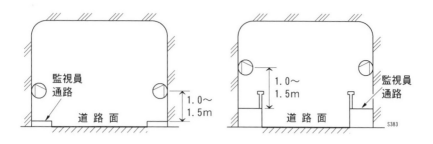

■5．炎感知器の施工方法

◎炎感知器は、製品ごとにメーカーが指定する取り扱い事項を遵守する。

◎炎感知器は、設置する場所の環境により非火災報を発することがあるため、製品
ごとにメーカーが指定する環境や注意事項を考慮して施工すること。

◎炎感知器について、一般的に適さない場所及び注意事項は次のとおりである。

1．**紫外線式の設置が適さない場所**
   ◇ハロゲンランプ、殺菌灯、電撃殺虫灯が使用される場所。特に、体育館等のハロゲ
   ンランプは床面の反射でも感知する場合がある。
   ◇溶接作業をする場所若しくはその影響を受ける場所。
   ◇火花を発生する機器等が設置されている場所。

2．**赤外線式の設置が適さない場所**
   ◇自動車のヘッドライトがあたる場所。
   ◇太陽の直射日光が直接感知器にあたる場所。
   ◇赤外線を発する機器がある場所。

3．炎感知器は、ライター等の小さな炎でも近距離の場合は作動するおそれがあるため、
   炎感知器をライター等の使用場所の近傍に設けないこと。具体的な距離は、感知器ご
   とに性能（公称監視距離等）が異なるため、取扱い説明書等を元に算出する。
   〔用語〕近傍（きんぼう）：近辺。付近。

```
▶▶過去問題◀◀
```

【1】炎感知器が適応する設置場所として、最も適当なものは次のうちどれか。

□ 1．水蒸気が多量に滞留する蒸気洗浄室及び消毒室

   2．腐食性ガスが発生するおそれのあるメッキ工場及びバッテリー室

   3．著しく高温となる乾燥室及びボイラー室

   4．排気ガスが多量に滞留する駐車場及び車路

【2】防火対象物の道路の用に供される部分に設ける炎感知器の設置方法について、誤っているものは次のうちどれか。[★]

□　1．感知器は、道路の側壁部又は路端の上方に設けること。
　　2．感知器には、直射日光により作動しないように遮光板等を設けることができる。
　　3．感知器は、道路面からの高さが1.5m以上2.5m以下の部分に設けること。
　　4．感知器は、監視距離が公称監視距離の範囲内となるように設けること。ただし、設置個数が1となる場合にあっては、2個設けること。

【3】炎感知器の取付け場所について、誤っているものは次のうちどれか。[★]

□　1．炎感知器は、ライター等の小さな炎でも近距離の場合は作動するおそれがあるので、炎感知器をライター等の使用場所の近傍に設けないこと。
　　2．炎感知器は、ゴミ集積所等のじんあい、微粉等が多量に滞留する場所に設けないこと。
　　3．紫外線式の炎感知器は、ハロゲンランプ、殺菌灯、電撃殺虫灯が使用されている場所に設けないこと。
　　4．赤外線式の炎感知器は、自動車のヘッドライトがあたる場所又は、太陽の直射日光が直接感知器にあたる場所に設けないこと。

【4】防火対象物に設ける炎感知器の設置基準（道路の用に供される部分に設けられるものを除く。）について、次の文の（　）に当てはまる語句の組み合わせとして、正しいものは次のうちどれか。

　　「炎感知器は、防火対象物の（ア）に設けること。また、壁によって区画された区域ごとに、当該区域の床面から高さ（イ）までの空間の各部分から当該感知器までの距離が公称監視距離の範囲内となるように設けること。」

		（ア）	（イ）
□	1．	天井等又は壁	1.2m
	2．	壁又は梁	1.5m
	3．	天井等	2.0m
	4．	天井等又は壁	2.5m

▶▶正解＆解説··

【1】 正解4

1～3．いずれも、炎感知器の設置場所として適さない。また、煙感知器の設置場所としても適さない。

4．炎感知器は、「排気ガスが多量に滞留する場所」のほか、「じんあい、微粉等が多量に滞留する場所」にも適応する。

【2】 正解3

3．炎感知器は、道路面からの高さが1.0m以上1.5m以下の部分に設けること。

【3】 正解2

2．炎感知器は、ゴミ集積所等のじんあい、微粉等が多量に滞留する場所に適応する。ただし、水蒸気が多量に滞留する場所には適応しない。

【4】 正解1

◎「自動火災報知設備の感知器の設置に関する選択基準について（通知）」によると、規則第23条４項により、煙感知器（熱煙複合式スポット型を含む。）及び炎感知器が設置できない場所に設置する感知器は、次の表によることとしている。

〔煙感知器、炎感知器が設けられない場所に適応する熱感知器〕

設置場所		適応熱感知器									炎感知器
		差動式スポット型		差動式分布型		補償式スポット型		定温式		熱アナログ式スポット型	
環境状態	具体例	1種	2種	1種	2種	1種	2種	特種	1種		
［1］じんあい、微粉等が多量に滞留する場所	ごみ集積所、荷捌所、塗装室、紡績・製材・石材等の加工場等	○	○	○	○	○	○	○	○	○	○
［2］水蒸気が多量に滞留する場所	蒸気洗浄室、脱衣室、湯沸室、消毒室等	○※	○※	×	○	×	○	○	○	○	×
［3］腐食性ガスが発生するおそれのある場所	メッキ工場、バッテリー室、汚水処理場等	×	×	○	○	○	○	○	○	○	×
［4］厨房その他正常時において煙が滞留する場所	厨房室、調理室、溶接作業所等	×	×	×	×	×	×	○	○	○	×
［5］著しく高温となる場所	乾燥室、殺菌室、ボイラー室、鋳造場、映写室、スタジオ等	×	×	×	×	×	×	○	○	○	×
［6］排気ガスが多量に滞留する場所	駐車場、車庫、荷物取扱所、車路、自家発電室、トラックヤード、エンジンテスト室等	○	○	○	○	○	○	×	×	○	○
［7］煙が多量に流入するおそれのある場所	配膳室、厨房の前室、厨房内にある食品庫、ダムウェイター、厨房周辺の廊下及び通路、食堂等	○	○	○	○	○	○	○	○	○	×

[8] 結露が発生する場所	スレート又は鉄板で葺いた屋根の倉庫・工場、パッケージ型冷却機専用の収納室、密閉された地下倉庫、冷凍室の周辺等	○※	○※	○	○	○	○	○	○	○	×
[9] 火を使用する設備で火炎が露出するものが設けられている場所	ガラス工場、キューポラのある場所、溶接作業所、厨房、鋳造所、鍛造所等	×	×	×	×	×	×	○	○	○	×

◎各環境状態ごとに「備考」が次のとおりに記載されている（編集部）。

[1] 備考　1. 規則第23条第5項第6号の規定による地階、無窓階及び11階以上の部分では、炎感知器を設置しなければならないとされているが、炎感知器による監視が著しく困難な場合等については、令第32条（消防署長等による基準の特例）を適用して、適応熱感知器を設置できるものであること。
　　　　　2. 差動式分布型感知器を設ける場合は、検出部にじんあい、微粉等が侵入しない措置を講じたものであること。
　　　　　3. 差動式スポット型感知器又は補償式スポット型感知器を設ける場合は、じんあい、微粉等が侵入しない構造のものであること。
　　　　　4. 定温式感知器を設ける場合は、特種が望ましいこと。
　　　　　5. 紡績・製材の加工場等火災拡大が急速になるおそれのある場所に設ける場合は、定温式感知器にあっては特種で公称作動温度75℃以下のもの、熱アナログ式スポット型感知器にあっては火災表示に係る設定表示温度を80℃以下にしたものが望ましいこと。
[2] 備考　1. 差動式分布感知器又は補償式スポット型感知器は、急激な温度変化を伴わない場所に限り使用すること。
　　　　　2. 差動式分布型感知器を設ける場合は、検出部に水蒸気が侵入しない措置を講じたものであること。
　　　　　3. 差動式スポット型感知器、補償式スポット型感知器、定温式感知器又は熱アナログ式スポット型感知器を設ける場合は、防水型を使用すること。
[3] 備考　1. 差動式分布型感知器を設ける場合は、感知部が被覆され、検出部が腐食性ガスの影響を受けないもの又は検出部に腐食性ガスが侵入しない措置を講じたものであること。
　　　　　2. 補償式スポット型感知器、定温式感知器又は熱アナログ式スポット型感知器を設ける場合は、腐食性ガスの性状に応じ、耐酸型又は耐アルカリ型を使用すること。
　　　　　3. 定温式感知器を設ける場合は、特種が望ましいこと。
[4] 備考　厨房、調理室等で高湿度となるおそれのある場所に設ける感知器は、防水型を使用すること。
[6] 備考　1. 規則第23条第5項第6号の規定による地階、無窓階及び11階以上の部分では、炎感知器を設置しなければならないとされているが、炎感知器による監視が著しく困難な場合等については、令第32条（消防署長等による基準の特例）を適用して、適応熱感知器を設置できるものであること。
　　　　　2. 熱アナログ式スポット型感知器を設ける場合は、火災表示に係る設定表示温度は60℃以下であること。
[7] 備考　1. 固形燃料等の可燃物が収納される配膳室、厨房の前室等に設ける定温式感知器は、特種のものが望ましいこと。
　　　　　2. 厨房周辺の廊下及び通路、食堂等については、定温式感知器を使用しないこと。
　　　　　3. 上記2の場所に熱アナログ式スポット型感知器を設ける場合は、火災表示に係る設定表示温度は60℃以下であること。

[8] 備考　1．差動式スポット型感知器、補償式スポット型感知器、定温式感知器又は熱アナログ式ス
　　　　　　ポット型感知器を設ける場合は、防水型を使用すること。
　　　　　2．補償式スポット型感知器は、急激な温度変化を伴わない場所に限り使用すること。

- -

注1：〇印は当該設置場所に適応することを示し、×印は当該設置場所に適応しないことを示す。
　2：設置場所の欄に掲げる「具体例」については、感知器の取付け面の付近（炎感知器にあっては公称
　　　監視距離の範囲）が「環境状態」の欄に掲げるような状態にあるものを示す。
　3：差動式スポット型、差動式分布型及び補償式スポット型の1種は感度が良いため、非火災報の発生
　　　については2種に比べて不利な条件にあることに留意すること。
　4：差動式分布型3種及び定温式2種は消火設備と連動する場合に限り使用できること。
　5：多信号感知器にあっては、その有する種別、公称作動温度の別に応じ、そのいずれもがこの表によ
　　　り適応感知器とされたものであること。

※同通知では、[2] 及び [8] について、差動式スポット型1種及び2種は、×印で当該設置場所に適
応しないものとされている。しかし、消防予第36号「消防用設備等に係る執務資料の送付について（通
知）」によると、差動式スポット型感知器のうち防水型のものとして検定に合格しているものは、「水蒸
気が多量に滞留する場所」及び「結露が発生する場所」に適応するものとして取り扱ってよいとされて
いる（編集部）。

▶▶過去問題◀◀

【1】 定温式スポット型感知器（1種）の設置場所として、最も不適当な場所は次
のうちどれか。[★]

□　1．厨房室
　　2．乾燥室
　　3．湯沸室
　　4．駐車場

【2】 水蒸気が多量に滞留し、かつ、急激な温度変化を伴わない場所に設ける感知
器として、最も不適切なものは次のうちどれか。

□　1．差動式スポット型（2種）
　　2．熱アナログ式スポット型（防水型）
　　3．差動式分布型感知器（1種）
　　4．定温式感知器（防水型）

【3】 厨房その他正常時において煙が滞留する場所に設ける感知器として、最も適
当なものは次のうちどれか。

□　1．差動式スポット型感知器（二種）
　　2．差動式分布型感知器（二種）
　　3．熱アナログ式感知器
　　4．補償式スポット型感知器（二種）

【4】感知器を設置する場合の基準として、不適切なものは次のうちどれか。

☐ 1．じんあい、微粉等が多量に滞留する場所には煙感知器は適さないが、定温式感知器（特種）は適する。

2．排気ガスが多量に滞留する場所には煙感知器は適さないが、差動式スポット型感知器は適する。

3．火を使用する設備で火炎が露出するものが設けられている場所には、炎感知器は適さないが、差動式スポット型感知器は適する。

4．水蒸気が多量に滞留する場所には炎感知器は適さないが、熱アナログ式スポット型感知器は適する。

▶▶正解＆解説……………………………………………………………………………………

【1】正解4

「［6］排気ガスが多量に滞留する場所」を参照。定温式感知器（特種及び1種）は、駐車場や車庫に適応しないとされている。理由として、外気と開放されているため、あるいは外気と閉鎖されている場合であっても強制的に換気されていることなどから、火災が発生しても、定温式の感知温度にまで達しにくいためではないかと推測される（理由は編集部の推測）。

【2】正解3

「［2］水蒸気が多量に滞留する場所」を参照。水蒸気が多量に滞留する場所には、差動式分布型（1種）と補償式スポット型（1種）などが適応しない。

【3】正解3

　　熱アナログ式スポット型の適否…［1］〜［9］全て○

　　参考：定温式（特・1種）の適否…排気ガス以外○

【4】正解3

　　煙感知器の適否…［じんあい×］［水蒸気×］［排気ガス×］

　　炎感知器の適否…［じんあい○］［水蒸気×］［排気ガス○］

　　差動式スポット型の適否…［じんあい○］［水蒸気○］［排気ガス○］［炎露出×］

◎「自動火災報知設備の感知器の設置に関する選択基準について（通知）」によると、非火災報又は感知の遅れが発生するおそれがあるときは、次の表中の適応熱感知器、適応煙感知器又は炎感知器を設置すること。ただし、表は一部省略（編集部）。

〔非火災報、感知遅れの発生のおそれのある場所に設ける適応感知器〕

設置場所		適応熱感知器					適応煙感知器						炎感知器
環境状況	具体例	差動式スポット型	差動式分布型	補償式スポット型	定温式	熱アナログ式スポット型	イオン化式スポット型	光電式スポット型	イオン化アナログ式スポット型	光電アナログ式スポット型	光電式分離型	光電アナログ式分離型	
喫煙による煙が滞留するような換気の悪い場所	会議室、応接室、喫茶室、飲食室、待合室、集会場、宴会場等	○	○	○				○※		○※	○	○	
就寝施設として使用する場所	ホテルの客室、宿直室、仮眠室、病室等						○※	○※	○※	○※			
煙以外の微粒子が浮遊している場所	地下街通路等						○※	○※	○※	○※	○	○	○
風の影響を受けやすい場所	ロビー、礼拝堂、観覧場等		○					○※		○※	○	○	○
煙が長い距離を移動して感知器に到達する場所	廊下、階段、通路、傾斜路、エレベーター昇降路等							○		○	○	○	
燻焼火災となるおそれのある場所	電話機械室、通信機室、電算機室、機械制御室等							○		○	○	○	
大空間でかつ天井が高いこと等により熱及び煙が拡散する場所	体育館、航空機の格納庫、高天井の倉庫・工場等		○								○	○	○

注１：○印は当該設置場所に適応することを示す。
注２：※印は、当該場所に感知器を設ける場合、当該感知器回路に蓄積機能を有することを示す。
注３〜注９は、省略（編集部）。

11. 発信機と表示灯の設置基準

■1. 発信機

◎P型発信機は、各階ごとに、その階の各部分から一の発信機までの歩行距離が50m以下となるように設けること（規則第24条8の2号）。

◎P型発信機は、床面からの高さが0.8m以上1.5m以下の箇所に設けること。

◎発信機は、ホールの入口、階段の付近または廊下等で多数の目にふれやすく、火災に際し速やかに操作できる場所に設置する。

◎屋内消火栓設備が設置されている場合は、消火栓箱の上部に機器収納箱を設け、その収納箱内に設置する。

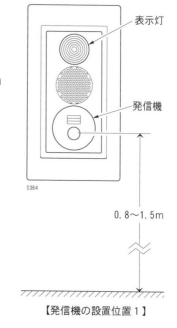

【発信機の設置位置1】

◎自動火災報知設備と屋内消火栓設備が連動している場合、発信機のボタンとポンプ起動装置が兼用になっており、ボタンを押すと、地区音響装置が鳴動するとともに、消火栓のポンプが始動して表示灯が点滅する。

◎発信機が兼用となっている場合、表示灯への配線は、600V 2種ビニル絶縁電線（HIV）を用いた耐熱配線としなければならない。

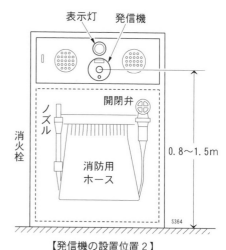

【発信機の設置位置2】

■2. 表示灯

◎表示灯は、発信機の直近の箇所に設ける。

◎表示灯は、赤色の灯火で常時点灯し、取付け面と15°以上の角度となる方向に沿って10m離れたところから点灯していることが容易に識別できること。

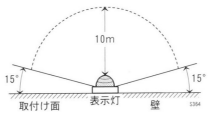

10m

15°　　　　　　　15°

取付け面　　表示灯　　壁　　S364

【表示灯の点灯が容易に識別できる範囲】

◎消火栓用表示灯の直近に発信機（消火栓連動を含む。）を設けた場合は、自動火災報知設備（発信機）の表示灯を設けないことができる。

▶▶過去問題◀◀

【1】P型1級の発信機又は表示灯の設置について、誤っているものは次のうちどれか。[★]

□　1．発信機を、階ごとに、その階の各部分から一の発信機までの水平距離が50mとなるように設けた。

　　2．発信機を、床面からの高さが1.2mの箇所に設けた。

　　3．発信機の直近の箇所に表示灯を設けた。

　　4．表示灯は、赤色の灯火で、取付け面と15°以上の角度となる方向に沿って、10m離れたところから点灯していることが容易に識別できるように設けた。

【2】P型1級発信機の取付要領について、正しいものは次のうちどれか。[★]

□　1．発信機をGR型受信機に接続した。

　　2．発信機を床面からの高さが1.8mの箇所に設けた。

　　3．発信機の直近の箇所に燐光等により光を発する標識を設けたので、表示灯を省略した。

　　4．発信機を各階ごとに、その階の各部分から一の発信機までの水平距離が50m以下となるように設けた。

【3】P型1級発信機又は表示灯の設置について、誤っているものは次のうちどれか。

☐　1．各階ごとに、その階の各部分から一の発信機までの歩行距離が50mとなる
　　　　ように設けた。

　　2．発信機の表示灯は、屋内消火栓用表示灯と兼用できないため、別に設けた。

　　3．保育所に設ける際に、子供の手が届かないように床面からの高さが1.5mの
　　　　高さに押しボタンを設けた。

　　4．接続する受信機をGR型のものとした。

【4】自動火災報知設備の発信機の設置方法として、正しいものは次のうちどれか。

☐　1．人目につくといたずらをされるおそれがあるため、人目につかない場所に
　　　　設置した。

　　2．設置する直近の場所に屋内消火栓用表示灯があったため、発信機の表示灯
　　　　を屋内消火栓用と兼用とした。

　　3．子どもにいたずらをされることが多いため、子どもの手が届かない高さ
　　　　（床面から1.8mの高さ）に押しボタンがくるように設置した。

　　4．受信機がR型だったのでP型2級発信機を取付けた。

▶▶正解＆解説……………………………………………………………………………………

【1】正解1

　1．一の発信機までの歩行距離が50m以下となるように設けること。発信機は人が操作
　　　するため、「歩行距離」で基準が定められている。

【2】正解1

　1．P型1級発信機は、P型1級受信機、GP型1級受信機、R型受信機及びGR型受信
　　　機と接続する。第4章「8．発信機の構造・機能」273P参照。

　2．床面からの高さは、0.8m以上1.5m以下でなければならない。

　3．表示灯は省略してはならない。

　4．一の発信機までの歩行距離が50m以下となるように設けること。発信機は人が操作
　　　するため、「歩行距離」で基準が定められている。

【3】正解2

　2．消火栓用表示灯の直近に発信機を設けた場合、発信機の表示灯は、屋内消火栓用表
　　　示灯と兼用することができる。

　4．第4章「8．発信機の構造・機能」273P参照。

【4】正解2

　1．多数の目にふれやすい場所に設ける。

　3．床面からの高さは、0.8m以上1.5m以下でなければならない。

　4．受信機がR型の場合は、P型1級発信機を取付ける。

■ 1. 規則による基準（規則第24条1号）

▶感知器の信号回路

◎感知器の信号回路は、容易に**導通試験**をすることができるように、**送り配線**にするとともに回路の末端に発信機、**押しボタン**又は終端器を設けること。ただし、配線が感知器若しくは発信機から外れた場合又は配線に断線があった場合に受信機が自動的に警報を発するものにあっては、この限りでない。

▲押しボタンの例

◎送り配線とは、部品ごとに順に送る配線を指す。同じ経路の配線で部品が次々と連結されていく。一方、**渡り配線**は部品ごとに分岐する配線を指す。

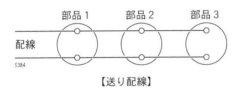

【送り配線】

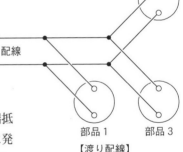

【渡り配線】

◎感知器を送り配線とし、端末に終端器（終端抵抗）を接続した回路について考える（実際は発信機が組み込まれている）。感知器の接続部は、図のように表すことが多い。

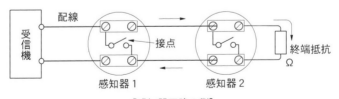

【感知器回路の例】

◎終端抵抗は比較的大きな抵抗が使われる。この回路で感知器が未作動の場合、回路には微弱な電流が流れる。Ｐ型1級受信機は、信号回路の導通試験装置が備わっているため、この微弱な電流から電圧を検知することにより、導通の有無を判断する。

◎図のように感知器2が作動すると接点が閉じるため、回路には大きな電流が流れ、受信機はこの電流変化を電圧で検知する。

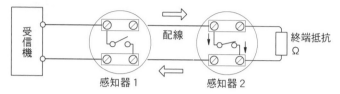

【感知器2が作動した場合】

◎図の×印の箇所で断線が起きると、回路には微弱な電流が流れなくなるため、受信機で回路導通試験を行うと、断線と判断できる。

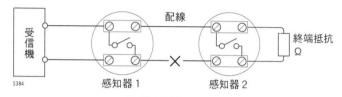

【配線が断線した場合】

◎感知器を渡り配線で接続した回路では、感知器2側の×印の箇所で断線した場合、回路には微弱な電流が流れ続けるため、受信機による回路導通試験を行っても断線を検知することができない。以上の理由から、感知器の信号回路は送り配線とすることが規定されている。

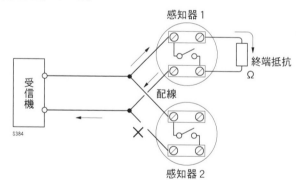

【渡り配線で断線した場合】

◎P型1級受信機は、信号回路の導通試験装置を備えているため、信号回路の末端には必ず終端抵抗が付いている。

◎また、P型2級受信機は、信号回路の導通試験装置が備わっていないため、信号回路に終端抵抗は付いていないが、末端に発信機又は押しボタン（回路試験器）が装着されている。押しボタンを押すことで、**回路の導通を試験**することができる。

▶電線の管

◎自動火災報知設備の配線に使用する電線とその他の電線とは同一の管、ダクト等の中に設けないこと。ただし、**60V以下**の弱電流回路に使用する電線にあっては、この限りでない。

▶共通線

◎感知器回路の配線について共通線を設ける場合、共通線は1本につき**7警戒区域以下**とすること。

◎図は共通線を1本使用し、7警戒区域とした場合の回路図（例）をまとめたものである。

◎共通線は、感知器の各信号回路に**電流を流す**ためのものである。直流回路のマイナス側またはプラス側に相当する。

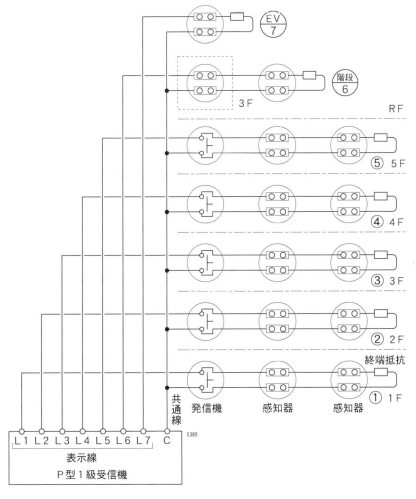

◎共通線は、感知器回路の電線数を減らすために設ける。

◎回路図（例）の注意点は次のとおり。

1. 階段の煙感知器は、3階と屋上階に設置。
2. エレベーターの煙感知器は、エレベーター機械室の上部に設置。
3. 1階～5階は階ごとに異なる警戒区域とし、それぞれ発信機と感知器を設置。
4. 終端抵抗は各信号回路の末端の感知器に設置。
5. P型1級発信機の電話線及び応答線は省略。また、地区音響装置のベル線及び表示灯の表示灯線も省略。
6. C及びLは端子記号で、メーカーによって同じ記号が使われるものと、独自の記号が使われるものがある。本書では、共通線をC（Common：共通）、表示線をL（Line：ライン）とした。

▶感知器回路の電路の抵抗

◎P型受信機及びGP型受信機の感知器回路の電路の抵抗は、50Ω以下となるように設けること。

■2．電線接続時の注意点

◎電線の接続は、次の点に注意して行う。

1. 接続箇所において電気抵抗を増加させないこと。接続部分の電気抵抗が大きくなると、電力損失が増大し、その部分の温度が上昇する。
2. 電線の引張強さを20%以上減少させないように接続する。接続部分は、接続管その他の器具を使用し、またはろう付けをする
3. 接続部分の絶縁性は他の部分と同等以上になるように処置すること。
4. 電線の接続は、ハンダ付け、スリーブ、圧着端子等により堅固に接続すること。
5. 接続の際に被覆をはぎ取る場合は、心線（芯線）にきずを付けないこと。
6. 湿気の多い場所では、自己融着性テープを使用することが望ましい。

▶▶過去問題◀◀

【1】常時開路式の感知器の信号回路は、その回路の末端に押しボタンが設けられている場合、どのような試験に用いるのか、正しいものは次のうちどれか。

☐ 1．回路導通試験
2．火災作動試験
3．火災表示試験
4．空気作動試験

【2】感知器回路の配線の基準について、誤っているものは次のうちどれか。[★]

- □ 1．P型受信機の共通線は、1本につき7警戒区域以下とすること。
     2．P型受信機の感知器回路の電路の抵抗は、50Ω以下とすること。
     3．原則として、自動火災報知設備以外の配線用の電線と同一の管、ダクト等の中に設けないこと。
     4．スポット型感知器を設置する場合に限り、配線は送り配線とすること。

【3】自動火災報知設備の配線の基準について、誤っているものは次のうちどれか。

- □ 1．P型受信機に接続する感知器回路の配線は、送り配線とすること。
     2．P型受信機の感知器回路の共通線は、1本につき7警戒区域以下とすること。
     3．自動火災報知設備に用いる電線は、他の用途の電線であっても100V以下の弱電流回路に使用するものであれば、これと同一の管の中に設けることができる。
     4．GP型受信機の感知器回路の電路の抵抗は、50Ω以下とすること。

【4】感知器回路の共通線について、誤っているものは次のうちどれか。

- □ 1．共通線は、受信機の機能試験を容易に行うために設ける。
     2．共通線は、1本につき7警戒区域以下とする。
     3．共通線は、感知器回路の電線数を減らすために設ける。
     4．感知器又は発信機に接続する共通線と、ベル回路等の共通線を共用にしない。

【5】P型受信機及びGP型受信機を設置する場合の感知器回路の電路の抵抗として、正しいものは次のうちどれか。[★]

- □ 1．50Ω以下　　2．100Ω以下
     3．250Ω以下　　4．500Ω以下

【6】電線の接続に関する次の記述のうち、文中の（　）に当てはまる語句の組合せとして、最も適当なものはどれか。

「電線の（ア）を（イ）％以上（ウ）させないように接続すること。」

		（ア）	（イ）	（ウ）
□	1．	圧縮強さ	20	増加
	2．	引張強さ	25	増加
	3．	引張強さ	20	減少
	4．	圧縮強さ	25	減少

【7】 電線の接続について、誤っているものを次のうちから５つ選びなさい。[編]

□　1．電線の引張強さを20％以上減少させないようにする。

2．電線を接続したところ、電線の引張強度が10％減少した。

3．電線の引張強さを30％以上減少させないように接続した。

4．接続部分に、接続管を接続した。

5．原則として、はんだ付けとし、接続部分には接続管その他の器具を使用しないこと。

6．スリーブ及びワイヤーコネクターは使用しないようにする。

7．接続部分を、その絶縁電線の絶縁物と同等以上の絶縁効力のあるもので十分に被覆した。

8．接続した部分をはんだでろう付けした。

9．接続後通電したところ、接続部が発熱した。

10．接続部の電気抵抗を増加させないように接続した。

11．スリーブを用いる方法もある。

12．ワイヤーコネクターを用いる場合には、必ずろう付けすること。

▶▶正解＆解説‥‥‥‥‥‥‥‥‥‥‥‥‥‥‥‥‥‥‥‥‥‥‥‥‥‥‥‥‥‥‥‥‥‥

【1】正解1

常時開路式の感知器とは、正常時は接点が開いていて感知器が異常を検出すると、接点を閉じる感知器で、一般的な感知器が該当する。

【2】正解4

4．スポット型に限らず、すべての感知器回路は送り配線とすること。

【3】正解3

3．60V以下の弱電流回路に使用するものは、同一の管の中に設けることができる。弱電流とは、主に電気的な信号を伝える際の電流を指す。動力としての電力を供給する強電流の対義語である。

【4】正解1

1．共通線は、感知器の各信号回路に電流を流すためのものである。共通線と受信機の機能試験は、直接的な関連がない。

4．ベル回路等の共通線は、地区音響装置を区分鳴動としたときに使う。ただし、ベル共通線（BC）は、地区音響装置の数による制限がない。下巻の第8章「36. 系統図の例題［2］（1級受信機・8警戒区域）　▶区分鳴動・発信機兼用とした場合の電線本数」333P参照。

感知器回路と地区音響装置の回路は、個別となる。従って、各共通線が共用されることはない。

【5】正解1

【6】 正解3

【7】 正解3＆5＆6＆9＆12

3．電線の引張強さを［20％］以上減少させないように接続する。

4．「接続管」とは、リングスリーブなどと考える。

5．はんだ付け又は接続管を使用して接続する。

6．スリーブ及びワイヤーコネクターを使用して接続する。

9．接続部は、発熱してはならない。接続部分の電気抵抗が増加していると、通電時に発熱する。

11．スリーブは圧着スリーブともいう。2本の電線を接合する配線用品である。スリーブに心線を出した電線を挿入し、圧着ペンチで圧着接続する。使い方に応じて、3種類ある。

12．ワイヤーコネクターを用いる場合は、ろう付けが不要である。

【ワイヤーコネクターの使い方】

①電線の被覆をはぎ取る。

②2本の心線を軽くより合わせる。

③ワイヤーコネクターをかぶせ、時計回りにねじりながら押し込む。これで完成。

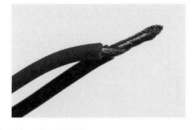 

【スリーブの種類】

| 突き合せ用スリーブ | 重ね合せ用スリーブ | 終端重ね合せ用スリーブ |
| （B形スリーブ） | （P形スリーブ） | （E型・リングスリーブ） |

■ 1. 配線と電線

◎法令では、配線と電線を分けて規定している。

◎配線とは、電線を敷設することをいう。従って、電線に係わる工事が対象となる。
　具体的には、「耐火保護配線の工事」及び「耐熱保護配線の工事」となる。

◎一方、電線は各工事に使用できるものがそれぞれ法令で指定されている。

◎各配線の範囲をまとめると、次のとおりとなる。

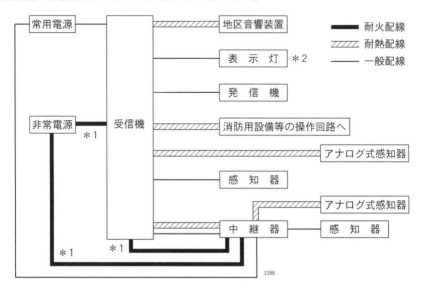

注意
*1：中継器の非常電源回路（受信機または中継器が予備電源を
　　内蔵している場合は一般配線でよい）
*2：発信機を他の消防用設備等の起動装置と兼用する場合、発
　　信機上部表示灯の回路は、非常電源付の耐熱配線とすること。

【一般配線と耐火・耐熱配線の範囲】

▶一般配線

◎「屋内配線に使用する電線」及び「屋側又は屋外配線に使用する電線」が日本産
　業規格により定められている。

◎これらの規格に適応している電線として、次に掲げるものが広く使われている。

電線の名称	記号
600Vビニル絶縁電線	IV
600Vビニル絶縁ビニルシースケーブル	VV

〔用語〕シース［sheath］：おおい。

◎IVは、導体を絶縁体（ビニル）で被覆しただけの構造の絶縁電線である。使用する場合は、配管を敷設し、配管の中に通線する必要がある。

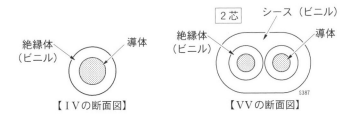

【ＩＶの断面図】　　　　　【ＶＶの断面図】

◎一方、VVはIVをシース（ビニル）で保護した構造となっている。この保護構造により、そのまま建物などに通線することができる。

▶耐火保護配線の工事

◎耐火保護配線（耐火配線）の範囲は、非常電源から受信機または中継器までの範囲とする（前ページ 注意 ＊1 参照）。
◎耐火配線に使用する電線は、[耐火構造とした主要構造部に埋設する場合] と ［MIケーブル又は耐火電線を使用する場合］ で異なる。

[耐火構造とした主要構造部に埋設する場合]

◎この工事に使用することができる電線は、**600V 2種ビニル絶縁電線（HIV）**又はこれと同等以上の耐熱性を有する電線であり、具体的には次のとおりである。

1．600V 2種ビニル絶縁電線	10．CDケーブル
2．ハイパロン絶縁電線	11．鉛被ケーブル
3．四ふっ化エチレン絶縁電線	12．架橋ポリエチレン絶縁ビニルシースケーブル
4．シリコンゴム絶縁電線	13．架橋ポリエチレン絶縁ポリエチレンシースケーブル
5．ポリエチレン絶縁電線	14．ポリエチレン絶縁ポリエチレンシースケーブル
6．架橋ポリエチレン絶縁電線	15．ポリエチレン絶縁ビニルシースケーブル
7．EPゴム絶縁電線	16．EPゴム絶縁クロロプレンシースケーブル
8．アルミ被ケーブル	17．MIケーブル
9．鋼帯がい装ケーブル	18．耐火電線（消防庁告示適合品）

◎これらの電線は、**金属管、可とう電線管**または**合成樹脂管に収め、耐火構造で造った壁、床等に埋設する**。埋設する深さは、壁体等の表面から10mm以上とする。ただし、合成樹脂管を使用する場合は、埋設する深さを20mm以上とする。

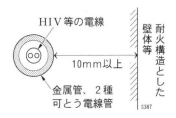

〔用語〕可とう［可撓］：物質が外力によって、しなやかにたわむ性質。たわみ性。撓性。

〔用語〕可とう電線管：金属又は合成樹脂製で自由に湾曲する電線管。直管部分を金属電線管で敷設し、曲がりの部分に可とう電線管を用いるのが一般的な電線管工事の使用方法となる。

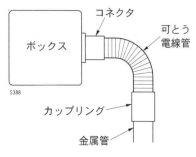

【可とう電線管】

〔MIケーブル又は耐火電線を使用する場合〕

◎MIケーブル又は耐火電線（消防庁告示適合品）を使用し、末端または接続部に各電線ごとに定められた耐火保護を行った場合は、**露出配線**とすることができる。

◎MIケーブルは、金属シースと導体との間に無機絶縁物（酸化マグネシウムなど）を強固に充填した構造となっている。金属シースの材料には、ステンレス鋼などが使われる。導体は空気やガスから完全に遮断されるため、酸化や腐食しにくい。特に高温性能に優れている。

【MIケーブルの断面図】S387

〔用語〕MI［mineral insulated］：無機物で絶縁された～。

▶耐熱保護配線の工事

◎耐熱保護配線（耐熱配線）の範囲は、次のとおりである。

> 1. 受信機から地区音響装置までの配線
> 2. 発信機の直近に設ける表示灯の配線（発信機を他の消防用設備等の起動装置と兼用する場合）
> 3. 受信機から移報器（消火栓連動用等）までの配線
> 4. R型受信機に接続される固有の信号を有する感知器及び中継器から受信機までの配線

◎耐熱配線に使用することができる電線は、耐火配線に使用できる電線及び耐熱電線（消防庁告示適合品）とする。

◎配線は、**金属管工事、可とう電線管工事、金属ダクト工事又はケーブル工事**（不燃性のダクトに布設するものに限る）により設けること。

◎ただし、MIケーブル又は耐熱電線・耐火電線（いずれも消防庁告示適合品）を使用し、末端または接続部に各電線ごとに定められた耐熱保護を行った場合は、**露出配線**とすることができる。

▶配線のまとめ

	電線	工事の内容
耐火配線	HIV 耐熱性を有する電線 耐火電線（告示適合）	金属管、合成樹脂管等に収め、更に壁等に埋設
	MIケーブル	露出配線
耐熱配線	HIV 耐熱性を有する電線 耐熱電線（告示適合）	金属管工事、可とう電線管工事、金属ダクト工事など
	MIケーブル	露出配線

〔解説〕600V 2種ビニル絶縁電線（記号HIV）の構造は、600Vビニル絶縁電線（IV）と基本的に同じである。ただし、絶縁体の許容温度が75℃に設定されている（IVは60℃に設定）。HIVは耐熱性が優れているほか、許容電流がIVより多く確保できる。

```
▶▶ 過去問題 ◀◀
```

【1】 金属管に収め耐火構造の壁に埋め込まなくても、耐火配線の工事と同等と認められるものは、次のうちどれか。
□ 1．アルミ被ケーブルを使用するもの
　　2．CDケーブルを使用するもの
　　3．MIケーブルを使用するもの
　　4．クロロプレン外装ケーブルを使用するもの

【2】 金属管に収め耐火構造の壁に埋め込まなくても、耐火配線と同等と認められるものは、次のうちどれか。
□ 1．600V 2種ビニル絶縁電線を使用したもの
　　2．シリコンゴム絶縁電線を使用したもの
　　3．MIケーブルを使用したもの
　　4．耐熱電線を使用したもの

【3】 非常電源回路に用いる耐火保護配線の工事について、消防法令上、誤っているものを次のうちから2つ選びなさい。［編］
□ 1．600V 2種ビニル絶縁電線を、屋内の露出した場所において、金属管工事によって設けた。
　　2．600V 2種ビニル絶縁電線を金属管に収め、耐火構造で造った壁に埋設した。

341

3．600V 2種ビニル絶縁電線を合成樹脂管に収め、耐火構造とした主要構造
部の壁に、埋設工事を行った。

4．架橋ポリエチレン絶縁ビニルシースケーブルを合成樹脂管に収め、耐火構
造で造った壁に埋設した。

5．MI ケーブルによる、露出配線工事を行った。

6．CD ケーブルを金属ダクト工事により施工した。

7．消防庁長官が定める基準に適合した耐火配線による、ケーブル工事を行っ
た。

【4】耐火保護配線の工事方法で、正しいものは次のうちどれか。

☐ 1．アルミ被ケーブルを金属管工事により敷設した。

2．600V 2種ビニル絶縁電線を合成樹脂管に収め、耐火構造で造った壁に埋
設した。

3．CD ケーブルを可とう電線管工事により敷設した。

4．耐熱電線をケーブル工事により施工した。

【5】自動火災報知設備の配線のうち、耐熱配線としなければならないものを、次
のうちから3つ選びなさい。[★][編]

☐ 1．常用電源から受信機までの間

2．受信機から地区音響装置までの間

3．受信機から発信機までの間

4．受信機から感知器（アナログ式を除く。）までの間

5．受信機からアナログ式感知器までの間

6．受信機から表示灯までの間（発信機を他の消防用設備等の起動装置と兼用
する場合）

【6】自動火災報知設備の受信機を他の消防用設備等の起動装置と兼用する場合の
表示灯回路の工事方法及び電線の種類について、誤っているものは次のうちど
れか。

☐ 1．600V 2種ビニル絶縁電線を使用し、可とう電線管工事により施工した。

2．VV ケーブルを使用し、合成樹脂線ぴ工事により施工した。

3．消防庁告示に定める耐熱電線を使用し、金属ダクト工事により施工した。

4．HIV 電線を使用し、金属管工事により施工した。

【7】耐熱保護配線の工事方法として、最も適当なものは次のうちどれか。

☐ 1．600Vビニル絶縁電線を金属ダクト工事により敷設した。

2．アルミ被ケーブルを金属管工事により敷設した。

3．ポリエチレン絶縁電線を露出配線とした。

4．四ふっ化エチレン絶縁電線を合成樹脂管工事により敷設した。

【8】耐熱保護配線の工事方法として、最も適当なものは次のうちどれか。

☐ 1．600Vビニル絶縁電線を金属ダクト工事により移設した。

2．CDケーブルを露出配線とした。

3．ポリエチレン絶縁電線を金属管工事により移設した。

4．600V 2種ビニル絶縁電線を露出配線とした。

【9】配線の耐火耐熱保護範囲に使用することが認められている電線は、次のうちどれか。［★］

☐ 1．600V ビニル絶縁ビニルシースケーブル

2．600V 2種ビニル絶縁電線

3．屋外用ビニル絶縁電線

4．引込線用ビニル絶縁電線

【10】耐火及び耐熱配線に使用する電線として、不適切なものは次のうちどれか。

☐ 1．CDケーブル

2．シリコンゴム絶縁電線

3．EPゴム絶縁電線

4．600Vビニル絶縁電線

【11】耐火電線に関する次の記述について、消防庁告示上、定められていないものはどれか。

☐ 1．使用電圧が交流で700Vの電路に使用するケーブルは低圧ケーブルである。

2．使用電圧が直流で800Vの電路に使用するケーブルは高圧ケーブルである。

3．導体を絶縁物で被覆し、さらにその上を保護被覆で保護したものをケーブルという。

4．導体を絶縁物で被覆した電線をダクト内で組み立てたものを、バスダクトという。

▶▶正解＆解説⋯⋯⋯⋯⋯⋯⋯⋯⋯⋯⋯⋯⋯⋯⋯⋯⋯⋯⋯⋯⋯⋯⋯⋯⋯⋯⋯⋯⋯⋯⋯⋯⋯⋯⋯⋯

【1】正解3

1＆2＆4．これらの電線は、いずれも金属管等に収め、耐火構造の壁に埋設しなければならない。4．はEPゴム絶縁クロロプレンシースケーブルが対象となる。

【2】正解3

1＆2．これらの電線は、いずれも金属管等に収め、耐火構造の壁に埋設しなければならない。

4．耐火電線（消防庁告示適合品）が対象となる。

【3】正解1＆6

1＆6．600V2種ビニル絶縁電線及びCDケーブルは、いずれも金属管等に収め、耐火構造で造った壁に埋設しなければならない。

7．消防庁長官が定める基準に適合した耐火配線は、MIケーブルと同様に、露出配線とすることができる。

【4】正解2

1＆3．これらの電線は、いずれも金属管等に収め、耐火構造の壁等に埋設しなければならない。

4．耐熱電線は、耐火保護配線の工事に使用することができない。

【5】正解2＆5＆6

【6】正解2

2．VVケーブル（600Vビニル絶縁ビニルシースケーブル）はIVと同じ取り扱いで、一般配線に使用する。HIVと同等以上の耐熱性を有する電線ではない。また、線ぴはレールウェイ、配線モール、配線カバーなどと呼ばれ、合成樹脂で造られているものが多い。

【7】正解2

1．600Vビニル絶縁電線（IV）は、耐熱保護配線の工事に使用できない。

3．露出配線とすることができるのは、MIケーブルである。

4．合成樹脂管工事は、耐火保護配線工事方法。

【8】正解3

1．600Vビニル絶縁電線（IV）は、耐熱保護配線の工事に使用できない。

2＆4．露出配線とすることができるのは、MIケーブルである。

3．ポリエチレン絶縁電線は、600V2種ビニル絶縁電線（HIV）と同等以上の耐熱性を有するものである。

【9】正解2

【10】正解4

【11】正解1

1. 低圧ケーブルは、使用電圧が低圧（直流にあっては750 V以下、交流にあっては600 V以下）の電路に使用されるケーブルをいう。

2. 高圧ケーブルは、使用電圧が高圧（直流にあっては750 Vを超え7000 V以下、交流にあっては600 Vを超え7000 V以下）の電路に使用されるケーブルをいう。低圧と高圧の区分は、交流と直流で異なる。「16. 接地工事　■2．D種接地工事」350P参照。

4. バスダクトとは、導体を絶縁物で支持するか、又は導体を絶縁物で被覆した電線を、鋼板のダクト（電線を入れる箱体をいう）に入れて組み立てたものをいう。電力幹線用の部材として用いられ、高圧用と低圧用がある。

14. 金属管工事

◎金属管工事は、金属管の中に電線を通して配線する工事である。

◎金属管工事に使用する金属管は、ねじなし電線管（管の肉厚が1.2mmで、ねじを切らずに使う）、薄鋼電線管（管の肉厚が1.6mmで、ねじを切って使う）、厚鋼電線管（管の肉厚が2.3mmで、ねじを切って使う）の3種類ある。

◎金属管工事では、600Vビニル絶縁電線（IV）がよく使われる。また、電線はより線又は直径3.2mm以下の単線を使用する。

〔解説〕単線は、導線が1本であるが、より線は複数の導線をより合わせて1本の導線を構成している。単線は安定した通信が可能であるため、自動火災報知設備では単線が多く使われている。単線は導線の直径（mm）で太さを表すが、より線は断面積（mm²）で太さを表す。より線は、柔軟性に富む。

◎金属管の支持点間距離（固定する間隔）は、2 m以下とすることが望ましい。

◎金属管の屈曲部の内側の半径は、管内径の6倍以上とする。

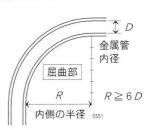

▶▶過去問題◀◀

【1】 金属管工事の施工に関して、最も不適当なものは次のうちどれか。

☐　1．工事に用いる電線は、絶縁電線で直径3.2mmの単線を用いた。

2．金属管の厚さは、1.2mmのものを用いた。

3．金属管を曲げる場合、管の屈曲部の内側の半径は、管内径の5倍とした。

4．金属管はできる限り屈曲部を設けないようにするとともに、1個のたわみ角度を60°とした。

▶▶正解＆解説‥‥‥‥‥‥‥‥‥‥‥‥‥‥‥‥‥‥‥‥‥‥‥‥‥‥‥‥‥‥‥‥‥‥‥‥‥‥

【１】正解３

　３．管の屈曲部の内側の半径は、管内径の６倍以上とする。

　４．金属管のたわみの角度については、明確な規定がない。ただし、管の内断面が著し
　　く変形したり、金属管にひび割れが生じてはならない。

15. 電源の基準

◎電源は、常用電源、非常電源及び予備電源の３種類がある。

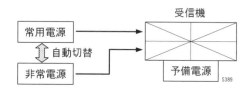

◎予備電源の容量が自動火災報知設備に要求される非常電源の容量以上を有する場
　合は、非常電源を省略することができる。ただし、非常電源の容量が十分であっ
　ても、**予備電源は省略することができない。**

◎**予備電源**は、一般に受信機に内蔵されている（下巻の第７章「６．予備電源」
　76P参照）。また、予備電源の容量は非常電源の容量以上であることが多く、こ
　の場合は非常電源が省略されている。

■１．常用電源（規則第24条３号）

◎常用電源は、蓄電池又は交流低圧屋内幹線から他の配線を分岐させずにとること。
◎常用電源の開閉器には、自動火災報知設備用のものである旨を表示すること。

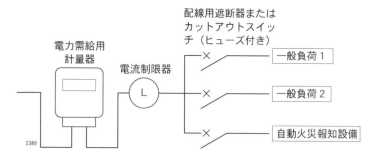

■２．非常電源（規則第24条４号）

◎自動火災報知設備の非常電源として、［非常電源専用受電設備］または［蓄電池
　設備］を設けること。

346

◎ただし、延べ面積1,000m²以上の特定防火対象物に設ける自動火災報知設備の非常電源にあっては、蓄電池設備を設けること。非常電源専用受電設備を非常電源として用いることはできない。

◎非常電源専用受電設備は、蓄電池設備などを使用せず、電力会社から受電する電源を非常電源とみなして運用するものである。

◎非常電源専用受電設備は「電力会社の電源に信頼性があること」を前提にしている。ただし、一時的な停電はゼロではなく、万が一停電発生中に火災が発生した場合、自動火災報知設備などへの電源供給も経たれてしまうというリスクを内包している。高圧で受電するものと低圧で受電するものがあるが、低圧で受電する場合、第1種分電盤または第1種配電盤に専用受電設備を設置する必要がある。

▶蓄電池設備

◎蓄電池設備の容量は、自動火災報知設備を有効に**10分間**作動することができる容量以上であること。

◎蓄電池設備は、点検に便利で、かつ、火災等の災害による被害を受けるおそれが少ない箇所に設けること。

◎蓄電池設備は、他の電気回路の開閉器又は遮断器によって**遮断**されないこと。

◎蓄電池設備の開閉器には、自動火災報知設備用である旨を表示すること。

◎蓄電池設備は、常用電源が停止したとき、自動的に常用電源から非常電源に切り替えられるものであること。また、常用電源が停電した後に、常用電源が復旧したときは、自動的に非常電源から**常用電源**に切り替えられるものであること。

▶鉛蓄電池の特性

◎鉛蓄電池は、負極活物質に鉛Pb、正極活物質に二酸化鉛PbO_2、電解液に希硫酸H_2SO_4が用いられ、その起電力は**約2.0V**である。

◎**放電**すると、負極では鉛Pbが酸化され、正極では二酸化鉛PbO_2が還元される。この結果、両極の表面にはいずれも硫酸鉛$PbSO_4$が生じる。また、希硫酸の濃度（密度）が小さくなることから、電解液の比重は**小さくなる**。

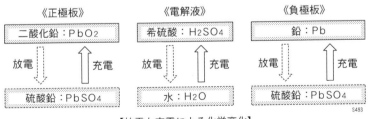

【放電と充電による化学変化】

◎充電時は、放電時と逆向きに電流を流す。負極では硫酸鉛が鉛に戻り、正極では硫酸鉛が二酸化鉛に戻る。また、希硫酸の濃度が大きくなることから、電解液の比重は大きくなる。

```
▶▶ 過去問題 ◀◀
```

【1】 蓄電池設備を用いた自動火災報知設備の非常電源について、誤っているものは次のうちどれか。

□ 1. 蓄電池設備の容量は、自動火災報知設備を有効に10分間作動できる容量以上であること。

2. 常用電源の停電が復旧したときは、自動的に非常電源から常用電源に切り替えられるものであること。

3. 非常電源の容量が十分ある場合は、予備電源の設置を省略することができる。

4. 他の消防用設備等と共用するときは、その設備の電気回路の開閉器により遮断されないものであること。

【2】 鉛蓄電池の構造及び機能について、誤っているものを次のうちから2つ選びなさい。[編]

□ 1. 正極には二酸化鉛、負極には鉛を用いる。

2. 単電池の電圧は、およそ2Vである。

3. 電解液には、希硫酸を用いる。

4. 電解液には、精製水が用いられている。

5. 放電を続けると電解液の比重は大きくなる。

6. 放電を続けると電解液の比重は小さくなるが、充電により比重は元に戻る。

7. 放電時とは逆向きに外部から電流を流すと、起電力を回復させることができる。

▶▶ 正解&解説 ⋯⋯⋯⋯⋯⋯⋯⋯⋯⋯⋯⋯⋯⋯⋯⋯⋯⋯⋯⋯⋯⋯⋯⋯⋯⋯⋯⋯⋯⋯

【1】 正解3

3. 非常電源の容量がたとえ十分ある場合であっても、予備電源は省略できない。ただし、予備電源の容量が自動火災報知設備に要求される非常電源の容量以上である場合は、非常電源を省略することができる。

【2】 正解4&5

4. 電解液には、「希硫酸」が用いられている。

5. 放電を続けると電解液の比重は「小さくなる」。

■1. 目的

◎接地工事の目的は、機器接地と系統接地に分けると次のとおりとなる。

〔電気器具などの金属製外箱を接地する機器接地の目的〕

◇人等に対する感電を防止する。
◇漏電による火災を防止する。
◇保護装置（漏電遮断器、漏電警報器）を確実に動作させる。

〔変圧器低圧側の中性点を接地する系統接地の目的〕

変圧器内部の混触事故により、低圧側の電路に高い電圧の侵入を防止する。

◎屋内への給電は、電柱上の変圧器で高圧の 6600V を 100V/200V に変換して行われている。

◎この変圧器内では、低圧側コイルの中性点と鉄心が電柱下の接地棒に接地されている（B種接地）。

◎屋内では、漏電遮断器を介して 100V/200V が供給される。図では、洗濯機などの電気製品が 100V に接続され、電気製品は接地されている（D種接地）。

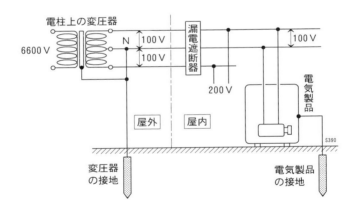

◎電柱上の変圧器内で混触が起き、低圧側の 100V/200V の電路に高圧が侵入した場合を想定してみる。変圧器の低圧側中性点が接地されていないと、非常に危険な状態となる。電気製品は想定外の高圧が加わることで破損し、火災発生の危険性が生じるほか、人が万が一感電した場合は死亡する可能性が高くなる。

◎しかし、変圧器の低圧側中性点が接地されていれば、接地棒を介して大地に多くの電流が流れるため、変圧器の低圧側に高圧の 6600V がそのまま加わるのを防ぐことができる。

◎次に、電気製品に漏電が発生し、外装の金属箱に100Vが加わっている状態を想定してみる。電気製品が接地されてないと、人が電気製品の金属箱に触れた時点で、電気が人から濡れている床面等を経由して流れ感電する。この場合、漏電遮断器は作動しないことがある。漏電遮断器が作動するためには、感度電流以上の電流が流れることが必要である。接地されていない状態では、感度電流未満の電流しか流れないことがあり、この場合は漏電遮断器が作動しない。

■2．D種接地工事

◎接地工事の種類は、次のとおりとする。自動火災報知設備は、D種接地工事が該当する。

種類	接地抵抗	主な用途
A種接地工事	10Ω	高圧用または特別高圧用の機器の外箱
B種接地工事	省略	変圧器2次側の接地
C種接地工事	10Ω以下	300Vを超える低圧用の機器の外箱
D種接地工事	100Ω以下（※）	300V以下の低圧用の機器の外箱

（※）低圧回路において、地絡を生じた場合に0.5秒以内に当該電路を自動的に遮断する
　　　装置（漏電遮断装置）を施設するときは、500Ω以下であること。
〔用語〕短絡：電気回路中の2点間で負荷を介さずにつながること。地絡は電気回路と大
　　　地間で絶縁性が低下して電気が流れること。

〔参考：低圧・高圧・特別高圧〕

区分	交流	直流	用途
低圧	600V以下	750V以下	一般家庭
高圧	600V超7,000V以下	750V超7,000V以下	中小規模工場・施設
特別高圧	7,000V超え	7,000V超え	大規模工場・施設

◎D種接地工事の対象となるのは、次のとおりである。

①自動火災報知設備

②洗濯機や電気温水器など、水気・湿気の多い場所で使用する電気器具

③井戸ポンプや自動販売機など屋外で使用する電気器具

④エアコンや工作器具、溶接機等で200V仕様の電気器具

【1】接地工事を施す主な目的として、正しいものは次のうちどれか。

□　1．電気工作物の保護と力率の改善

　　2．過負荷防止と漏電による感電防止

　　3．電気工作物の保護と漏電による感電防止

　　4．電圧降下の防止と力率の改善

【2】接地工事を行う主な目的として、最も不適当なものは次のうちどれか。

□　1．高圧の侵入のおそれがあり、かつ、危険度が大きいため

　　2．漏電による感電の危険度が大きいため

　　3．高圧回路と低圧回路が混触した場合、低圧回路を保護するため

　　4．電気工作物の力率を改善する必要があるため

【3】接地工事を施す主な目的として、最も適当でないものは次のうちどれか。

□　1．高電圧の侵入等による感電を防止するため

　　2．火災の発生を防止するため

　　3．機器の絶縁性を良くし、その損傷を防止するため

　　4．異常時の電位上昇を防止するため

【4】接地工事に関する次の記述のうち、文中の（　）に当てはまる語句として、正しいものはどれか。

　　「（　）接地工事における接地抵抗値は、100Ω（低圧電路において、地絡を生じた場合に0.5秒以内に当該電路を自動的に遮断する装置を施設するときは、500Ω）以下でなければならない。」

□　1．A種　　　　2．B種

　　3．C種　　　　4．D種

【5】接地工事に関する次の記述のうち、文中の（　）に当てはまる語句として、正しいものはどれか。

　　「D種接地工事における接地抵抗値は、（　）Ω（低圧電路において、地絡を生じた場合に0.5秒以内に当該電路を自動的に遮断する装置を施設するときは、500Ω）以下でなければならない。」

□　1．10　　　　2．20

　　3．50　　　　4．100

【6】D種接地工事の接地抵抗は、何Ω以下でなければならないか。

□ 　1．500 Ω 　　　2．100 Ω

　　3． 10 Ω 　　　4． 5 Ω

【7】D種接地工事における接地抵抗について、正しいものは次のうちどれか。

□ 　1．100 Ω以下とすること。

　　2．200 Ω以下とすること。

　　3．300 Ω以下とすること。

　　4．500 Ω以下とすること。

▶▶正解＆解説……………………………………………………………………………………

【1】正解3

　　1．力率は、交流回路において有効電力／皮相電力（見かけの電力）で表される。負荷
　　　と並列に電力用コンデンサ（進相コンデンサ）を接続することで、力率を改善するこ
　　　とができる。

　　2．配線の過負荷防止として、配線遮断器（ブレーカー）が挙げられる。

　　3．電気工作物の保護は、系統接地の目的の1つである。

　　4．配線における電圧降下を防ぐには、太い配線に張り替えたり、電路を増設する。

【2】正解4

【3】正解3

　　3．接地工事は、機器の外箱等と大地間の導通を良くするために行う。

【4】正解4

【5】正解4

【6】正解2

【7】正解1

◎以下、Ｐ型１級受信機多回線を対象として、受信機の各種試験を説明する。

■１．火災表示試験

◎受信機が火災信号を受信した際、正常に火災表示の作動をするかを１回線ごとに
切り替えて試験をする。また、火災復旧スイッチを操作するまで火災表示の状態
を保持するか、保持機能についても確認する。

①火災試験スイッチを操作して、火災試験の状態にする。

②回線選択スイッチを操作して回線「１」を選択する。

　火災灯及び「１」の警戒区域の地区表示灯が点灯する。

　主音響装置及び地区音響装置が鳴動する。

③回線選択スイッチを操作して回線「２」を選択する。

　「２」の警戒区域の地区表示灯が追加して点灯する。

　また、保持機能が働くため、「１」の警戒区域の地区表示灯は点灯を続ける。

④火災復旧スイッチを操作して、受信機をもとの状態に復旧させる。

　いったん火災灯及び地区表示灯１・２が消灯するとともに、主音響装置及び地
区音響装置の鳴動も停止する。その直後、火災灯及び「２」の警戒区域の地区
表示灯が点灯するとともに、主音響装置及び地区音響装置が鳴動する。

　以下、全ての回線について、同様の方法で試験を行う。

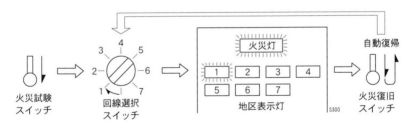

353

■2．回路導通試験

◎感知器回路が断線していないことを１回線ごとに切り替えて試験をする。Ｐ型１
級受信機の感知器回路には、末端に必ず終端器（終端抵抗）が付いている。

①回路導通試験スイッチを操作して、回路導通試験の状態にする。

②回線選択スイッチを操作して回線「１」を選択する。

受信機の電圧計の指針が規定値に振れる。電圧計ではなく、ランプ（導通表示
灯）が点灯することで導通を表示するものは、ランプが点灯する。

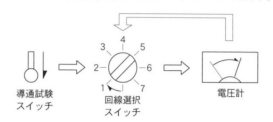

導通試験
スイッチ　　　回線選択
スイッチ　　　電圧計

③回線選択スイッチを操作して回線「２」を選択する。

以下、全ての回線について、同様の方法で試験を行う。

■3．同時作動試験

◎２回線以上から同時に火災信号が入力した場合、受信機が正常に作動するかを試
験する。常用電源については任意の５回線、予備電源は任意の２回線を同時に作
動させる。

①火災試験スイッチを操作して、火災試験の状態にする。

②回線選択スイッチを操作して回線「１」を選択する。

火災灯及び「１」の警戒区域の地区表示灯が点灯する。

主音響装置及び地区音響装置が鳴動する。

③引き続き、回線選択スイッチを操作して回線「２」を選択する。

火災灯及び「１」の警戒区域の地区表示灯が点灯したまま、「２」の警戒区域
の地区表示灯が新たに点灯する。

主音響装置及び地区音響装置は鳴動を続ける。

④引き続き、回線選択スイッチを操作して回線「３」を選択する。

以下、任意の５回線について、同様の方法で試験を行う。同時作動試験では火
災復旧スイッチを操作しない。このため、火災表示の保持機能が作動すること
から、順に地区表示灯が追加で点灯していく。

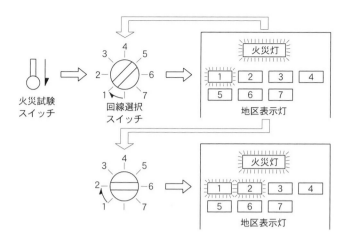

火災試験
スイッチ

回線選択
スイッチ

火災灯

| 1 | 2 | 3 | 4 |
| 5 | 6 | 7 |

地区表示灯

火災灯

| 1 | 2 | 3 | 4 |
| 5 | 6 | 7 |

地区表示灯

■4．予備電源試験

◎予備電源試験は、2つの試験がある。

◎予備電源の電圧測定による試験では、予備電源スイッチを操作すると、電圧計に予備電源の電圧が表示される。規定値にあることを確認する。または、予備電源の電圧が正常であることをあらわすランプが点灯する。

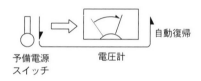

予備電源
スイッチ

電圧計

自動復帰

◎電源の自動切り替え機能による試験では、主電源スイッチ等を操作することにより、常用電源から予備電源への切り替え、常用電源が復旧した場合に予備電源から常用電源への切り替えが、それぞれ自動的に行われることを確認する。

【1】 自動火災報知設備の受信機にある導通試験用スイッチにより、導通試験を行っても導通表示をしないものは、次のうちどれか。[★]

☐ 1. 煙感知器の半導体が破損していた場合

 2. 差動式分布型感知器（空気管式）の空気管の部分が切断されている場合

 3. 終端器の接続端子に接触不良がある場合

 4. 感知器の接点に接触不良がある場合

【2】 自動火災報知設備の受信機で、火災表示試験を行ってもその機能に異常があるかどうかを確認できないものは、次のうちどれか。

☐ 1. 受信機の各リレー

 2. 感知器の接点

 3. 音響警報装置の鳴動状況

 4. 火災灯の作動状況

【3】 P型1級受信機の各リレーの作動、音響装置の鳴動、火災灯、地区表示灯及びその他の表示装置の作動並びに保持機能を試験するものは、次のうちどれか。

☐ 1. 回線導通試験

 2. 火災表示試験

 3. 予備電源試験

 4. 絶縁抵抗試験

【4】 自動火災報知設備の整備を行った後の機能の確認方法として、最も不適当なものは次のうちどれか。[★]

☐ 1. 感知器が故障していたので、新しい感知器と交換した後、作動試験を実施した。

 2. 感知器回路に断線があったので、補修を行った後、回路導通試験を実施した。

 3. 受信機の地区表示リレーに故障があったので、リレーを交換した後、火災表示試験を実施した。

 4. 感知器のリーク孔にほこりが付着していたので、清掃を行った後、同時作動試験を実施した。

▶▶正解＆解説···

【1】正解3

1＆2＆4．感知器そのものが作動しなくなる。しかし、感知器回路には電流が流れる
ため、導通試験を行うと導通表示をする。

3．導通試験では、感知器回路に電流を流して、感知器回路が断線しているかどうかを
試験する。終端抵抗の接続端子に接触不良があると、回路に電流が流れなくなるため、
導通表示をしなくなる。

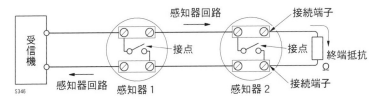

【2】正解2

1．リレーは、電磁力を利用して小電流のON・OFFを、大電流のスイッチング作用に変
換するものである。受信機のリレーとして、地区音響装置リレーなどがある。火災表
示試験を行うと、受信機はリレーを作動させる。

2．感知器の接点は、異常があっても火災表示試験で確認できない。感知器の種類ごと
に作動試験を行う必要がある。

【3】正解2

【4】正解4

4．この場合、感知器の作動試験を行う必要がある。同時作動試験は受信機が複数の感
知器回路から火災信号等を同時に受信したとき、正しく火災表示するがどうかを試験
するものである。

■1. 通常の監視状態

◎コックスタンドは、各種試験を行うため、コックハンドルの操作により内部の通路を切り換えられるようになっている。

◎通常の監視状態では、コックスタンドの空気管接続孔 P1 及び P2 とダイヤフラム及びリーク孔間は通じている。また、試験孔による通路は遮断されている。この状態で空気管の内部空気が急激に加熱されると、その圧力でダイヤフラムの接点が閉じる構造になっている。

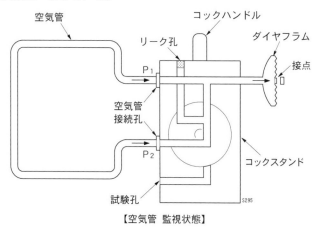

【空気管 監視状態】

■2. 作動試験 [感知器の作動することの試験]

◎作動試験では、空気管の両端部を P1 及び P2 に接続する。また、試験孔にテストポンプを接続する。

◎コックハンドルは、「作動試験」の位置にする。作動試験位置にすると、コックスタンド内部では、P2 と P1 間の通路が遮断されるとともに、P2 と試験孔間の通路が開く。

◎この状態で、空気管の長さ等に応じた規定空気量をテストポンプから注入する。テストポンプは、空気の逆流を防ぐため、押し切った状態にする。空気の注入からダイヤフラムの接点が閉じるまでの時間を計測する。

〔作動試験の結果と原因〕

作動時間	原因
長い	若干の空気管漏れ、または若干の詰まり
接点が閉じない	大きな漏れ、切断または詰まり
短い	接点水高の狂いまたは空気管長が短い

◎テストポンプは、点検要領により、5cc用のものを使うよう指定されている。

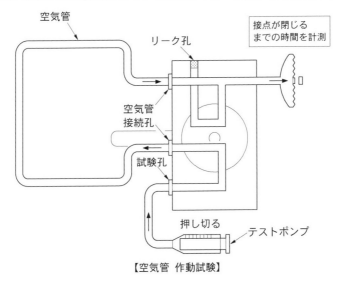

【空気管 作動試験】

■3．作動継続試験 ［感知器の作動が継続することの試験］

◎作動継続試験は、作動試験の後、そのまま継続して行う。

◎作動継続試験では、作動試験でダイヤフラムの接点が閉じてから、接点が開くまでの時間を計測する。接点が開くのは、空気管内の空気がリーク孔から少しずつ排出されるためである。

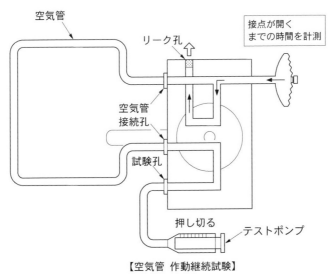

【空気管 作動継続試験】

〔作動試験＆作動継続試験の基準値（例）〕

空気管長（m）	送気量（cc）		時間（秒）	
	1種	2種	作動時間	継続時間
60 未満	0.6	1.4	0.5 ～ 5	10 ～ 36
60 以上 80 未満	1.1	2.2	1 ～ 7	16 ～ 45
80 以上 100 未満	1.4	3.0	2 ～ 9	22 ～ 55

※これらの基準値はメーカー及び器種により異なる。1種及び2種は感知器の感度で区分されており、1種は2種より感度が高い。

〔作動継続試験の結果と原因〕

作動継続時間	原因
短い	若干の空気管漏れ
長い	接点水高の狂いまたは空気管長が短い

◎作動試験と作動継続試験の2つをまとめて「ポンプ試験」ということがある。

■4．流通試験（空気流通試験）[空気管の漏れ・詰まりの有無の試験]

◎空気管の端部のP2側はコックスタンドに接続したまま、P1側を外し、マノメーターに接続する。また、試験孔にテストポンプを接続する。

◎コックハンドルは「流通試験」の位置にする。一般に、流通試験と作動試験の位置は同じになっており、コックスタンドの内部通路も同じである。

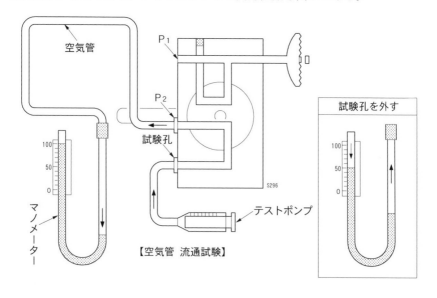

【空気管 流通試験】

◎マノメーターはU字形のガラス管で、液体を入れてその液面の差から圧力差を求めることができる。マノメーターに水を適量入れて、水位の位置に目盛盤の0を合わせる。

◎テストポンプから空気を空気管へ注入する。マノメーターの水位が目盛盤の100mmの位置に達したら、空気の注入を停止する。

◎この状態で、コックスタンドの試験孔を外し、マノメーターの水位が50mmの位置に低下するまでの時間を計測する。空気管内の空気の流れから、空気管の適否を判定する。時間は、空気管の長さに応じ、グラフの下限〜上限の範囲になければならない。

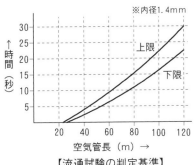

【流通試験の判定基準】

◎流通試験では、空気管の漏れ・詰まりの有無を調べることができる。また、空気管が延長されていたり、短くされていると、流通試験による時間が異常値となる。

■5. 接点水高試験 ［接点が閉じたときの水高試験］

◎空気管のP1接続孔を外し、試験用配管を介してマノメーター及びテストポンプを接続する。

◎コックハンドルは「接点水高試験」の位置にする。コックスタンド内部では、P1とリーク孔間の通路が遮断される。

◎マノメーターに水を適量入れて、水位の位置に目盛盤の0を合わせる。テストポンプで空気をゆっくりとダイヤフラムへ注入していき、接点が閉じたときの水高を測定する。

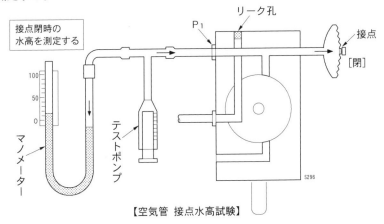

【空気管 接点水高試験】

〔接点水高試験の基準値（例）〕

種別	接点水高（mm）
1種	6.0
2種	12.0

◎接点水高試験は、「ダイヤフラム試験」とも呼ばれる。

■6．リーク試験（リーク抵抗試験）〔適正なリーク抵抗の試験〕
目的：ダイアフラム内の空気の漏れ値が正常であることの確認

◎空気管のP2接続孔を外し、試験用配管を介してテストポンプ及びマノメーターを接続する。

◎コックハンドルは「リーク」の位置にする。コックスタンド内部では、P1とリーク孔間の通路が遮断されるとともに、P2とリーク孔間が通じる。

◎マノメーターに水を適量入れて、水位の位置に目盛盤の0を合わせる。テストポンプで規定量の空気を注入する。テストポンプは、空気の逆流を防ぐため、押し切った状態にする。

◎マノメーターの水高は、少しずつ低下していく。水高（半値）が規定値1（例えば20mm）の位置から規定値2（例えば5mm）の位置まで下降する時間を計測する。

◎下降時間が正常値の範囲より長い場合は、リーク抵抗の過大が考えられる。逆に短い場合は、リーク抵抗の過小が考えられる。

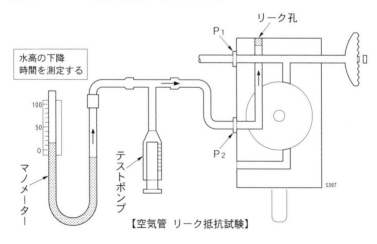

【空気管 リーク抵抗試験】

【1】 差動式分布型感知器（空気管式）において、検出部が作動するのに必要な空
　　気圧を測定し、その圧力が正常であるかどうかを確認する試験方法として、正
　　しいものは次のうちどれか。
□　1．流通試験　　　　　2．接点水高試験
　　3．火災作動試験　　　4．作動継続試験

【2】 差動式分布型感知器（空気管式）の機能試験のうち、流通試験で良否を確認
　　できるものは、次のうちどれか。[★]
□　1．接点水高値が適正であるかどうかの確認
　　2．空気管に空気漏れやつまり等があるかどうかの確認
　　3．検出器内のリーク抵抗が適正であるかどうかの確認
　　4．作動継続時間が適正であるかどうかの確認

【3】 差動式分布型感知器（空気管式）の機能試験で、リーク抵抗がわずかである
　　が規定値以下であることが判明した。このことから考えられる機能的な障害と
　　して、最も適当なものは次のうちどれか。[★]
□　1．非火災報の原因となる。　　2．作動が遅れる。
　　3．作動しない。　　　　　　　4．ダイヤフラムが障害を受ける。

【4】 差動式分布型感知器（空気管式）の火災作動試験を行った結果、作動までの
　　時間が早すぎた。その原因として、正しいものは次のうちどれか。
□　1．空気管につまりがあった。
　　2．接点水高値が規定値より低かった。
　　3．空気管に漏れがあった。
　　4．接点水高値が規定値より高かった。

【5】 差動式分布型感知器（空気管式）において、空気管に空気を注入して、空気
　　管の漏れ、つぶれ、つまり等の有無及び空気管の長さを確認する試験方法として、
　　最も適切なものは次のうちどれか。
□　1．流通試験
　　2．接点水高試験
　　3．火災作動試験
　　4．作動継続試験

【6】 感知器の点検を行ったところ、リーク孔が規定値よりも著しく小さいものが
あった。このために生じる障害として、正しいものは次のうちどれか。

☐ 1. 非火災報の原因となる。
　2. 発報する時間に変化は生じない。
　3. 遅報の原因となる。
　4. 接点水高値が低くなる。

▶▶正解＆解説……………………………………………………………………………………………

【1】 正解2
　2. 「検出部が作動するのに必要な空気圧」は、ダイヤフラムにより接点が閉じたとき
のマノメーターの目盛盤から読み取る。
　3. 作動試験を火災作動試験ということがある。

【2】 正解2
　1. 接点水高値が適正であるかどうかは、接点水高試験で確認する。
　2. 流通試験では、空気の流通の良否を確認する。空気管に漏れがあると、加圧されて
いた空気が早く流れ出るため、マノメーターの水位が50mmに低下するまでの時間は
短くなる。また、詰まりがあると、空気が流れ出にくくなるため、マノメーターの水
位が50mmに低下するまでの時間は長くなる。
　3. リーク抵抗が適正であるかどうかは、リーク試験で確認する。リーク試験は、マノ
メーターとテストポンプで空気管内を加圧し、リーク孔から少しずつ空気が流れ出て、
マノメーターの水高が規定値に低下するまでの時間を測定する。
　4. 作動継続時間が適正であるかどうかは、作動継続試験で確認する。

【3】 正解2
　リーク抵抗が小さくなると、加圧された空気がリーク孔からより多く流れ出るため、
作動が遅れる原因となる。反対に、リーク抵抗が大きくなると、加圧された空気がそ
のままダイヤフラムに作用して接点が閉じやすくなる。このため、非火災報の原因と
なる。

【4】 正解2
　火災作動試験は、作動試験である。試験孔からテストポンプで規定空気量を注入し、
ダイヤフラムの接点が閉じるまでの時間（作動時間）を計測する。
　1＆3. 空気管につまりや漏れがあると、作動時間は長くなる。
　2＆4. 接点水高試験は、ダイヤフラムの接点の機能を調べるためのもので、感度がよ
い空気管ほど接点水高値が低くなる。接点水高値が規定値より低い場合、ダイヤフラ
ムの接点が閉じやすくなっている。この感知器を作動試験すると、作動時間は短くな
る。一方、接点水高値が規定値より高い場合、ダイヤフラムの接点が閉じにくくなっ
ている。この感知器を作動試験すると、作動時間は長くなる。

【5】正解 1

　「空気管に空気を注入して、空気管の漏れ、つぶれ、つまり等の有無」を試験するのは、火災作動試験と流通試験である。このうち、「空気管の長さを確認」するのは、流通試験である。流通試験は、マノメーター付きの空気管に空気を注入して、マノメーターの水位が規定値まで低下する時間を測定する。時間は、空気管の長さに応じて基準値が定められているため、あらかじめ空気管の長さを確認しておかなければならない。

【6】正解 1

　リーク孔がある感知器は、差動式スポット型感知器や差動式分布型感知器（空気管式）などがある。リーク孔が著しく小さいと、リーク抵抗が増すため、わずかな温度上昇で感知器が作動してしまう。この結果、非火災報の原因となる。

　接点水高値は、差動式分布型感知器（空気管式）の接点水高試験において、ダイヤフラムの接点が閉じたときの圧力（水高）値である。リーク孔は関与しない。

■1. 作動試験

◎次の操作により、感知器の作動電圧に相当する電圧を、**メーターリレー試験器**により検出部に印加して確認する。

　①試験器のスイッチを作動試験側に入れ、検出部に接続する。

　②ダイヤルを操作し、検出部に徐々に電圧を加え、作動したときの作動電圧値を測定する。電圧値は、検出部に明示されている値の範囲内であること。

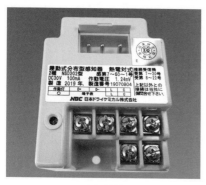

▲検出部

▲メーターリレー試験器

■2. 回路合成抵抗試験

◎試験器に回路合成抵抗試験機能のあるものは、プラグを検出器に接続して、回路合成抵抗値を測定する。

◎合成抵抗値は、検出部に明示されている値以下であること。

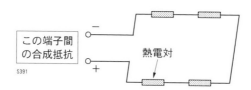

この端子間
の合成抵抗

S391

熱電対

■1. 作動試験

◎感知器の末端に設けてある回路試験器の押しボタンを押し、受信機が火災表示することを確認する。

■2. 回路合成抵抗試験

◎次の手順により、感知器回路の配線と感知線の合成抵抗を測定する。

①受信機の配線を外し、測定する回路の末端を短絡する。

②回路中に終端抵抗が挿入されている場合は、終端抵抗の両端子間を短絡する。

③外した配線の端子間で、配線と感知線の合成抵抗を回路計（サーキットテスター）により測定する。合成抵抗値は、感知器に明示されている値以下であること。

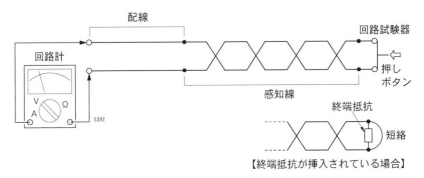

21. 差動式スポット型感知器の作動試験

◎差動式スポット型感知器は、［空気の膨張を利用したもの］と［温度検知素子を利用したもの］が対象となる。

◎いずれも**加熱試験器**を用いて、感知器を**作動**させて試験する（**加熱作動試験**）。

◎感知器の作動時間は、１種及び２種のいずれも**30秒**となっている。

◎可燃性ガスの滞留により引火のおそれがある場所及び高圧受変電設備室等の感電のおそれがある場所に設けられた差動式感知器を点検するときは、**差動式スポット試験器**又は回路試験用押しボタン等の試験器により行うこと。

▶▶過去問題◀◀

【１】可燃性ガスが滞留するおそれがある場所及び高圧受変電設備室に設けられている差動式スポット型感知器の機器点検の方法について、最も適切なものは次のうちどれか。

☐ 1．所定の加熱試験器を用いて感知器を加熱し、作動時間及び警戒区域の表示が適正であるかを確認する。

2．差動式スポット試験器又は回路試験用押しボタン等の試験器により行わなければならない。

3．可燃性ガスが滞留するおそれがある場所の感知器は、防爆型の感知器が設置されているので、加熱試験器を用いて試験できる。

4．高圧受変電設備室に設けられている感知器は、差動式スポット試験器よりも加熱試験器を用いて試験した方が正確に作動時間等が測定できる。

【２】加熱試験器を用いて差動式スポット型感知器（１種）の作動試験を行った場合、感知器の合否判定基準の目安となる作動時間として、正しいものは次のうちどれか。ただし、蓄積機能は有しないものとする。

☐ 1．20秒　　　2．30秒
3．40秒　　　4．50秒

▶▶正解＆解説‧‧‧

【１】正解2

1＆3＆4．所定の加熱試験器を用いて感知器を加熱すると、滞留しているおそれのある可燃性ガスが爆発する危険性がある。また、感知器が設置されている天井付近に支持棒で加熱試験器を近づけることで、高圧受変電設備から感電する危険性がある。これらの理由から、加熱試験器を用いてはならない。差動式スポット試験器などを用いて試験する。

【2】正解2
　　日本火災報知機工業会「感知器の点検方法編」によると、1種、2種ともに30秒とされている。

22. 定温式スポット型感知器の作動試験

◎定温式スポット型感知器は、再用型のものと非再用型のものがある。
◎再用型のものは、所定の加熱試験器を用いて、感知器を作動させて試験する。
◎非再用型のものは、警戒区域ごとに設置されている感知器の数に応じて感知器を抜き取り、再用型感知器の加熱試験に準じて試験する。
◎抜き取り数は、感知器の数が1〜10個以下の場合は1個、11〜50個以下の場合は2個と定められている。

23. 煙感知器の作動試験

■1. スポット型
◎所定の加煙試験器を用いて行う。
◎加煙試験器は、発煙材に専用渦巻線香を用いるものと、専用カプセル（液体）を用いるもの、専用ガスを用いるものがある。

■2. 分離型
◎所定の減光フィルターを用いて行う。
◎減光フィルターは、メーカーごとに減光率が異なっているものが複数設定されている（例えば、減光率10％・20％・30％・40％・60％・80％・100％の7組）。
◎減光フィルターは、受光部の前に光を遮断するように指示棒で設置する。
◎例えば感知器の設定感度が減光率30％に設定されている場合、減光率40％のフィルターを置いたとき感知器が作動し、20％のフィルターを置いたとき感知器が作動しないことを確認する。

■3. 煙感知器用感度試験
◎所定の煙感知器用感度試験器を用いて行う。
◎光電式スポット型感知器の作動試験に用いる。
◎煙感知器用感度試験器は、電気式のものと、煙式のものがある。自動火災報知設備のメーカーが提供している。

【1】感知器が機能不良のときに行う試験として、誤っているものは次のうちどれか。

- □ 1．差動式分布型感知器（空気管式）……火災作動試験
- 2．差動式分布型感知器（熱電対式）……火災作動試験
- 3．差動式スポット型感知器　　　……加熱作動試験
- 4．光電式スポット型感知器　　　……回線導通試験

【2】感知器とその機能試験の組合せで、誤っているものは次のうちどれか。

- □ 1．イオン化式スポット型感知器　　……接点水高試験
- 2．差動式スポット型感知器　　　　……作動試験
- 3．差動式分布型感知器（空気管式）……流通試験
- 4．定温式感知線型感知器　　　　　……回路合成抵抗試験

【3】「試験器具」とそれを用いて点検することができる感知器の組み合わせとして、最も適当なものは、次のうちどれか。

	試験器具	点検することができる感知器
□ 1．	加熱試験器	差動式分布型感知器（空気管式）
2．	メーターリレー試験器	差動式スポット型感知器
3．	減光フィルター	光電式分離型感知器
4．	加ガス試験器	光電式スポット型感知器

【4】「試験器具」とそれを用いて点検することができる感知器の組み合わせとして、最も適当なものは、次のうちどれか。

	試験器具	点検することができる感知器
□ 1．	煙感知器用感度試験器	光電式分離型感知器
2．	メーターリレー試験器	差動式分布型感知器（熱電対式）
3．	加ガス試験器	差動式スポット型感知器
4．	減光フィルター	光電式スポット型感知器

【1】正解4

1. テストポンプで空気管に空気を注入し、感知器を作動させる試験（火災作動試験。作動試験ともいう。）を行う。

2. 感知器の作動電圧に相当する電圧を、メーターリレー試験器により検出部に印加して感知器を作動させる試験（火災作動試験）を行う。

3. 感知器の近くに加熱試験器を移動し、感知器を作動させる試験（加熱作動試験）を行う。

4. 感知器の近くに加煙試験器を移動し、煙等を感知器に作用させて感知器を作動させる試験（加煙作動試験）を行う。回路導通試験は、回路の断線を調べるために行うもので、受信機の導通試験スイッチ及び回路選択スイッチを操作して、回線ごとに行う。

【2】正解1

1. 接点水高試験は、空気管式の試験の1つである。微量の空気をテストポンプで空気管に注入していき、接点が閉じたときのマノメーターにおける水位（水高）を測定する。イオン化式スポット型感知器は、加煙試験器による作動試験でその機能を確認する。

【3】正解3

1. 加熱試験器は、差動式スポット型感知器や定温式スポット型感知器の作動試験に用いる。

2. メーターリレー試験器は、差動式分布型感知器（熱電対式）の作動試験に用いる。

4. 加ガス試験器は、ガス漏れ火災警報装置のガス漏れ検知器を対象に、専用ガスを噴射して作動試験に用いる。光電式スポット型感知器の作動試験には、加煙試験器を用いる。

【4】正解2

1. 煙感知器用感度試験器は、光電式スポット型感知器の作動試験に用いる。煙式のものは、ケースに感知器を入れ所定濃度の煙を充てんして作動試験を実施する。

3. 加ガス試験器は、ガス漏れ火災警報装置のガス漏れ検知器を対象に、専用ガスを噴射して作動試験に用いる。差動式スポット型感知器の作動試験には、加熱試験器を用いる。

4. 減光フィルターは、光電式分離型感知器の作動試験に用いる。光電式スポット型感知器の作動試験には、加煙試験器を用いる。

▶炎感知器の試験器

炎感知器の作動試験器は、メーカーから販売されているが、作動試験の方法については省略する。一般に、感知器に作動試験器の光線を照射して、作動の有無を確認する。

----

24. 自動火災報知設備の総合点検

◎自動火災報知設備の総合点検は次のとおり（一部省略）。

〔総合点検〕

点検項目	点検方法	判定方法
同時作動	火災試験スイッチ、回線選択スイッチ又は火災表示試験機能により、復旧させることなく任意の5回線（5回線に満たないものは全回線）の火災表示試験を行い、確認する。	受信機（表示機等を含む。）が正常に作動し、主音響装置及び地区音響装置の全部又は当該5回線に接続されている地区音響装置が鳴動すること。
煙感知器、煙複合式感知器又は熱煙複合式感知器の感度（自動試験機能を有する自動火災報知設備を除く。）	所定の感度試験器により確認する。	ア　スポット型の感度は所定の範囲内であること。 ・警戒区域ごとに煙感知器を取り外し、外観の清掃（ちり払い等の簡単な外観の清掃）を行うこと。ただし、感知器の感度を確認することができる感度試験器を用いる場合は、当該感知器の感度を確認することができる。 イ　分離型の感度は所定の範囲内であること。 ・感知器に適合する減光フィルターを用いて作動及び不作動試験を行うこと。
地区音響装置の音圧	音響装置の取り付けられた位置の中心から前面1m離れた位置で騒音計（A特性）を使って測定する。	ア　音声により警報を発するもの以外のものの音圧は、90dB 以上であること。 イ　音声により警報を発するものの音圧は、92dB 以上であること。
総合作動（自動試験機能を有する自動火災報知設備を除く。）	受信機の常用電源の主開閉器又は分電盤等の専用開閉器を遮断し、任意の感知器を加熱試験器等を用いて加熱等を行い、確認する。	火災表示装置及び注意表示装置（アナログ式のものに限る。）が正常に点灯し、かつ、音響装置の鳴動が適正であること。

【1】自動火災報知設備（自動試験機能を有する自動火災報知設備を除く。）の総合
点検において、点検項目とその点検方法として、誤っているものは次のうちど
れか。

	点検項目	点検方法
□ 1.	同時作動	火災試験スイッチにより、復旧させることなく、任意の5回線で火災表示試験を行い、確認した。
2.	煙感知器の感度	光電式スポット型感知器を減光フィルターを用いて、確認した。
3.	地区音響装置の音圧	音響装置の取り付けられた位置の中心から前面1m離れた位置で騒音計（A特性)を使って測定した。
4.	総合作動	受信機の常用電源の主開閉器を遮断し、差動式スポット型感知器を加熱試験器を用いて加熱して、確認した。

▶▶正解＆解説……………………………………………………………………………

【1】正解2

　2．光電式スポット型感知器は、感度試験器を用いて感度を確認する。減光フィルター
を用いて作動等を確認するのは、光電式分離型感知器である。

◎電路に接続されている機械器具について、接地抵抗計を用いて接地抵抗値を測定する。

◎測定値は、次表に掲げる数値であること。

〔低圧用の機械器具の鉄台及び金属製外箱〕

区　分			接地抵抗値
電圧の種別による機器	接地工事の種類	接地線の種類	
300V以下のもの。ただし、直流電路及び150V以下の交流電路に設けるもので乾燥した場所に設けるものを除く。	D種	引張強さ0.39kN以上の金属線又は直径が1.6mm以上の軟銅線	100Ω以下※
300Vを超えるもの	C種		10Ω以下

※低圧電路において、当該電路に地絡を生じた場合に0.5秒以内に自動的に電路を遮断する装置を施設するときは500Ω以下。

▶▶過去問題◀◀

【1】 一般的なD種接地工事について、表中の（　）内に当てはまる数値の組合せとして、正しいものは次のうちどれか。

D種接地工事	接地抵抗値	接地線の種類
	（A）Ω以下 （低圧電路において、当該電路に地絡を生じた場合に0.5秒以内に自動的に電路を遮断する装置を施設する場合は500Ω以下）	引張強さが0.39kN以上の金属線又は直径が（B）mm以上の軟銅線

	（A）	（B）
☐ 1.	10	1.6
2.	10	2.6
3.	100	1.6
4.	100	2.6

▶▶正解＆解説‥‥‥‥‥‥‥‥‥‥‥‥‥‥‥‥‥‥‥‥‥‥‥‥‥‥‥‥‥‥‥‥‥‥‥‥‥‥

【1】正解3

26. 絶縁抵抗試験

■1. 規則による絶縁抵抗の基準（規則第24条1項1号）

◎電源回路と大地との間及び電源回路の配線相互の間の絶縁抵抗は、直流250Vの絶縁抵抗計で計った値が、電源回路の対地電圧が150V以下の場合は0.1MΩ以上、電源回路の対地電圧が150Vを超える場合は0.2MΩ以上であること。

◎感知器回路（電源回路を除く）及び附属装置回路（電源回路を除く）と大地との間並びにそれぞれの回路の配線相互の間の絶縁抵抗は、一の警戒区域ごとに直流250Vの絶縁抵抗計で計った値が0.1MΩ以上であること。

■2. 配線の試験基準（絶縁抵抗試験）

◎電源回路、操作回路、表示灯回路、警報回路等の電圧電路について、大地間及び配線相互間の絶縁抵抗を絶縁抵抗計を用いて測定する。ただし、試験を行うことにより障害を与えるおそれのある電子部品等を使用している回路においては省略することができる。

◎測定値は、次表に掲げる数値以上であること。

電路の使用電圧の区分		絶縁抵抗値	電路の例
300V以下	対地電圧が150V以下の場合	0.1MΩ	単相2線式100V 単相3線式100/200V
	対地電圧が150Vを超え300V以下	0.2MΩ	三相3線式200V
300Vを超えるもの		0.4MΩ	三相4線式400V

◎単相3線式100V/200Vの回路では、100Vと200Vの負荷のどちらも使用できるが、このうち200Vは線間電圧であり、対地電圧は100Vとなる。従って、絶縁抵抗値は0.1MΩ以上の基準が適用される。

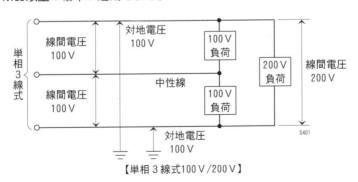

【単相3線式100V/200V】

【1】 自動火災報知設備の感知器回路及び付属装置回路の電路と大地との間の絶縁
抵抗を、一の警戒区域ごとに直流250Vの絶縁抵抗計で計った値は、何MΩ以上
でなければならないか。

☐ 1．0.1MΩ
　　2．0.3MΩ
　　3．0.5MΩ
　　4．1.0MΩ

【2】 対地電圧が150Vを超え300V以下の回路において、電源相互間の絶縁抵抗の
最小値として正しいものは次のうちどれか。

☐ 1．0.1MΩ
　　2．0.2MΩ
　　3．0.3MΩ
　　4．0.4MΩ

【3】 単相3線式200V電路の屋内配線の開閉器又は過電流遮断器で区切ることので
きる電路ごとに、大地と電路間の絶縁抵抗を測定する場合、許容される絶縁抵
抗の最小値として、正しいものは次のうちどれか。

☐ 1．0.1MΩ
　　2．0.2MΩ
　　3．0.3MΩ
　　4．0.4MΩ

【4】 下表は、単相100V、三相200V及び三相400Vの回路を有する4つの工場で、
絶縁抵抗を測定し、記録したものである。このとき、絶縁不良と考えられる回
路が発見された工場は、次のうちどれか。

	工　場	100V回路	200V回路	400V回路
☐ 1.	第1工場	0.1MΩ	0.2MΩ	0.4MΩ
2.	第2工場	0.1MΩ	0.4MΩ	0.5MΩ
3.	第3工場	0.2MΩ	0.2MΩ	0.3MΩ
4.	第4工場	0.2MΩ	0.3MΩ	0.4MΩ

【1】正解1

【2】正解2

【3】正解1

　　　使用電圧が200Vであっても、対地電圧は150V以下となる。

【4】正解3

　3．第3工場の三相400V回路では、絶縁抵抗が0.4MΩ以上であること。なお、単相
　　3線式200Vの回路では、対地電圧が100Vとなるため、絶縁抵抗は0.1MΩ以上の基
　　準が適用される。単相3線式200Vでは、中性線が接地されているため、線間電圧が
　　200Vとなるが、接地電圧は100Vとなる。

書籍の訂正について

　本書の記載内容について正誤が発生した場合は、弊社ホームページに正誤情報を掲載しています。

株式会社公論出版 ホームページ
書籍サポート/訂正
URL：https://kouronpub.com/book_correction.html

本書籍に関するお問い合わせ

メール	専用お問合せフォーム	FAX	03-3837-5740

必要事項
・お客様の氏名とフリガナ
・FAX番号（FAXの場合のみ）
・書籍名　・該当ページ数　・問合せ内容

※お問い合わせは、**本書の内容に限ります。**下記のようなご質問にはお答えできません。

圀・実際に出た試験問題について	・書籍の内容を大きく超える質問
・個人指導に相当するような質問	・旧年版の書籍に関する質問　等

また、回答までにお時間をいただく場合がございます。ご了承ください。
なお、**電話でのお問い合わせは受け付けておりません。**

消防設備士 第4類（甲種・乙種）
令和6年　上巻

■発行所	株式会社 公論出版
	〒110-0005
	東京都台東区上野3-1-8
	TEL.03-3837-5731
	FAX.03-3837-5740

■定価　2,640円	■送料　300円（共に税込）

■発行日　令和6年5月10日　初版 二刷

ISBN978-4-86275-265-9